Sophie Brignano

COMMUNICATION RH QUELLES RÉALITÉS ?

Directeur de collection : Myriam Dubertrand

EDITIONS LIAISONS

1, avenue Eugène et Armand Peugeot, 92856 RUEIL-MALMAISON

Vous intéresse-t-il d'être tenu au courant des livres publiés par l'éditeur de cet ouvrage ?

Envoyez simplement votre carte de visite à :

ÉDITIONS LIAISONS
1, rue Eugène et Armand Peugeot
92856 Rueil-Malmaison Cedex

ou connectez-vous à :

www.liaisons-sociales.fr
rubrique « Librairie en ligne »

ISBN : 2.87880.646.8

Éditions LIAISONS 2006

DÉJÀ PARUS DANS LA MÊME COLLECTION

Le modèle de la compétence
Ph. Zarifian

Si la GRH était de la gestion
B. Galambaud

Le e-management : vers l'entreprise virtuelle ?
S. Bellier et M. Kalika

Harcèlement : les réponses
R. Bréard et P. Pastor

Technologies et flexibilité
P. Vendramin et G. Valenduc

Le e-learning, projet d'entreprise
M. Ledru

L'éthique au service du management (2e édition) (Prix Manpower des RH)
J.-F. Claude

Qualification ou compétences ?
P. Santelmann

Les défis du management
Coordonné par M. Kalika

La systémique : penser et agir dans la complexité
G. Donnadieu et M. Karsky

L'évaluation des compétences
C. Vern

E-GRH : évolution ou révolution ?
Coordonné par M. Kalika

Gestion des compétences et Knowledge Management
Coord. par F. Dupuich-Rabasse

Les instruments du pilotage salarial
J.-F. de Martel

Le e-management : quelles transformations pour l'entreprise ?
Coord. par M. Kalika et M. Ledru

Manager les connaissances
C. Beyou

L'innovation collective
B. Auckenthaler et P. d'Huy

Manager la formation (6e édition)
A. Meignant

Tests d'aptitude au management
M. Kalika et N. Cart

Le management par les valeurs (2e édition)
J.-F. Claude

La relation sociale au quotidien : 50 situations à maîtriser
P. Gallois, T. Heurteaux et A. Werner

Les compétences clés
G. Évéquoz

Traumatismes psychologiques en milieu professionnel
Ph. Neuville

Dictionnaire des RH (3e édition) français/anglais-anglais/français
C. James et A. Tirard

Travail et formation : quels nouveaux dispositifs ?
M. Ledru, N. Bouda et A. Wolff

Classification – Qualification – Compétences
Ph. Denimal

Manager par les compétences
A. Cohen et A. Soulier

Tableaux de bord sociaux
B. Martory

Gestion des conflits (2e édition)
P. Pastor et R. Bréard

Plus qu'un manager, devenez un MENEUR
S. Bonnet et Ch. Mercier

Papy-boom et compétitivité
H. L'Hoste et S. Grevedon

De l'efficacité en formation continue
P. Santelmann

Diriger une équipe : les clés du succès
P. Pastor et R. Bréard

Expatrié : rêve et réalité
J. Pautrot et Y. Girouard

Du courage d'être manager
G. Reyre

Maîtriser le coaching
J.-Y. Arrivé et I. Frings-Juton

Le DRH : partenaire stratégique
A. Meignant

Gestion RH des PME/PMI
M. Coiffard, A. Chevalier et W. Guillaume

Comment manager les comportements ?
S. Lambert

L'anglais des managers et consultants
N. Humeau

Cerveau, communication et management
O. du Merle

Moderniser la gestion des hommes dans l'entreprise
Coordonné par M. Matmati et M. Le Berre

Gestion du changement
P. Pastor

L'absentéisme, comprendre et agir
P. Gallois

Les défis de votre carrière après 40 ans
S. Grevedon et H. L'Hoste

Formaliser et piloter un réseau d'entreprise
F. Tournier

Compétences et stratégies d'entreprise
Ph. Zarifian

Motiver
P. Pastor et R. Bréard

7 étapes pour rebondir après une crise
Thierry Jallon

SOMMAIRE

Pages

INTRODUCTION

L'actualité se fait régulièrement écho de la globalisation des entreprises amenées de plus en plus à étendre leur périmètre sur un territoire international. Si cette ouverture multiplie les perspectives de développement, elle agit dans le même temps sur un accroissement de la concurrence et du changement. Ces dernières années ont témoigné d'une mutation sans précédent du marché de l'emploi et de la relation entreprise/salariés. D'une part, l'employeur est confronté à une problématique d'image, de différentiation, d'adaptation et de pérennité. De l'autre, les salariés qui ont tous vécu ces changements à grande échelle, soit directement, soit par l'intermédiaire de leur entourage, ont pris de la distance.

Nous sommes entrés dans l'ère de la complexité sociale. Les logiques de court terme dirigées par un actionnariat prégnant et exigeant s'opposent à la construction et à la gestion d'une relation rentable, sur mesure et durable. Les salariés, conscients de ce que peut ou non apporter l'entreprise, confrontent leur besoin avec l'offre employeur et vérifient dans les faits que la relation se fonde bien sur du donnant/donnant ou du gagnant/gagnant. Ils risquent aussi de faire jouer la concurrence ou d'autres formes de travail pour un meilleur équilibre vie professionnelle/vie privée. Les entreprises, dans le même temps, enrichissent leur prestation RH, et offrent une image d'employeur de plus en plus séduisante. Elles prennent conscience qu'elles dépendent de la qualité de l'engagement humain et qu'elles doivent, pour rentabiliser leur recrutement, gérer la relation même à court et moyen terme.

Les ressources humaines ont donc évolué pour accompagner la mondialisation, pour gérer l'allongement de la vie professionnelle, pour développer l'attractivité et la responsabilité sociale de l'entreprise. Il s'agit aujourd'hui d'intégrer et de tirer parti de la diversité ; une diversité culturelle de populations qui se croisent et s'internationalisent, de besoins et de ressentis d'hommes et de femmes d'origine, d'âge et de parcours différents, de sociétés qui se partagent, se multiplient, se séparent. Stratèges, conseillers, communicants, les DRH s'imposent comme les partenaires incontournables de l'entreprise. L'enjeu est à la hauteur de leur tâche. Car les coûts des démissions actives ou passives peuvent devenir légion. Pour renverser cette tendance, les entreprises accompagnent les orientations stratégiques, les mutations d'environnement, des métiers et des hommes, répondent aux besoins par la communication. Chacun la définit comme il l'entend. Si l'on parle aujourd'hui de communication RH, interne, de recrutement, sociale, de marketing RH, et demain de communication relationnelle ou de communication des hommes... l'idée est de se mettre d'accord sur une définition, un périmètre, des enjeux, des résultats.

La communication RH adoptée dans ce livre prend en compte à la fois la dimension interne de l'information tout en l'élargissant au domaine social et humain dans une logique de rattachement aux RH. Peut-on encore aujourd'hui parler d'adhésion, susciter la responsabilisation et créer de l'innovation dans l'entreprise globale ? Le contrat moral entre le salarié et l'entreprise est-il rompu ? En quoi la consommation d'emploi porte-t-elle préjudice à cette relation ?

Ce sont quelques-unes des questions auxquelles ont répondu 50 décideurs d'entreprise, toute taille et domaine d'activité confondus.

Pour mettre en relief la réalité économique et sociale de l'entreprise, il était nécessaire d'évoquer les multiples visages du changement et les conséquences qui se sont ensuivies tant sur l'organisation que sur les hommes. Montrer, ensuite, l'évolution des attentes des salariés, managers, jeunes diplômés, seniors et tenter de définir l'entreprise idéale a permis de poser le point de départ des réponses à apporter pour motiver et fidéliser dans l'entreprise. Dérouler, enfin, les évolutions majeures de la DRH et de la communication qui grandissent en synergie montre que ces deux fonctions agissent de concert sur la relation employeur/salarié.

Les chapitres suivants n'ont pas pour ambition de révolutionner la communication RH, mais bien de montrer que, malgré et au regard du constat précédent, des actions de toutes tailles font grandir et l'entreprise et les salariés, que les valeurs et la culture ont encore du sens, qu'intéresser les femmes et les hommes, c'est donner des repères, des marges de progression mais aussi et surtout la possibilité d'agir quels que soient son niveau, sa fonction, sa mission, dans une logique d'amélioration ou de progrès.

Par ailleurs, sans retour d'expérience, il est difficile de parler d'une réalité terrain. La multiplication des associations, des clubs métiers, des benchmarks, va dans ce sens. Ce livre vous ouvre à son tour les portes de l'entreprise pour vous faire partager ses connaissances, ses pratiques, pour développer de nouvelles pistes de réflexion ou conforter vos décisions.

50 décideurs partagent leur expérience terrain *

BASSET-CHERCOT Geneviève
(Directeur de la Communication Solvay France)

BERNARD Jérôme
(Direction déléguée des cadres et de l'institut du management SNCF)

BLOZHEIMER Anne
(Fondatrice ABL Search)

BOBILLIER Claudine
(Chargée de la communication interne GRTgaz)

BOCOGNANO Sylvie
(Responsable communication interne Bouygues Telecom)

BONEU François
(PDG Atefo)

BOUTS Nicolas
(DRH Servier)

CORNIL Michel
(PDG Systra et Effia)

CUENOT Philippe
(Directeur du développement des RH Bouygues Telecom)

DABADIE Marie-Cécile
(DRH Moët Hennessy Diageo)

DOMINIC Laurence
(Chef du service communication interne Région Ile-de-France)

FABRE Martine
(Responsable du Centre de Services RH Nord France Télécom)

FEYTIE Alain
(Responsable communication interne DANONE Eaux France)

FORTIER Odile
(Responsable communication interne Trapil)

FOUGERONT Cécile
(Directeur des Ressources Humaines et des Relations Sociales Unilog)

FRANKIEL Bruno
(RRH Groupe CAT, Philips)

FRICTION Laurent
(DRH Groupe GL Trade)

GHÉDIRA Jean
(Directeur de la communication Keolis)

GUERICOLAS Philippe
(DRH Coface)

GUILLEN Alain
(DRH Lafarge Ciments)

GUILLOT-PELPEL Véronique
(Directeur de la communication corporate Nexans)

HÉRON Antoine
(Président Innov'acteurs & Service Initiative et Créativité Renault)

HOUZÉ Philippe
(Président Groupe Galeries Lafayette)

KARACIAN Richard
(DRH Future France)

LANDIER Hubert
(Groupe Management Social)

LE FLOCH Noël
(Responsable communication interne Lafarge Ciments)

LELEU Patrick
(DRH Bouygues Telecom, Noos)

LEMAIRE Eric
(Directeur de la communication AXA France)

MARQUAIRE Sophie
(DRH Creyf's)

* Certains d'entre eux témoignent de leur expérience au moment où ils exerçaient leur fonction dans l'entreprise citée.

MERCK Bernard
(DRH France Télécom)

MOISY Catherine
(Directeur de la communication interne Ipsos France)

MOISY Pascal
(Responsable projets communication interne Nestlé France)

MOREAU Joël
(Responsable du Pôle Stratégie et Communication La Poste)

NEYME Maurice
(DRH Spie Batignolles)

PETRIGNANI Jean-François
(Chef de projet e-Business Air Liquide)

PLÉE Eric
(Adjoint au maire Mairie d'Aubervilliers)

RAFFARIN François
(DRH Fromageries des Chaumes)

RAIMBAULT Jean-Michel
(RH Groupe Portail Intranet/Gestion de contenus BNP Paribas)

RIBANO Fanchon
(Consultante RH cabinet ADH Conseil)

REMONTET Edwige
(DRH e-Laser)

RICHARD Sandrine
(Responsable de la communication interne UPC-Noos)

RICOME Maurice
(DRH Galeries Lafayette)

SAINT OLIVE Frédérique
(DRH BioMérieux)

SAMSON Laurent
(Consultant et enseignant en conduite du changement)

TACLET Luc
(DRH BHV)

THIOLLIER Jean-Noël
(DRH Baxter, Vivendi Net, YSL Beauté)

TINEL Jean
(DRH Jeulin)

OCCRE Henri
(Responsable formation UPC-Noos)

VAN HONACKER Patrick
(Directeur Emploi & Formation Lactalis)

VERGER Béatrice
(Responsable nationale de l'innovation participative SNCF)

WOLFF Isabelle
(Communication Interne Multimédia BNP Paribas)

Extraits des interventions de la 15e Convention Initiative et Créativité Renault
Luc de BRABANDERE (consultant)
Jean-Yves COUDRIOU (Directeur Etablissement Siège Renault)
Jean-Pierre MIRAILLE (Directeur des projets moteurs spéciaux Renault)
M. PARFAIT (Directeur Qualité et Service France Renault)
M. RYU (Directeur Qualité Renault Samsung Motors)
Louis SCHWEITZER (PDG Renault)

Chapitre I

LES MULTIPLES VISAGES DU CHANGEMENT

« Un changement en prépare un autre. »
Nicolas Machiavel

I. De l'entreprise providence aux multinationales

En quelques années le paysage et le territoire des sociétés se sont profondément modifiés. Même si la mondialisation est considérée par certains comme un paysage déjà tracé et une manne de circonstance, elle n'en reste pas moins un phénomène inquiétant pour d'autres. Difficile, en revanche, de rester indifférent face aux mutations successives de l'entreprise et des institutions. L'élargissement des centres de décisions, la mise en place d'une politique européenne commune et l'ouverture des marchés à l'échelle mondiale restent au centre des débats. Car la société connaît depuis plus de 20 ans de profonds changements sociologiques, culturels et technologiques. Comme toute évolution, ils entraînent avec eux des percées économiques d'importance et développent des effets anxiogènes.

L'un d'entre eux s'identifie par une mutation grandissante des tailles, des organisations et des jeux de pouvoir. Pour survivre, s'adapter, se développer, les entreprises se transforment en groupes, puis en multinationales françaises, européennes et mondiales. Certaines sont souhaitées, d'autres subies, d'autres encore se révèlent dignes des meilleurs romans feuilletons, riches en spéculation et en rebondissement.

En ouvrant grandes les portes des frontières, chacun est désormais en mesure d'investir des territoires à multiples dimensions et, dans le même temps, risque d'être concurrencé par de nouveaux acteurs. C'est la loi du marché. Pour survivre et se développer, les entreprises doivent montrer une capacité d'adaptation sans précédent et augmenter leur efficacité pour atteindre l'excellence. C'est le coût de l'excellence défini par Nicole Aubert et Vincent de Gaulejac (1), qui multiplie la complexité des environnements en constante mutation et bouleverse les modèles existants. C'est aussi celui d'une activité économique soumise à de profonds aléas. C'est enfin un changement incontournable, successif, qui se transforme, avec le temps, en spirale continue et avec lequel toutes les parties devront se jouer.

1 – Quelques dates clés

Après un État qui n'est plus en mesure de restaurer le plein emploi, la France se tourne au début des années 1980 vers l'entreprise providence. Les groupes d'expressions, les cercles de qualité fleurissent au sein des organisations. Les médias titrent autour des entrepreneurs, on assiste à la naissance des magazines *Défis*, *Challenge*, *Entreprise*... La culture d'entreprise apporte aux salariés une dimension nouvelle à leur relation avec l'employeur au sein d'une décennie placée sous le signe de la crise pétrolière, du dollar et du chômage.

L'amorce du changement économique est portée par un événement hautement symbolique, la chute du mur de Berlin le 9 novembre 1989. Cette page de l'Histoire marque le début de l'ouverture des frontières de l'Ouest avec la disparition de l'URSS et de l'économie de plan. La mondialisation est en marche. Les années 1990 se caractérisent par l'intensification des échanges et de la libération des marchés publics européens.

La loi Quilès du 2 juillet 1990 sépare les deux branches de l'administration des PTT. La Poste et France Télécom prennent la forme de deux établissements publics à caractère industriel et commercial. Puis le 26 juillet 1996, la loi de réglementation des Télécommunications ouvre le secteur à la concurrence.

France Télécom devient une société anonyme avec un capital public à hauteur de 49 %. De nouveaux opérateurs fleurissent un marché en pleine expansion. Même le renseignement téléphonique tombe dans l'escarcelle d'une trentaine de candidats qui tirent au sort des numéros

(1) Nicole Aubert, Vincent de Gaulejac, *Le coût de l'Excellence*, Le Seuil, Paris, octobre 1991.

à six chiffres, commençant tous par 118 et destinés à remplacer progressivement le 12, à partir de novembre 2005.

La Poste en 2005 est en concurrence sur 64 % de son chiffre d'affaires, notamment sur le courrier de plus de 100 g, les services financiers, le colis et l'express. La loi postale votée en mai de cette même année ouvre à la concurrence, dès le 1er janvier 2006, le courrier de plus de 50 g. L'ouverture totale à la concurrence des marchés de La Poste pourrait prendre effet en 2009 sous l'impulsion des directives européennes.

La libéralisation des marchés touche également la SNCF avec l'ouverture à la concurrence du secteur du transport ferroviaire international de fret en mars 2003, du marché national en 2006, puis du trafic voyageurs de longue distance, prévue entre 2008 et 2010. Le 13 juin 2005, l'actualité est marquée par le premier train privé de marchandises à circuler sur le réseau ferré français.

Pour Gaz de France, l'ouverture des marchés du gaz sera totale en 2007. Le groupe sépare ses activités de la maison mère de celles du transport le 1er janvier 2005, et ouvre entre 20 et 22 % de son capital en juin de cette même année. Dans les régions, la loi de décentralisation d'août 2004 bouleverse également la donne. Depuis septembre 2006, les régions intègrent au sein de leur effectif la gestion des techniciens des lycées.

Dans le secteur privé, le XXIe siècle montre que les règles sont loin d'être figées quels que soient le secteur et la taille des entreprises. En effet, les marchés fluctuants poussent les mieux lotis à se retrouver, à leur tour, victimes d'une crise économique sans précédent. Pour exemple, l'éclatement de la bulle Internet dans les années 2000 marque la fin de l'âge d'or des start-up à laquelle se rajoute le contrecoup des attentats de septembre 2001. Un passage difficile autant pour les entreprises que pour les salariés, car le marché de l'informatique, un des plus gros moteur d'emploi en France, connaissait jusqu'alors une période de croissance ininterrompue.

2 – La globalisation des marchés économiques

Le terrain des organisations se construit à l'échelle planétaire. L'entreprise se transforme et se globalise. Les espaces et les concurrents deviennent indéterminés. Chacun est libre de localiser ses activités sur le territoire de son choix, de les répartir entre plusieurs régions, plusieurs pays, entre plusieurs continents. Qu'il s'agisse de la production, des stocks et des approvisionnements, ou encore de la commercialisation des produits et des services.

Les marchés locaux et nationaux sont donc désormais plongés au cœur des marchés mondiaux. Confrontés à une compétition et une ouverture de plus en plus grandes, les entreprises et les groupes français ont dû adapter leur stratégie, leur métier et leur offre, aux environnements et aux climats économiques internationaux. Car, face à ces nouveaux enjeux, il s'agit d'acquérir de la croissance, de se diversifier sur de nouvelles niches, de développer des produits innovants, de garder son indépendance ou tout simplement de survivre.

■ *La concentration fait des vagues*

Les grands groupes sont les premiers à s'allier les uns aux autres pour concentrer leurs forces et réaliser des économies d'échelle, surtout dans les périodes économiques difficiles.

Le secteur aérien européen a ainsi été remodelé en l'espace de quatre ans. En effet, les attentats du 11 septembre 2001 puis le tsunami en Asie de 2004 ont affaibli les positions des acteurs dominants et celle des challengers. Le rapprochement réussi d'Air France et de KLM en mai 2004 montre la voie de la consolidation européenne dans un secteur en crise (1).

La croissance des SSII, après deux ans de récession, s'effectue également sur fond de réorganisations, d'alliances et de rachats. Steria rachète en 2005 la société allemande Mummert, Capgemini retrouve son souffle en acquérant Transiciel, Atos Origin, 3e SSII du marché français, réalise plus de 300 millions d'euros de cessions. Quant aux plus petites, elles surfent depuis 2004 sur la vague de la concentration pour éviter de se retrouver en position de sous-traitantes (2).

Le secteur des courtiers en ligne est lui aussi dominé par quelques leaders. Cinq acteurs principaux concentrent plus de 80 % du marché français. Tous sont issus de multiples fusions et acquisitions.

La réforme de la Politique agricole commune et la baisse des prix de vente des matières premières changent la donne économique. Les acteurs mondiaux se confrontent, les produits et les compétences aussi. Il est désormais possible pour un laitier européen de vendre ses produits

---

(1) Nathalie Paul, « Les grandes manœuvres se multiplient dans le ciel européen », *La Tribune*, 29 mars 2005.

(2) Clarisse Burger, « Top 100 des sociétés de service et des éditeurs en France », *01 Informatique*, 16 mai 2005.

en France et *vice et versa*. C'est une des raisons qui pousse le groupe Entremont (1) et la coopérative bretonne Unicopa à se rapprocher en juin 2005, pour devenir le numéro deux français du lait.

Dans le même temps, les consommateurs, de plus en plus exigeants, demandent aux acteurs en présence de rivaliser en produits innovants, dans des délais raccourcis. En unissant leur force, ils cherchent à s'adapter et à anticiper les évolutions.

Séduire des clients nationaux, européens, mondiaux, trouver des créneaux différentiels, l'industrie automobile (2) est confrontée de plein fouet à un marché saturé et en constante innovation technologique. Certains constructeurs se sont donc regroupés en pôles multimarques. Renault, en pointe en Europe, et Nissan, bien implanté aux États-Unis, unissent leur force. Ils se hissent à la 4e place mondiale et viennent concurrencer Volkswagen. Ce dernier a absorbé, depuis dix ans, cinq entreprises, de Skoda à Bugatti, mais a du mal à différencier les images de marque de ses produits et paie une stratégie trop diversifiée. Adoptant une politique opposée, le 2e groupe mondial Toyota définit, pour sa part, l'essentiel de ses forces autour de sa marque mère. De plus, le géant japonais a décidé de concentrer une grande partie de ses atouts en Europe avec des modèles mieux adaptés aux spécificités locales. Il risque également de bouleverser la donne avec l'implantation, depuis 1999, de son usine pilote de Valenciennes, la première à franchir les portes d'un pays non anglo-saxon. Quant au leader du marché, GM, il s'est implanté en Europe avec Opel, puis « a racheté à la fin des années 1990 le constructeur suédois Saab tout en prenant une participation minoritaire dans Fiat ».

Les équipementiers ne sont pas en reste, à l'instar de Valeo (3) dont l'œil est rivé, depuis 2005, sur le marché américain. Le groupe serait prêt à accroître sa dette, due à des opérations exceptionnelles, pour opérer une acquisition stratégique au-delà des marchés européens. Une tactique qui pourrait permettre à l'un des premiers équipementiers mondiaux de se retrouver mieux armé face à la concurrence internationale et d'affronter plus sereinement les hausses des prix des matières premières.

Sur le marché de l'agroalimentaire les évolutions des modes de consommation impliquent de trouver chaque jour de nouvelles idées de

(1) « Entremont et Unicopa se rapprochent pour créer le numéro deux français du lait », *Actualité des fusions/acquisitions*, n° 141, 17 juin 2005, fusacq.com.
(2) « 8 constructeurs, 3 stratégies », *Newzy*, septembre/octobre 2004.
(3) Elsa Bembaron, « Valeo lorgne le marché américain », *Le Figaro*, 25 juillet 2005.

produit pour répondre aux besoins nationaux et internationaux. Pour y parvenir, les groupes se concentrent sur leur cœur de métier et s'allient les uns avec les autres.

Pernod Ricard (1) part à la conquête du groupe britannique Allied Domecq en juillet 2005. Une OPA amicale qui devrait permettre au nouvel ensemble de passer du troisième au second rang mondial. On peut également penser que la diabolisation du marché des spiritueux avec la montée en puissance des discours de sécurité publique et la moindre considération de l'alcool ne sont pas étrangères à ce rapprochement. Par ailleurs, certaines marques nationales (2) qui ne correspondent plus aux politiques de croissance et de centralisation des multinationales changent de propriétaire. Bénédicta jugée trop locale sort du géant Unilever, Brossard est vendu par l'Américain Sara Lee, Campbell Soup se sépare du confiseur Lamy-Lutti, la crème Mont-Blanc quitte le groupe Nestlé. Toutefois la plupart d'entre elles retrouvent un second souffle, avec une cure de rajeunissement, de nouvelles gammes et une notoriété accrue.

■ *Garder son indépendance, un challenge difficile*

« DANONE dans la ligne de mire de Pepsico ? », « Le groupe Rasec rachète A5 », « Egis va céder Dorsh Consult à l'Allemand Hoffmann Röder », « Capgemini cède 95 % de sa filiale Capgemini Japan », « Thomson va devenir l'actionnaire majoritaire de VCF Thématiques... »... la *Lettre des Fusions Acquisitions* du 22 juillet 2005 de la première place de marché dédiée aux cessions, transmissions, acquisitions et reprises, www.fusacq.com, déroule son actualité.

Les stratégies d'alliance, de croissance externe sont en passe de devenir banales dans un paysage économique en mouvement permanent. Chaque jour les médias titrent sur une nouvelle OPA, fusion, acquisition, vente, rachat amical ou hostile. Néanmoins certains résistent encore, parmi eux, les sociétés à capital familial. Les raisons sont souvent liées à l'attachement légitime du fondateur et à l'entreprise. Mais dans les faits, il est parfois difficile de résister à la pression extérieure. Les exemples (3) commencent à être légion. Les Flammarion, créateurs de leur maison d'édition depuis 1876, ont cédé la totalité de

(1) « Allied Domecq se vend à Pernod Ricard », *Le Figaro*, 5 juillet 2005.
(2) J.-F. Arnaud, J.-M. Philibert, « Les petites marques cédées par les grandes entreprises se développent », *Le Figaro*, 5 juillet 2005.
(3) « Dynastie familiale : principal moteur de la vie financière et industrielle », décembre 2003, www.mip-paris.com.

leurs actions à l'Italien Rizzoli. Les héritiers du groupe Legrand, spécialisé dans l'appareillage électrique, ont vendu, quant à eux, près de 30 % du capital de leur firme au groupe Schneider Electrique. Ils deviennent actionnaires minoritaires. L'éditeur Ubisoft (1) créé en 1986 par les frères Guillemot est déstabilisé en décembre 2004 par Electronic Art qui rachète 19,9 % du capital de la société. Le Français mettra tout en œuvre pour repousser l'offensive de l'Américain considérée comme inamicale.

La fiscalité, les montages juridiques, la montée en puissance capitalistique constituent quelques-unes des raisons qui poussent les entreprises familiales à ouvrir leur actionnariat. Pour garder leur indépendance, certaines réussissent à se protéger des OPA, notamment lors de leur entrée en bourse, tout en développant leur croissance externe. Le groupe Bonduelle (2) pour exemple, a mis en place un noyau dur de 15 actionnaires commandités, tous membres de la famille. Un véritable esprit de clan qui permet de préserver les 55 % d'actions majoritaires des héritiers d'une entreprise fondée en 1853. Le groupe mène par ailleurs une politique de croissance externe continue avec le rachat de Cassegrain en 1989, de Michel Caugant en 2003 et de Vita en 2004.

Dans l'univers des laboratoires pharmaceutiques, seuls trois indépendants français (3), Servier, Pierre Fabre et Ipsen, ont survécu aux vagues de concentrations successives du secteur. Un véritable challenge surtout dans un domaine où, pour survivre, il est souvent profitable de se rapprocher, les coûts d'investissements et de recherche pesant lourd dans la balance. Pour Delphine Le Louët, analyste, « *compte tenu du contexte français, ils pourraient aussi s'allier les uns avec les autres pour obtenir un effet de taille et optimiser leur savoir-faire scientifique et commercial... mais étant donné la forte personnalité des fondateurs, cette hypothèse a peu de chance de voir le jour* ».

À l'intérêt offert par de grands groupes internationaux s'ajoutent des droits de succession qui se montent à 40 % en France. Un taux susceptible de décourager les meilleures volontés et de ne pas conserver l'actionnariat familial d'origine. Toutefois, l'adoption au parlement le 13 juillet 2005 de la loi Dutreuil devrait changer quelque peu la donne.

---

(1) Jean-Philippe Dubosc, « Ubisoft se prépare à la contre-attaque », *Courrier Cadres*, n° 1566, 13 janvier 2005, p. 8.
(2) « Les entreprises familiales offrent une vision à long terme », Management.journaldunet. com, 9 mars 2005.
(3) « Les derniers indépendants français en sursis », *Le Figaro Edition Electronique* du 24 mars 2005.

Selon les estimations du groupe Monassier (1), désormais la transmission d'une société d'une valeur de 4 millions d'euros coûtera 176 600 euros contre 472 600 euros auparavant. Pour bénéficier de cet abattement, « *l'héritier doit s'engager à conserver ses parts pendant au moins six ans, ce qui permet de stabiliser le capital* ». À condition toutefois que les générations qui se succèdent arrivent à trouver un terrain d'entente.

3 – De nouveaux environnements

Les stratégies de concentration ou de diversification ont entraîné des bouleversements majeurs au sein des entreprises. Pour s'adapter aux environnements et à l'évolution des modes de consommation, elles ont modifié en profondeur leur stratégie, leur organisation, leur métier, leur culture, leur management et leur identité.

De nouveaux ensembles sont ainsi composés, décomposés, puis recomposés en l'espace de quelques mois, voire de quelques semaines. Car c'est toute l'entreprise qui entre en mouvement, pour adapter au plus vite ses structures aux nouveaux enjeux et aux nouveaux périmètres nationaux et mondiaux.

■ *Une mutation des organisations autour des clients et des marchés*

Les cycles de vie des produits se raccourcissent et ces derniers se multiplient. La globalisation des marchés entraîne avec elle une adaptation sans précédent des activités, des métiers, des cultures et des hommes. Pour se développer à l'international et rester compétitives, les entreprises doivent faire évoluer toute leur organisation. Un des exemples les plus marquants reste celui des services publics pour qui ces changements se placent souvent à très grande échelle et impactent des milliers d'hommes et de femmes.

Chez France Télécom, le milieu des années 1990 marque la naissance de l'entreprise de service. Les métiers en contact avec le client prennent une ampleur sans précédent. En l'espace de 10 ans, leur représentativité passe de 15 à 50 %. Le groupe déploie ses activités vers des secteurs à forte croissance (Internet haut débit, téléphonie mobile), ce qui représente chaque année pas moins de 12 000 salariés amenés à

(1) « L'abattement fiscal sur la transmission d'entreprise définitivement adopté », www.fusacq.com.

changer de métier : soit près de la moitié des effectifs de l'entreprise en 5 ans !

La Poste supprime ses structures départementales mutualisées fin 2003, puis se réorganise, le 1er janvier 2004, autour de quatre métiers : le courrier, le colis, les services financiers et le grand public. Les 100 directions départementales disparaissent en 3 mois, soit plusieurs milliers personnes qui changent de direction d'appartenance, et de poste de travail. Au passage, c'est l'occasion d'un redéploiement des effectifs vers les postes en contact avec le public dans les établissements. La modernisation touche toute l'entreprise. Des investissements sans précédent sont programmés dans les centres de tri. Le développement du colis au niveau européen se poursuit tandis qu'un projet de création de banque postale est en cours. Cette mutation implique une réduction progressive et une simplification des fonctions. La Poste s'attache à offrir des parcours professionnels permettant un développement progressif des compétences en fonction des motivations de chacun. Un changement qui touche 300 000 postiers et plus de 250 métiers.

Les CHU (1) vont être également amenés à mettre en place une nouvelle organisation dans les hôpitaux publics. Les structures par service devraient s'effacer au profit d'une recomposition par grands pôles d'activités, dirigés par un médecin. Ces derniers devraient se transformer en gestionnaires et managers devant répondre à des contrats d'objectif. Les CHU souhaitent obtenir une plus grande responsabilisation de tous ceux qui travaillent au sein des établissements publics, avec une contractualisation plus poussée.

Gaz de France, enfin, a fait du développement à l'international un des fers de lance de sa stratégie. L'entreprise souhaite développer fortement ses infrastructures pour « *conquérir un million de nouveaux clients dans le domaine du chauffage, à l'horizon juillet 2007... et prévoit, à terme, de multiplier par six ses ventes d'électricité... pour devenir un énergéticien à part entière* » (2).

Dans le privé, il s'agit également de trouver de nouvelles niches, de s'adapter aux évolutions et aux profils des clients. Rares sont les entreprises qui ne rencontrent pas des mutations majeures de leur métier. Chacun revoit sa propre organisation pour répondre aux besoins croissants de qualité et de service client.

---

(1) « Les CHU prônent l'évaluation et l'intéressement », *Le Figaro*, mars 2005.
(2) Frédéric de Monicault, *Le Figaro Edition Electronique* du 9 juillet 2005, « Gaz de France entre en bourse en fanfare ».

Dans le BTP, la capacité d'adaptation de Spie Batignolles constitue depuis 15 ans l'épine dorsale de l'entreprise. En rupture avec le marché, le projet *Concertance* propose une démarche originale pour créer et partager de la valeur à partir du client, élargie à l'ensemble de l'entreprise : salariés, fournisseurs et actionnaires. Cette démarche, basée sur le partenariat, la confiance, la transparence et la créativité collective, requiert des compétences et des comportements nouveaux. Elle est un puissant moteur de développement.

Chez Solvay, l'internationalisation croissante de l'entreprise la pousse vers une mutation économique, opérationnelle et de comportement sans précédent. Elle se traduit par une informatisation accélérée au sein de l'entreprise, une montée en puissance du travail en réseaux et des compétences, et une organisation en *Business Units* européennes ou internationales.

L'évolution des modes de consommation des fromages oblige, début 2000, les Fromageries des Chaumes à adapter leur outil industriel et leurs métiers. Si l'entreprise est une des seules à avoir gardé la tradition et le savoir-faire du fromage à la coupe, elle a aussi réussi à occuper le terrain des portions et des produits à la pièce au libre-service. La force de vente s'adresse désormais à de multiples interlocuteurs : le responsable du rayon Coupe, le chef de rayon Libre-Service, la crémière... alors qu'il n'y a pas si longtemps, cette dernière était sa seule interlocutrice.

Au cœur des centres-villes modernisés par l'arrivée massive de nouvelles enseignes françaises et étrangères les métiers se transforment. Il s'agit de développer une véritable culture du client et de ses attentes pour redonner du sens au plaisir d'achat. Pour exemple, les entreprises adhérentes de l'UCV ont choisi de faire du patrimoine urbain un espace d'échanges, de convivialité, de dynamisme, d'innovation et de création de richesse. De nouveaux concepts et modules de magasins voient le jour.

« *Votre agence n'est pas un comptoir d'enregistrement, c'est un lieu d'échanges. Veillez à ce que vos clients n'attendent pas, soyez curieux, apprenez à les connaître, soyez aussi proche d'eux que leur médecin de famille* », explique Georges Colson (1), président du Snav (Syndicat national des agences de voyages) pour motiver et soutenir les agences de voyage. Beaucoup réinventent ainsi leur métier car, face à la concurrence, la différence se fera par la prestation, l'accueil, la personnalisation

(1) C. Ducros, E.d.L. Chesnais, « Tourisme, ils doivent se transformer en conseillers de leurs clients », *Le Figaro*, 21 septembre 2005.

de la relation client, la proximité, le conseil, l'après-vente. Lieux d'échanges, espaces de vie et d'envie, les structures et les concepts se transforment peu à peu pour offrir à la fois le meilleur et l'exceptionnel.

■ *L'internationalisation des Directions et des Hommes*

Aujourd'hui, la moitié des salariés de ce groupe est située à l'étranger alors qu'il y a dix ans l'entreprise était encore franco/française, Biomérieux est implanté au sein de 130 nations, les 150 cadres dirigeants d'Air Liquide sont originaires de 20 pays différents... ces entreprises, comme beaucoup d'autres, se sont dotées de compétences internationales et d'équipes multilingues, avec même parfois, à la tête de la maison mère, des patrons venus d'ailleurs.

Pour *Le Journal du Management* (1), « *six patrons du CAC 40... et de plus en plus de numéros 2 et 3 ne sont pas français d'origine* ». La France accueille sur son territoire un PDG libanais chez Renault, deux Belges chez Carrefour et Dexia, une Britannique pour l'Oréal, une Italienne pour STMicroelectronics, deux Espagnols chez Carrefour et Monoprix, un irlandais chez Pernod Ricard et un Indien chez Orange. Une tendance qui devrait s'accentuer avec le temps. Depuis quelques années, les PDG et les DG « venus d'ailleurs » ne surprennent plus, ils font partie du paysage de l'entreprise internationale. Et s'ils font parler d'eux, c'est avant tout sur la politique et la stratégie de leur entreprise et de leur groupe. En interne, les salariés leur demandent les mêmes qualités qu'un patron français : écoute, transparence, proximité. Ils ont, par ailleurs, souvent fait leurs études en France et ont décrypté quelques habitudes bien locales : les Français, fortes têtes, seraient plutôt lents à la détente, sans certitude et en quête d'explications pour avancer.

Mais en matière de management interculturel, les barrières ne se situent pas toujours là où on les attend. Pour Nicolas Fayol (2), chargé de l'intégration des premiers cadres japonais de l'usine Toyota à Valencienne, « *au final ils disent souvent avoir découvert plus d'affinités avec les Français qu'avec les Anglo-Saxons qu'ils ont pu côtoyer...* ». Les Japonais et les Français ont en effet en commun un « *même amour de la gastronomie et du travail bien fait, une même inventivité et sens de la débrouillardise... Il ne faut pas croire que les Japonais ne prennent pas de vacances, comme nous ils ont des congés payés mais ne les prennent pas de la même manière* ». Les différences se posent moins avec les salariés ayant déjà vécu une

(1) « Les directions s'internationalisent », *Le journal du management*, 8 juin 2005.
(2) *Idem.*

expérience internationale car ils perdent en général leur particularité française. Ce sont les valeurs de l'entreprise qui servent alors de référence universelle.

En revanche quand un PDG chinois (1) découvre les 35 heures, il est parfois nécessaire de mettre les pendules à l'heure. Cette entreprise située à Camaret dans le Vaucluse est en effet rachetée en février 2004 par l'État chinois. Le nouveau président ne parle pas français, il est présent trois à quatre fois par an et comprend mal le Code du travail français. La notion de comité d'entreprise est pour exemple inconnue en Chine. Et quand il s'agit de négocier un plan de licenciement, la direction de l'entreprise est finalement confiée à une équipe française, avec à sa tête un homme fin connaisseur de la Chine.

La délocalisation des pôles de décision met en relief les conséquences administratives et culturelles des décisions politiques prises au-delà des frontières. Jean-Noël Thiollier, DRH à l'époque des laboratoires Baxter, est confronté à une incompréhension des salariés français face aux décisions prises au Siège américain. Il prend la résolution, avec un groupe de décideurs de l'entreprise, d'aller à Chicago rencontrer le DRH et le Président du groupe. L'objectif est de les alerter sur les dangers d'une organisation sans prise en compte du contexte culturel français et sur l'importance d'anticiper le changement afin de l'expliquer très en amont. Le DRH groupe revient vers la filiale Baxter France un mois après, ayant accepté un projet d'accompagnement du changement. Un homme clé est nommé pour échanger avec une cinquantaine de leaders dans l'entreprise, toutes nationalités confondues. Sans cette intervention, le projet de changement n'aurait pas abouti.

Pour Hubert Landier, les lignes de communication se rallongent entre le grand patron et le terrain. Les mesures ne sont pas toujours adaptées à la France surtout quand la société mère est étrangère. Il faut tenir compte des spécificités locales et culturelles dans une même entreprise au sein d'un pays et entre plusieurs continents. De même, on ne dirige pas une société dans le Sud comme dans le Nord, car les comportements et la culture diffèrent selon les régions. Pour exemple, les salariés situés dans le Nord disent « nous chez... », ceux du Sud parlent « d'eux chez... ».

Le modèle de la norme réglementaire américaine Sarbane Oxley est un autre exemple du décalage culturel possible entre une maison mère et ses entités françaises. La loi de sécurité et de moralisation financière

(1) Patrice Victor, « Quand un PDG chinois découvre les 35 heures », *Newzy*, n° 13, juin 2005, p. 42.

demande aux dirigeants des filiales du monde entier une organisation de contrôle interne rigoureuse et attestée à chaque arrêté de compte, pour vérifier que les chiffres soient sincères. L'obligation faite à tous les salariés de dénoncer les situations litigieuses est même érigée en moyen de contrôle interne, fait remarquer Patrick Leleu. Pourtant le *whisleblowing*, le système d'alerte éthique fortement instauré aux États-Unis et en Angleterre, a du mal à prendre son essor en France. En effet, demander aux salariés de signaler à leur supérieur hiérarchique ou à la direction de l'entreprise les comportements suspects de leur collègue peut être assimilé à... de la délation organisée. Positionné par certaines entreprises comme un outil d'expression des salariés, le *whisleblowing* (1) est difficilement compatible avec une culture fondée sur la confiance et le développement interpersonnel. Les retours d'expérience manquent encore pour établir un véritable bilan. Ce groupe a reçu deux appels de salarié en un an, cet autre indique que seul un appel sur cinq s'avère pertinent (2).

La mondialisation a également eu pour conséquence l'institution d'une langue de référence dans l'entreprise. Si les cadres supérieurs et les cadres internationaux sont aujourd'hui recrutés sur leur performance au TOIC et leur capacité à pratiquer une ou plusieurs langues couramment, tous les salariés ne sont pas encore logés à la même enseigne. Comprendre une note de travail ou d'information passe encore, mais il devient plus difficile de demander à certains après quelque 15 années passées dans l'entreprise de se transformer en ténors anglicistes. Et ce quel que soit leur statut. Les employés ne font pas figure d'exception. Combien d'ingénieurs se disent opérationnels alors qu'ils peinent à comprendre des journaux internes entièrement rédigés en anglais ou ne s'expriment pas en réunion par peur du ridicule ?

Véronique Guillot Pelpel, Directrice de la communication de Nexans, analyse la situation à grande échelle. Avec les cent cadres supérieurs de l'entreprise, les réunions en anglais se passent très bien, les échanges sont fluides, les questions sont nombreuses. En revanche, si l'on multiplie ce nombre par deux, les collaborateurs sont moins à l'aise et ne s'expriment plus suffisamment bien pour poser des questions devant plus de 200 personnes.

Dans d'autres entreprises, certains cadres n'utilisent pas les traducteurs sous forme d'écouteurs placés à l'entrée des conventions, de peur

(1) Voir aussi chapitre IV, « DRH La nouvelle donne ».
(2) Derek Perrotte, « Les entreprises françaises se demandent s'il faut instaurer le whisleblowing », *Les Échos*, 25 mars 2005.

qu'on ne découvre publiquement qu'ils ne sont pas bilingues. Au final, ils sortent de la manifestation en ayant assimilé un mot sur deux, dans le meilleur des cas. Même constat concernant les supports envoyés aux managers pour qu'à leur tour ils puissent retransmettre l'information. Quelques-uns zappent tout simplement l'exercice, car ils sont incapables de traduire les *slides* devant leurs équipes.

II. UNE SOCIÉTÉ BRANCHÉE

Qui aurait cru, il y a un peu plus de dix ans, que la 23e lettre de l'alphabet, symbole du *Wide World Web*, allait révolutionner le paysage français et ouvrir grandes les voies de l'autoroute de l'information ? Qui aurait aussi parié que le petit bip agaçant des modems internes et externes allait s'éteindre et laisser la place à un moteur puissant, rapide et silencieux : l'*Asynchrone Digital Subscriber Line*, plus connu sous son abréviation familière, ADSL. Qui, enfin, aurait envisagé la possibilité de consulter un message, qu'il soit d'ordre professionnel ou privé, à n'importe quelle heure et à n'importe quel endroit de la planète ?

Une petite communauté de chercheurs et de développeurs américains aurait, sans aucun doute, misé gros. Ceux-là mêmes qui ont répondu aux souhaits des militaires américains de bénéficier, dès les années 1960, « *d'une technologie permettant de faire communiquer des ordinateurs hétérogènes, y compris en cas de guerre ou de sabotage aboutissant à la rupture d'une partie du réseau de communication* » (1). Quelques années plus tard, à l'heure où la mondialisation et l'ouverture des frontières nécessitent une communication rapide, immédiate, sans délais, Internet apparaît au grand jour. Il va révolutionner les échanges, les modes de travail et l'organisation et entraîner dans son sillage l'apparition de nouveaux outils électroniques et technologiques.

Aujourd'hui, difficile de ne pas être branché ! Fin 2004, plus d'un Français sur deux possède une connexion Internet et bascule dans l'ère du haut débit. Les offres se diversifient, les prix se régulent puis dégringolent. La France se hisse au troisième rang du classement européen en matière de taux d'équipement ADSL, derrière l'Allemagne et l'Espagne (2). Internet devient le média préféré des cadres français

(1) « Guide Internet : information à destination des débutants », www.atoute.org
(2) Fatima Hazene, « La France bascule définitivement dans l'ère du numérique », *CB News*, 24 mars 2005.

devant la radio ou la télévision (1). Mais la toile d'araignée mondiale possède plus d'un tour dans son sac. Sous les écrans se cachent quelques effets pervers. Les virus pour commencer qui empoisonnent la vie des entreprises et des individus, la pollution des boîtes aux lettres personnelles et professionnelles pour continuer, et, pour finir, le risque d'une nouvelle forme de relation virtuelle qui consiste à rester bien au chaud dans son bureau ou chez soi, sans jamais avoir besoin ni envie de se déplacer et de rencontrer « l'autre ».

1 – Le boom des NTIC

Le développement de la société d'information a considérablement fait évoluer les outils de communication à l'intérieur des entreprises. Si les journaux internes sont restés, pendant des années, des supports phares avec les notes d'information et l'affichage, les NTIC se sont très vite placées à leurs côtés. Atout indispensable de la société internationale en réseau, les intranets ont joué un rôle majeur dans la vitesse des transmissions de l'information, à commencer par la multiplication des messageries. Une avancée technologique sans précédent qui colle à l'organisation des entreprises et à leur évolution.

■ *Il était une fois Intranet*

Le mail est un des premiers modes de communication électronique à entrer dans l'entreprise. Utilisé par 13 % des salariés français dès 2001, il se place derrière le téléphone et devant le courrier postal. À cette époque, le nombre de courriels reçus et envoyés est évalué à moins de 30 par jour (2). Quatre ans plus tard, on estime le nombre de mails entrant dans les boîtes aux lettres des cadres entre 200 et 1200 par semaine (3). L'outil est considéré comme un moyen pratique pour adresser un message, garder une trace écrite, transmettre des fichiers, stocker des données.

La nécessité d'une information toujours plus rapide va assez vite donner naissance à une solution alternative au mail, la messagerie instantanée. En 2005, dans le monde, on estime à 131 millions, le nombre

(1) Étude Ipsos, septembre 2005.
(2) Florence Santrot, « 13 % des salariés français utilisent le mail pour communiquer », *Le journal du Net*, 5 septembre 2001.
(3) Derek Perrotte, « L'email est un outil de communication quelquefois contre-productif », *Les Échos*, 27 juin 2005.

de messages instantanés envoyés quotidiennement depuis l'entreprise et, d'ici 2007, le trafic devrait flirter avec les 290 millions de messages (1). S'il est très rapidement entériné par les Américains, ce nouveau mode de communication n'a pas encore pris son essor dans les entreprises françaises. Seules 20 % d'entre-elles l'ont adopté contre plus de 50 % aux États-Unis. Les freins, pour la plupart culturels, viennent du manque d'appropriation en France des systèmes collaboratifs et du partage de l'information, mais aussi d'une image encore trop proche du gadget (2).

Néanmoins, certaines entreprises l'utilisent déjà avec succès notamment pour alléger leurs messageries traditionnelles et gagner en réactivité ; des avantages non négligeables face à la montée croissante des échanges par mail dans les bureaux. L'Urcam, l'Union Régionale des Caisses d'Assurance Maladie (3), a déployé la messagerie instantanée sur 300 postes de travail. Les principaux bénéfices attendus sont la mutualisation de l'expérience et de la connaissance entre les 22 centres du groupe.

L'outil pourrait donc monter en puissance dans les années à venir ; internationalisation et influence des maisons mères étrangères oblige, comme l'arrivée de jeunes collaborateurs surfant déjà sur les vagues de leurs messageries instantanées privées.

Si les messageries permettent de toucher tout ou partie d'une population de l'entreprise, elles trouvent vite leurs limites : stockage d'information réducteur, engorgement des boîtes aux lettres... Intranet intronisé en France en 1995 va compléter les possibilités offertes par les Nouvelles Technologies de l'Information et de la Communication. Utilisant les mêmes technologies qu'Internet, Web, transfert de données, diffusions d'informations, vidéoconférence, téléchargement, il recouvre un espace délimité à l'entreprise ou à toute autre forme d'organisation du travail. Il offre un réseau partagé, un système d'information, de collaboration et de mutualisation des connaissances à l'infini.

Après une phase de découverte et d'expérimentation, les entreprises françaises commencent à s'organiser et à agir autour de l'outil : accès aux ressources depuis un portail, gestion des contenus, travail collaboratif, applications métiers. Intranet n'est plus l'apanage des entreprises informatiques, des banques et des assurances, ni celui des cols blancs.

---

(1) Source : cabinet d'études américain Radicati Group.
(2) Antoine C. Damais, « Pourquoi la messagerie instantanée ne s'impose pas en entreprise », *JDN Solutions*, 7 avril 2005.
(3) « Mon entreprise a déployé la messagerie instantanée », *JDN Solutions*, 14 avril 2005.

Au final, c'est tout le socle d'une « webisation » globale du système d'information qui se met en place.

Depuis les années 2000, les supports intranet gagnent en efficacité, en cohérence et en visibilité avec la mise en place de portails d'informations corporates, nationaux, communautaires. Les progrès technologiques offrent en effet de multiples possibilités et les foisonnements de sites internes spontanés non reliés les uns aux autres incitent les entreprises à rationaliser leurs outils. Comme beaucoup d'autres groupes, Air Liquide possède près d'une centaine de sites qui ont surgi au fur et à mesure du terrain. En 2000, l'entreprise crée un point d'entrée unique pour que chacun accède aux applicatifs et aux différentes plates-formes dans une volonté de partage et d'échanges. Ce portail obtient le prix Intranet d'Or (1) en 2002. Aujourd'hui le groupe travaille sur sa 4e génération d'intranet et se concentre sur le contenu : « *je trouve l'information et l'information me trouve* ».

Même constat chez BNP Paribas qui fait coexister, en 2002, plus de 700 sites intranet différents dont 60 % d'intranets traditionnels avec des applicatifs spécifiques métier, et 40 % d'intranets informationnels. Le groupe bancaire crée un portail d'accès qui permet à la fois de mettre en relief l'information corporate mais aussi d'être redirigé vers les intranets transactionnels. Une nouvelle version se met en place en 2004. L'objectif est de créer un environnement de travail personnalisé, un point d'entrée à l'information et au transactionnel, géré et maintenu par des experts pour réduire les coûts et proposer une plus grande cohérence graphique. Pour le collaborateur, cela signifie la possibilité de croiser un nombre important d'informations et d'être constamment rattaché à tous ses contextes professionnels : sa filiale, son métier, sa communauté professionnelle, son pays, etc. Les fonctions centrales sont désormais mutualisées pour toutes les entités.

Les laboratoires Servier créent, début 2005, un portail RH à la disposition de tous leurs collaborateurs. L'objectif est de regrouper la communication du groupe sur un point unique d'entrée et de fédérer ses intranets qui se développent indépendamment sans être reliés les uns aux autres.

Parmi ces portails, ceux dédiés aux ressources humaines enregistrent, selon Business Intelligence Groupe, une évolution annuelle de plus de 20 %. L'investissement en matière d'e-GRH est constant, voire à la hausse. Leurs avantages séduisent les entreprises : automatisation des

(1) Prix décerné depuis 1998 par la Cegos en partenariat avec *Entreprise et Carrières*.

process (paie, RTT, temps de travail, notes de frais), bases de données multiples (SIRH), mobilité interne, formation, indicateurs de gestion en temps réel... (1). Pour Florence Laval, Véronique Guilloux et Michel Kalika (2), trois démarches RH sont aujourd'hui adoptées par les entreprises.

1. La première consiste à « *introduire des rubriques ou des fonctionnalités spécifiquement RH au sein de l'intranet corporate... axées principalement sur la consultation d'information et l'amélioration de la communication interne* ».

2. La seconde adopte la création « *d'un intranet RH généraliste... comme support aux politiques et pratiques de gestion sociale... avec des fonctions basiques telles que l'accès au catalogue de formations, la gestion de la mobilité, ou la gestion administrative du personnel* ».

3. La troisième se place dans une logique d'intranet spécialisé dédié à un objectif précis. « *Ils correspondent à des applications dans le domaine de la formation (e-learning), de la gestion des compétences (référentiels et itinéraires professionnels), et de la capitalisation des savoirs et pratiques professionnelles en vue de leur diffusion (base de données, forum, workflow).* »

Ces intranets RH permettent de développer l'entreprise en réseau, de libérer du temps pour chacun, de mutualiser les compétences et de réaliser de substantielles économies. Lancé en 2000, @noo fait office de précurseur dans le domaine des ressources humaines et constitue une référence de poids du groupe France Télécom. Il s'agit du plus gros libre-service salariés en Europe. Il permet à quelque 150 000 collaborateurs de gérer, depuis n'importe quel poste de travail, leurs congés annuels et leurs jours de temps libre. Il permet également de modifier des éléments personnels : son adresse, sa situation familiale, ses coordonnées bancaires..., le tout interfacé avec le système de paie. Un pari réussi pour l'entreprise qui affiche 25 000 connexions par jour au libre-service. L'étape suivante est d'arriver à un objectif zéro papier pour la gestion de l'ensemble des dossiers du personnel. D'ici à deux ans, toutes les instructions de paie devraient être gérées en ligne, explique Martine Fabre, directeur du centre de Services RH Nord de France Télécom (3).

PPR, avec Moovenet (4), la version informatisée de son magazine d'emploi interne, développe et personnalise la mobilité interne. Le

(1) Fabienne Autier, « Espérances et hésitations ou les débuts de l'e-GRH », *L'Expansion*, 28 août 2002.
(2) *E-GRH : révolution ou évolution ?*, Éditions Liaisons, novembre 2002.
(3) Voir Chapitre VIII : « La communication RH en pratiques ».
(4) Moovenet, le site de la mobilité chez PPR – www.pprlive.com

groupe offre aux salariés de postuler directement aux annonces en ligne, de s'abonner pour recevoir, à l'adresse mail de leur choix, les annonces par métier, par enseigne et par localisation géographique, susceptibles de retenir leur attention.

Michelin (1) teste un système de e-learning à la « prise de postes clés » auprès d'une quarantaine de cadres supérieurs. Avant de prendre leurs nouvelles fonctions au sein du comité de direction d'un établissement du groupe, ils accèdent notamment au planning de formation, aux documents supports, mais aussi à des synthèses en quatre pages d'ouvrages de management. Ce dispositif devrait, ensuite être étendu à un portail accessible à plusieurs centaines de managers du groupe.

Dix ans après les débuts des intranets sur la scène de l'entreprise, les retours d'expériences montrent que des marges de progression sont encore attendues par les utilisateurs. Depuis 2003, Ipsos et la société Novacom étudient les comportements, la satisfaction et les besoins des salariés face à leur intranet. Parmi les sites les plus consultés, arrivent en tête, l'utilisation de l'annuaire interne suivi de la consultation des documents d'ordre technique, les services RH, l'actualité de l'entreprise, du métier, du service. Les grandes valeurs ajoutées de l'outil se placent autour du suivi de l'information et du gain de temps dans le travail. En revanche, les entreprises doivent encore évoluer sur la facilité à trouver une information recherchée, à se repérer sur intranet et à comprendre les nouveautés immédiates. Le design et la mise à jour sont également mis en tête du classement des améliorations attendues. La révolution des NTIC dans l'entreprise est encore loin d'être achevée d'autant plus que toutes ne sont pas logées à la même enseigne, tant au niveau des investissements que des ressources, de la culture, des métiers ou de l'accompagnement des utilisateurs. Les études nationales et internes devraient permettre de tirer les leçons du passé, et d'obtenir un meilleur équilibre entre les gains escomptés et les gains réalisés par les entreprises.

Un ROI encore difficile à obtenir ou même à chiffrer, d'autant plus que les deux systèmes, papier et écran, doivent cohabiter avant de laisser la place au tout numérique.

■ *SMS, blog, Blackberry... les challengers*

Les habitudes de communication, après avoir été intégrées et plébiscitées dans les modes interpersonnels, franchissent au fur et à mesure les

(1) Sandrine Chicaud, « Le Net bouleverse les directions des ressources humaines », *Le Nouvel Hebdo*, 18 mai 2001.

portes de l'entreprise. Après Internet et Intranet, c'est au tour des SMS, des blogs et autres outils électroniques de prendre leur marque au sein des organisations. Définis, au départ, comme des supports d'informations réservés aux plus jeunes, ils sont en train de prouver qu'à partir du moment où leur utilité et leur simplicité d'utilisation se confirment, ils peuvent « séduire » toutes les populations.

Avec 228 millions de messages envoyés en France en 2004 (1), le SMS révolutionne les supports de communication de la société et des hommes. L'outil s'introduit en douceur au sein des entreprises pour se transformer en un média de communication interne branché mais aussi pratique. Les téléphones portables deviennent de précieux outils d'information. Depuis 2004, le patron de ce groupe reçoit, au saut du lit, un SMS sur le chiffre d'affaires du secteur communiqué par son service reporting. Air Liquide a créé un service de SMS en 2002 pour répondre aux besoins de ses utilisateurs. La direction e-business décide de lancer cet applicatif au moment où l'entreprise développe le téléphone portable dans l'entreprise. Chaque collaborateur a ainsi la possibilité par défaut d'envoyer 5 SMS par semaine, mais peut demander une « rallonge » si nécessaire. Un service en croissance constante avec plus de 1000 SMS envoyés par mois en 2005, constate Jean-François Petrignani responsable e-business.

Les messages sont brefs, concis, discrets et trouvent leur application au sein d'une communication réactive et de proximité. Inutile désormais de déranger un salarié en réunion, les assistantes glissent un SMS sur les portables pour communiquer une information urgente ou pour confirmer un rendez-vous. Certaines sociétés les utilisent pour adresser des vœux personnalisés à leurs collaborateurs. Les SMS offrent également la possibilité d'envoyer un message très rapidement lors d'un événement externe, et de relayer les informations avant même qu'elles soient diffusées à la presse. Le 16 mai 2005, à l'occasion du lancement de l'offre téléphonique UPC-Noos, l'entreprise marque l'événement en interne. Après un *teasing* pour susciter l'attention, Sandrine Richard donne l'information en primeur le jour J par SMS aux collaborateurs. Des sociétés spécialisées proposent des packages complets, envoi du SMS par Internet, accusés de réception, réponses par e-mail, gestion de groupes, etc.

L'arrivée du MMS, depuis 2004, connaît une ascension similaire à celle du SMS. Il permet d'inclure, dans un texto, une information inté-

(1) Nicolas Rauline, « L'association SMS+ soigne sa communication BTo C », *JDNet*, 5 juillet 2005.

grant du son et de la vidéo. Un mode de communication qui devrait intéresser l'entreprise de près.

Héritier direct d'Internet, le blog influence l'image d'un groupe, en interne comme en externe. Il offre des capacités de personnalisation tout en mettant en avant les collaborateurs. Considérés comme « la nouvelle machine à café de l'entreprise » (1), ces intrablogs sont, pour certains, amenés à devenir dans les plus grandes sociétés de véritables journaux intimes, destinés à détrôner les mémos et les notes internes. En effet, « *chaque salarié peut créer son espace de liberté sur le réseau, partager ses expériences, ses soucis, demander de l'aide. Il crée le noyau d'une communauté qui se construira autour de problématiques communes. Il est ainsi possible d'envisager la création spontanée d'un système d'information au sein de l'entreprise* ».

Loïc Le Meur (2) met en évidence, sur son site Internet, les avantages du blog interne dans la gestion de projet. Le porteur du dossier explique son projet sur le weblog et communique l'adresse du blog, une fois pour toutes, aux salariés concernés. Ces derniers sont ensuite incités à l'enrichir soit en y publiant leurs commentaires, soit en y étant invités comme auteurs. Ces blogs sont souvent lancés à l'initiative des salariés. Les pages font rapidement le tour de l'entreprise, génèrent de nombreux commentaires, puis suscitent de nouvelles vocations. Ainsi, plus de 200 weblogs sont référencés chez Disney, des dizaines à la BBC. Ils créent une transparence sans précédent dans l'entreprise (3). Les sujets privilégiés des bloggueurs concernent souvent les modes projets, les comptes rendus de réunions et les demandes d'information. Leurs profils ? Des salariés jeunes, passionnés par les NTIC et « fans » des produits de l'entreprise.

Un des derniers outils hight-tech issu des NTIC, le Blackberry, ordinateur et téléphone portable miniaturisé, est commercialisé en France depuis 2002. Considéré comme le grand frère du Palm pilote, il possède une valeur ajoutée aux yeux de certains cadres de l'entreprise. Son fabricant annonce deux millions d'utilisateurs dans le monde connectés en permanence à leur messagerie d'entreprise. Ces derniers traitent en moyenne 2750 e-mails professionnels par an, en dehors de leur lieu de travail. BNP Paribas et Clarins ont équipé certains de leurs collaborateurs, des cadres mobiles principalement, de la Roll Royce de l'assistant

(1) Cyril Fievet, « Du management des SI au management par les SI », *U-blog.net*, 14 mars 2003.
(2) « Les weblogs en interne dans l'entreprise et pour le knowledge management », 5 octobre 2004, loiclemeur.com
(3) « Les blogs et leurs applications en entreprise et pour les médias », 29 juin 2004, loiclemeur.com

personnel (1). Cet investissement non négligeable marque une considération du statut du salarié, mais leur demande en retour des gains de productivité. Certains deviennent rapidement « accro » à l'outil qui permet de « *s'occuper d'un dossier ou de prendre connaissance d'un document écrit à n'importe quel moment et n'importe où* ».

Gageons que les nouvelles technologies ne s'arrêteront pas en si bon chemin. Elles devraient concocter de nouveaux outils pour influencer les tendances dans les années à venir. À commencer par les messages personnalisés d'excuses préenregistrés avec la voix de l'auteur qui font fureur aux États-Unis. Les utilisateurs s'offrent ainsi, chaque mois, à partir d'un menu d'allégations diverses et variées, un alibi au rendez-vous à honorer. Les auteurs de cette innovation parlent « *d'un nouveau style de relations sociales* » et de dialogues croissants avec « *des correspondants virtuels* » (2). De quoi faire réfléchir sur l'avenir des relations, dans et hors l'entreprise.

2 – Trouver un juste équilibre

Messages instantanés, brefs, réactifs, interactifs, répétitifs... à chaque mode son langage, ses usages et ses comportements. Avec une information désormais considérée comme accessible à tous, à n'importe quel endroit et à n'importe quel moment de la journée, les NTIC ont amené dans leur sillage de nouvelles habitudes de travail et généré de nouveaux modes relationnels. Pas toujours exemplaires ni conformes à la Net Étiquette.

■ *C Koi C Truc ? Une toile inégale*

À la base de toute relation, le langage adopté dans l'entreprise diffère selon les générations, les cultures et les modes. Celui du SMS et des messages électroniques a transformé les règles de communication pour inventer un nouveau langage. Des abréviations diverses et variées trouvent leur signification auprès de certaines communautés, mais au risque de devenir incompréhensibles au regard des autres. Si « BJR » peut facilement être identifié comme un bonjour, d'autres termes semblent beaucoup plus compliqués à traduire, surtout pour les non-initiés. Pour exemple, cet extrait d'un livre entièrement écrit en code SMS par Phil

(1) Léo Pajon, « Ces boîtes qui se la jouent techno », *Courrier Cadres*, n° 1571, 17 février 2005.
(2) Mickaël Laustriat, « Allô, crr, ça va couper, je passe dans un tunnel », *Newzy*, n° 7, septembre/octobre 2004.

Marso, spécialiste de ce mode de communication : « *3h mat'... La f1 me gayTe. JaV bô écout' la FM, person ne tchat sur moa. Lol ! Soud1 ! Le mÛr Cfondra sous 1 AVALanch 2 kou 2 pioch. Le boss m'1tRpèl...* » (1). Si, au final, on arrive à traduire cette nouvelle forme d'écriture, on se trouve quelque peu déconcerté par le ton, la grammaire et l'orthographe. Les dérives deviennent courantes, et certains ne font pas la différence entre le ton adopté dans la vie privée et la vie professionnelle.

Car, au-delà de ces expressions très familières, voire indéchiffrables, ce sont toutes les règles de bienséance qui s'en trouvent négligées, de quoi en heurter plus d'un. Combien de messages envoyés ne sont jamais signés, combien sont truffés de fautes et de mots oubliés, combien ne sont jamais introduits par un Madame, Monsieur ou même un simple bonjour ? Sans parler de l'usage des majuscules et des points d'exclamation abusifs. Ces nouveaux comportements non seulement ne font pas l'unanimité mais provoquent de l'agacement de la part de ceux qui les subissent. « *Comment voulez-vous avoir envie de répondre à un message quand on ne connaît ni l'origine ni la fonction de la personne qui l'envoie !* », explique ce collaborateur. De nombreux mails restent ainsi sans réponse.

Le langage des NTIC n'est pas le seul à créer un effet de rupture entre les « intronisés » et les autres. Des disparités sont encore souvent présentes à tous les niveaux de l'entreprise. Certains managers font imprimer leurs mails, les lisent puis rédigent une réponse qui sera ensuite tapée puis envoyée au destinataire. Des ordinateurs obsolètes « plantent » au premier téléchargement de fichier, ou ne possèdent pas de son pour visualiser une vidéo ! Des outils sont mis en place sans accompagnement ni sensibilisation alors que beaucoup de salariés ne possèdent pas les bases de la navigation : « *un jour le Lotus arrive, le lendemain tu te débrouilles avec la bête, à la fin de la semaine tu te décourages...* ». Des accès réservés aux cadres dirigeants ou à certaines communautés professionnelles voire quelquefois pas d'accès du tout, en découragent plus d'un. La connexion intranet pose en effet un réel problème aux entreprises, surtout celles composées majoritairement d'employés non équipés d'outil informatique.

Pour remédier à ce problème, des bornes d'accès sont implantées essentiellement dans les grands groupes. Elles représentent toutefois un investissement plutôt conséquent : de 5 000 à 6 000 euros selon Alain

(1) Traduire : « *3h du mat'... La faim me guette. J'avais beau écouter la radio, personne ne parlait de moi. Ah ! Ah ! Soudain ! Le mur s'effondra sous une avalanche de coup de pioche. Le patron m'interpelle* », Phil Marso.

Villenave (1), PDG de Cyberdeck, société spécialisée dans les solutions de bornes interactives. Ces bornes simples ou ludiques sont en général installées dans les ateliers, les cafétérias ou les couloirs de l'entreprise. Mais encore faut-il qu'elles soient en état de marche et que les collaborateurs aient été sensibilisés à leur usage. Il est, de plus, difficile d'obtenir un retour sur le taux d'utilisation de ces machines aussi performantes et valorisantes soient-elles. Car, malgré les efforts réalisés, la situation reste inégale. Quand un manager se connecte sur intranet, il a la possibilité de le faire dans un cadre professionnel sur son temps de travail, quand un ouvrier consulte un écran en libre-service, c'est en dehors de son activité et encore, si l'ordinateur est disponible.

Pour tous ceux qui sont connectés, l'âge, l'environnement de travail, la capacité à maîtriser l'outil, le métier, représentent autant de facteurs qui influent sur les conditions d'accès aux NTIC dans les entreprises. Pour les autres, c'est aussi une question de volonté, surtout lorsqu'on entend certains jugements difficilement crédibles. Quid de ce groupe au sein duquel un des freins évoqués pour l'utilisation de l'intranet par les employés a été : « *ça ne sert à rien de les équiper, ils ont de trop gros doigts pour taper sur les claviers !* ».

■ *Quand les boîtes aux lettres et les salariés saturent*

En 2001, 29 % des salariés se disent submergés par les flux des messages selon l'étude réalisée par le cabinet Pitney Bowes. Trop d'info tue l'info. Beaucoup de collaborateurs, les cadres en grande majorité, croulent sous le poids des e-mails désirés ou non. L'état des lieux empire après un retour de congés ou un week-end prolongé, lorsque tous les écrans virent au rouge et deviennent la bête noire des salariés. Cette surcharge de courriels provient le plus souvent d'un envoi de messages non ciblés. En effet, certains, plutôt que de passer à côté du bon destinataire, préfèrent adresser leur information au plus grand nombre ou utiliser des listes de diffusion préformatées. Qui n'a jamais reçu un message d'illustres inconnus à la recherche d'un objet perdu, ou d'un produit à fournir ? D'autres mettent en copie la terre entière dans l'objectif de se couvrir face à un problème éventuel. Résultat, personne ne se sent concerné ou chacun se dit que l'autre trouvera la solution.

Une des conséquences majeures des mails contre-productifs est l'absence ou le retard de réponse à certains messages pourtant urgents qui risquent de passer inaperçus parmi des dizaines d'autres. D'où le

(1) « Le jeu des mille bornes », *Le Journal du Management*, novembre 2003.

décalage de certaines prises de décisions, un paradoxe flagrant pour un mode de communication considéré comme hyperréactif. L'absence de réponse immédiate entraîne, de plus, l'envoi d'un message de relance qui vient s'ajouter aux autres. Le choix d'un titre informatif et direct prend aussi toute son importance dans l'ouverture ou non d'un message. Il va de soi que le nom de l'émetteur influence également la lecture. Rares sont les messages des PDG qui ne sont pas ouverts !

Comme dans tout nouveau support de communication, des habitudes sont donc à adopter et d'autres à supprimer. Le journal *Les Échos*, dans un article du 27 juin 2005 (1), énumère la liste des 8 péchés capitaux des utilisateurs de courrier électronique :

1. Le manque de temps.
2. Le recours au mensonge pour éviter une tension.
3. La confiance aveugle.
4. La prolixité.
5. Le mitraillage.
6. La négligence (orthographe, incohérence).
7. Le manque de tact.
8. Le jugement hâtif.

L'absence de procédures et de règles de bonne conduite provoque, outre la saturation du réseau, la colère des récepteurs. Les copies cachées et les accusés de réception peuvent être considérés, dans certaines entreprises, comme liés à une méfiance et une culture de la délation. Dans ce groupe en réseau, certains cadres supérieurs rapportent le problème d'une hiérarchisation excessive de l'information. Tous tombent d'accord sur le fait qu'il devient nécessaire d'alléger les messageries de toute urgence. 30 à 50 % des mails ne les concernent pas, ce qui représente une perte de temps considérable : « *nous recevons des mails de toutes sortes dont beaucoup sont en fait destinés à nos collaborateurs, faute d'outils, nous devenons des entonnoirs alors que nous avons franchement autre chose à faire* ».

Les temps de réponses sont également jugés excessifs. Ils ne tiennent pas compte des charges de travail des uns et des autres. Certains reçoivent de leur Siège un message le vendredi soir avec une demande de retour dès le mardi matin alors que pour eux le samedi est considéré comme une journée noire et qu'ils sont en repos le lundi. Résultat : la demande est survolée ou non fournie.

(1) Derek Perrotte, « En entreprise, trop d'e-mails tue l'e-mail », *Les Échos*, 27 juin 2005.

Les SPAM, enfin, portent préjudice au bon fonctionnement des messageries d'entreprises. Les messages publicitaires ou marketing sont de plus en plus nombreux à franchir les seuils professionnels. Une décision de la CNIL autorise, en 2005, la prospection par mail sur le lieu de travail d'un salarié. Elle risque de ne pas inverser la tendance croissante des flux. En effet, la Commission Nationale Informatique et Liberté « *estime que des personnes physiques peuvent être prospectées par courrier électronique à leur adresse professionnelle et au titre de la fonction qu'elles exercent dans l'organisme privé ou public qui leur a attribué cette adresse, sans leur accord préalable* » (1). Ce qui laisse libre court à l'élargissement des interprétations et au flux grandissant au sein des boîtes aux lettres électroniques.

■ *Les paradoxes de la responsabilisation*

En développant l'e-GRH et notamment les libres-services RH, les entreprises demandent désormais à chacun de se prendre en charge. Les salariés sont à la fois invités à mettre à jour les informations qui les concernent et à se connecter régulièrement sur les portails pour prendre connaissance des nouveautés. Le pas à franchir n'est pas à négliger car il confère à l'individu le choix de prendre connaissance des nouveautés. Ce n'est plus l'information qui vient vers lui mais bien le salarié qui se tourne vers l'information. Le danger subsiste de placer une *new* sur intranet en se disant : « *elle est disponible, j'ai fait mon travail* ». Mais est-elle pour autant lue, comprise et mémorisée ?

L'histoire montre que la responsabilisation prend du temps, qu'on ne passe pas impunément d'un mode de fonctionnement à un autre. La décentralisation auprès des collaborateurs de la saisie de données comme leurs coordonnées professionnelles et privées, leur service d'appartenance, leur localisation géographique, leurs coordonnées bancaires, leur état civil, le nombre d'enfants à charge, etc., demandent de nouveaux réflexes et un accompagnement. Néanmoins, beaucoup constatent pour exemple que les cartes de visite des salariés, et les annuaires publiés sur intranet ne sont pas ou peu animés. De plus, les formulaires sont souvent préformatés. Les salariés n'ont pas toujours droit de regard sur une éventuelle personnalisation de l'outil. Ce qui peut provoquer une méfiance et un manque d'adhésion dus au peu de correspondance entre le système et les besoins.

(1) Isabelle Repiton, « La Cnil opte pour le Spam au bureau », *La tribune électronique*, 25 mars 2005.

Le salarié est aussi devenu responsable de son accès à l'information. Il doit aujourd'hui se connecter à l'outil pour obtenir les données qu'il recherche. Ces dernières, en effet, n'arrivent plus en direct jusqu'à lui et ne lui sont pas toujours remises en main propre par son N+1.

En dehors des sociétés qui ont pris l'option de proposer une connexion intranet dès l'ouverture de l'ordinateur, les habitudes de consultation deviennent souvent très hétérogènes. Ce système ne se suffit pas à lui-même. Les entreprises n'ont pas toujours pris le temps nécessaire pour placer les NTIC dans une logique de continuité avec les autres supports de communication de l'entreprise afin de multiplier les sources, les occasions d'échanges et les accès à l'information. Un constat partagé par beaucoup. Nicolas Bouts explique que l'entreprise doit arriver à un équilibre entre ses supports de communication. Inutile de se donner bonne conscience avec les NTIC en se disant : « *l'information est sur intranet donc je n'ai plus rien à faire* ». Cela est loin d'être suffisant.

Rien ne remplace la relation avec l'individu. La machine à café peut parfois s'avérer un meilleur outil de communication que le mail... En effet, pour Véronique Guillot Pelpel, un intranet ne dispense pas d'une communication orale et managériale. La directrice de la communication de Nexans se souvient d'une fusion où toute l'information était disponible sur intranet, et pourtant quand on interrogeait les salariés, ils répondaient « *non je ne suis pas informé !* ». Les messageries servent aussi d'alibi à certains managers. Alain Guillen parle d'une base d'information ou de travail, puis d'un échange verbal qui va faire toute la différence. Dès lors qu'on a transmis un mail et mis en copie le plus d'interlocuteurs possibles, certains pensent qu'ils ont donné l'information. Attention à la modernité déshumanisante et aux dangers des intranets lorsqu'ils suppléent les managers, car dans toute communication, il faut un émetteur et un récepteur, ajoute Edwige Remontet, DRH e-Laser. Le mail est certes un outil pratique de communication qui permet de s'organiser, mais de temps en temps il faut savoir aussi décrocher son téléphone ou quitter son bureau pour redonner toute sa place et son importance au contact, conclut Sophie Marquaire, DRH Creyf's.

Car la menace qui pèse sur l'entreprise est bien une déshumanisation des relations dans un mode opératoire qui privilégie les échanges électroniques, au détriment d'une communication de proximité. Nexans a réalisé dans ce sens une étude sur l'intérêt et la valeur d'une note signée par rapport à un mail. Résultat : la note possède un poids deux fois supérieur à celui du mail alors que les contenus sont identiques.

Même constat pour les managers. S'ils sont nombreux à plébisciter l'arrivée des NTIC dans l'entreprise, ils n'en ont pas moins conscience de ses dérives. Outre des quantités d'informations croissantes à absorber très rapidement en interne comme en externe, les nouvelles technologies sont en train de supprimer la frontière entre leur vie privée et leur vie professionnelle. Les outils électroniques permettent de rester en contact avec l'entreprise et les équipes, 24 heures et sur 24, mais aussi de gérer une relation sans présence physique. « *On demande aujourd'hui aux cadres d'être des sportifs de haut niveau sauf que les sportifs de haut niveau font rarement des carrières de 42 ans, durée de travail attendue des jeunes générations pour arriver à une retraite à taux plein vers 67 ans* » (1).

Augmentation des distances, délais raccourcis, ouverture des marchés, rapprochement, séparation, l'entreprise du XXIe siècle surfe sur une nouvelle vague économique, organisationnelle et comportementale et doit gérer ses paradoxes. La surinformation flirte avec l'absence de sens et de vision à long terme. Dans un tel contexte, les relations se diversifient, se désordonnent, se dispersent. Les règles du jeu se transforment, certaines volent même en éclat comme l'emploi à vie qui laisse place aux doutes, à l'inquiétude, et aux interprétations diverses et variées.

(1) Annie Ducellier, « Les paradoxes de la vitesse » Isotélie, *JDNet*, 25 mai 2005.

Chapitre II

DES DIFFICULTÉS À MOTIVER ET À FIDÉLISER

« L'entreprise ne peut pas faire grand-chose pour stimuler le bonheur et la créativité, mais elle peut faire beaucoup pour les tuer. »
Scott Adams (1)

I. Une mutation du contrat social

L'entreprise traditionnelle se transforme. Pour Bernard Cathelat, sociologue et auteur de *Socio Style Système*, « *la France est passée du conditionnement autoritaire subi, à l'autoconditionnement spontané* ». L'entreprise des années 1960 proposait en effet un style de vie, celui d'un modèle familial structurant qui englobait les attitudes, les habitudes, les langages, une psychologie, une morale, un système de valeurs. Celle du XXIe siècle tend vers « *une mentalité, une pensée unique très conformiste, spontanément adoptée comme une évidence par les collaborateurs* » (2). Elle est gouvernée à la fois par le marché, le client et l'actionnaire. Les vagues de concentration, de multinationalisation et de réorganisation ont aussi drainé, dans leur sillage, de nombreux bouleversements sociaux.

Les règles préétablies ne sont plus de mise dans un monde où tout va très vite ; dans un monde où le mot « adaptation » devient uniforme ; dans un monde où chacun doit trouver sa place. Les salariés, aux premières loges, se retrouvent face à une entreprise distante, élargie, en mouvement. Une entreprise à plusieurs vitesses, au sein de laquelle ils

(1) Scott Adams, *Le principe de Dilbert*, Éditions First, 15 février 1997.
(2) Bernard Cathelat, « Avis de coup de vent », 21 décembre 2004, www.ujjef.com

prennent de nouvelles marques, de nouveaux repères, de nouveaux comportements. Une entreprise qui banalise les restructurations, le changement des hommes, des stratégies, des produits. Une entreprise profitable qui risque « *de chercher à devenir une entreprise virtuelle, avec une structure minimale et le moins de locaux et de collaborateurs possibles* » (1).

Il était une fois, une petite Fourmi heureuse...

...et productive qui, tous les jours, arrivait de bonne heure à son travail. Elle passait toute sa journée à travailler dans la joie et la bonne humeur, poussant même la chansonnette.

Elle était heureuse de travailler et son rendement était excellent mais, malheur, elle n'était pas pilotée par un manager...

Le Frelon, PDG de l'entreprise, considérant que la situation ne pouvait perdurer, recruta une Coccinelle très expérimentée. Sa première préoccupation fut d'organiser les horaires d'entrée et de sortie de la petite Fourmi. Puis, la Coccinelle créa un système de comptes rendus et de fiches navettes. Très vite, elle se trouva dans l'obligation de recruter une Araignée pour l'aider à préparer les dossiers et le reporting, pour créer un système de classement, et répondre au téléphone. Pendant ce temps, la petite Fourmi heureuse et productive continuait de travailler, travailler, travailler.

Le Frelon était ravi de recevoir les rapports de la Coccinelle, si bien qu'il lui demanda des études comparatives avec graphiques, indicateurs et analyses de tendance. Il embaucha un Cafard pour assister la bête à bon dieu et acheta un nouvel ordinateur avec une imprimante. Assez vite, la petite Fourmi heureuse et productive commença à changer de rythme et à se plaindre de toute cette nouvelle paperasserie. Le PDG considéra qu'il était temps de prendre des mesures. Il créa donc un poste de chef de service pour superviser la petite Fourmi. Le poste fut pourvu par une Cigale. Elle changea le mobilier de son bureau et demanda un nouveau fauteuil ergonomique ainsi qu'un nouvel ordinateur avec écran plat. L'entreprise, désormais dotée de plusieurs micros, se retrouva dans l'obligation d'installer un serveur réseau. Le nouveau chef de service ressenti rapidement le besoin de recruter un adjoint (qui était son assistant dans son ancienne entreprise) afin de préparer un plan stratégique de pilotage et le budget adéquat.

Pendant ce temps-là, la petite Fourmi était de moins en moins heureuse et de moins en moins productive. « *Nous allons bientôt commander une étude sur le climat social* », dit la Cigale. Mais, un jour, le Frelon en examinant les chiffres, se rendit compte que le service de la petite Fourmi heureuse et productive n'était plus aussi rentable qu'avant. Il eut donc recours aux services d'un prestigieux consultant, M. Hibou, pour établir un diagnostic et apporter des solutions. Le Hibou effectua une mission de trois mois à l'issue de laquelle il rendit son rapport : « *trop de personnel dans ce service* ». Le Frelon suivit ses recommandations et licencia la petite Fourmi beaucoup moins heureuse et productive.

(1) Bernard Cathelat, « Avis de coup de vent », 21 décembre 2004, www.ujjef.com

> Moralité : ne jamais s'aviser d'être une petite Fourmi heureuse et productive. Mieux vaut être incompétent et ne servir à rien. Les incompétents n'ont pas besoin de superviseur. Ne jamais montrer son bonheur, cela ne pardonne pas. Pour continuer à être une petite Fourmi heureuse et productive, monter sa propre entreprise pour ne pas faire vivre les Frelon, Coccinelle, Araignée, Cigale, Hibou et autre Cafard...

Cette satire de l'entreprise qui circule sur les messageries des salariés depuis le printemps 2005 rencontre un franc succès. C'est tout dire du système actuel perçu par les collaborateurs et leur vision des relations au travail. Un sourire ironique n'est jamais très loin, car chacun a plus ou moins vécu la situation de la petite fourmi heureuse au moins une fois dans sa vie !

1 – Quand l'entreprise prend ses distances

Les évolutions et la mondialisation des marchés ont influencé la relation entreprise/salariés. Les plans sociaux, les reclassements, les départs en préretraite, les licenciements individuels ou collectifs qui suivent de près les rapprochements, et les crises engendrent méfiance et prise de recul. Après un État qui n'est plus en mesure de restaurer le plein emploi, les salariés découvrent que les entreprises ne sont pas non plus en mesure de garantir l'emploi à vie. Même certains grands groupes s'essoufflent et perdent en crédibilité à chaque scénario de crise. Les centres de décisions s'éloignent, les décisionnaires, les métiers et les identités changent et les salariés ne retrouvent plus le monde qu'ils ont connu, surtout pour ceux habitués à une culture mono-employeur.

■ *La fin de l'emploi à vie*

Pour Jean-Michel Plassard (1), chercheur au CNRS de Toulouse, la loi du marché détruit et détruira de plus en plus d'emplois. Réduction des frais de Siège, chasse aux emplois « doublons » après fusion, recherche d'une meilleure rentabilité, crise économique, endettement, anticipation de la conjoncture... représentent autant de facteurs qui amènent les entreprises à prendre des mesures drastiques sur l'emploi salarial. Les marchés financiers veillent aussi : l'annonce de la réduction du portefeuille de marques de ce groupe et de ses effectifs a immédiatement dopé la valeur de son action.

(1) Jean-Michel Plassard, « Restructurations : les conséquences sur l'emploi » *Note*, n° 238, octobre 2000.

Les plans de sauvegarde de l'emploi se succèdent les uns aux autres, et font aujourd'hui partie du paysage du monde du travail. Si les licenciements sont souvent envisagés en dernier recours (moins de 15 % des licenciements économiques relèvent d'un plan social (1)), les reclassements, les départs en préretraite, les départs volontaires, transforment l'entreprise traditionnelle et remettent en question les règles du jeu.

L'effet d'annonce n'est pas à négliger, suppression de 100, 500, 3000 emplois, fermeture de site, d'usine génèrent une inquiétude grandissante. Difficile de rester sourd aux appels de détresse, lorsque la presse et les médias se font régulièrement l'écho des prises de décisions voire seulement des intentions de départ. Et lorsque les journalistes parlent de cette entreprise amenée à licencier après avoir reçu des subventions pour développer et préserver l'emploi, l'incompréhension et la colère gagnent du terrain. Certes les raisons avancées semblent toujours légitimes aux yeux de l'actionnaire, marché ralenti, concurrence accrue, déficit d'exploitation, sauvegarde de la compétitivité, développement d'activité nouvelle... mais ce que les salariés retiennent, eux, c'est le nombre exact de départs prévus et s'ils risquent ou non de faire partie des « charrettes ».

Une des conséquences psychologiques de ces départs massifs est que personne ne se sent plus à l'abri d'une crise, d'une récession, quel que soit son métier ou son secteur d'activité. Les plus touchés sont les quinquas qui quittent leur entreprise après plus de 20 ans d'ancienneté. Ils ont toujours connu le même employeur, voire le même patron et se voient difficilement travailler au sein d'une autre structure. Certains salariés passaient en effet toute leur vie dans le même groupe, et transmettaient un patriotisme d'entreprise de génération en génération ; une confiance à toute épreuve qui peut difficilement survivre à la réalité économique et sociale du XXIe siècle. « *J'économise mes angoisses, j'attends de savoir ce qu'on va nous proposer... Je ne sais pas si mon travail est apprécié mais cela fait 32 ans que je suis là. Ma vie est ici. Je n'imagine pas autre chose* » (2). Cette salariée, la cinquantaine, exprime son désarroi face à la fermeture de son magasin pendant l'été 2005, quelques jours après avoir appris la nouvelle. Comme beaucoup, elle a peut-être aussi vu et entendu les reportages réalisés quelques années après l'arrêt d'un site et qui montrent les difficultés pour retrouver un emploi après 50 ans. Des scénarios qui découragent et entretiennent une certaine sinistrose. Cependant, amplification du phénomène ou pas, les faits sont malgré

(1) Jean-Michel Plassard, *op. cit.*, p. 43.
(2) Cécilia Gabizon, « Des salariés désabusés, une clientèle clairsemée », *Le Figaro*, 10 juin 2005.

tout bien réels, car tous ont déjà connu, au sein de leur sphère privée et professionnelle, plusieurs exemples de personnes touchées par un plan de sauvegarde de l'emploi ou un licenciement individuel.

Avec le temps, certains apprennent à vivre avec, voire à tourner la situation à leur avantage. Dans cette entreprise qui dépose son bilan, l'ensemble des entités est repris par un nouveau groupe. Ce dernier fait une proposition ferme d'emploi à chaque salarié. Mais moins de 10 % d'entre eux acceptent l'offre. La grande majorité préfère partir avec un chèque valise d'importance. Mais l'histoire ne s'arrête pas là. Deux mois après leur départ, certains rencontrent les repreneurs pour proposer leurs services en tant que salarié. Les meilleurs sont embauchés et retrouvent leur poste tout en gardant leur indemnité. Qui ne tente rien...

Aujourd'hui, tous savent que l'avenir est incertain. Chaque départ, chaque annonce de licenciement ou de fermeture d'établissement, peut devenir un facteur anxiogène pour les salariés qui restent et qui se disent : « *à quand mon tour ?* ». L'ambiance a alors tendance à se dégrader. Dans ce groupe, un plan de fermeture de 5 sites a été programmé puis annoncé aux salariés. Le soir même, l'information est diffusée au journal de 20 heures. Dès le lendemain matin et pendant quelques semaines, les rumeurs et les inquiétudes vont aller bon train : « *les chiffres sont mauvais* », « *les emplois sont menacés* », « *ils vont fermer d'autres sites* », etc. Et si les langues se délient, les portes elles se ferment. On regarde l'autre avec méfiance en se demandant lequel des deux partira le premier. C'est aussi une des raisons pour lesquelles l'entreprise évite, en règle générale, de laisser un laps de temps trop important entre l'annonce du licenciement et le départ réel du ou des individus concernés. Elle souhaite en effet éviter le colportage de rumeurs et des confidences « déprimantes » des sortants. Il arrive aussi parfois qu'un collaborateur parte du jour au lendemain avec un chèque à la clé et la promesse de ne plus mettre les pieds dans la société. Les effets sont alors tout aussi brutaux. D'autant plus que chacun se renseigne à sa manière sur la raison du départ et le plus souvent la trouve !

■ *Une crise identitaire*

Les grands noms forgent les grandes renommées et, pour la plupart, font souvent rêver. Les images, les réputations, les produits se bâtissent autour du nom. En interne, il symbolise l'identité et vient influencer le sentiment d'appartenance. Toutefois les changements de périmètres, de métiers, le développement à l'international, la stratégie de diversification imposent parfois aux entreprises de troquer leurs identités pour des sonorités plus anglo-saxonnes, pour développer leur attractivité, pour faire table rase du passé ou pour créer un nouvel ensemble. Les noms se transforment, évoluent avec la mondialisation. En France, l'INPI (1) enregistre, en 2004, 17 916 nouveaux noms de société, cette tendance se confirme en 2005 avec 13 229 changements de dénominations sociales dénombrées au cours des 10 premiers mois de l'année. La durée de vie des noms est de plus en plus courte. Des sociétés spécialisées se sont créées pour mettre en lumière de nouvelles images de marques et étudier dans les moindres détails chaque syllabe et connotation. Combien d'enseignes ont ainsi changé d'identité depuis 10 ans ? « *Les années 2000 ça commence à devenir grave : cela fait 4 ans que vous travaillez assis au même bureau, mais votre société a changé 3 fois de nom et 7 fois de logo* » (2).

6 bonnes raisons de changer de nom (1)

- Pour s'ouvrir à l'international : France Télécom choisit Orange.
- Pour faire face à une nouvelle activité : La Générale des Eaux devient Vivendi.
- Pour changer une image : Demoniak se transforme en Noos.
- Pour célébrer un mariage : Arcelor renvoie à Arbed, Aceralia et Usinor.
- Pour se faire oublier après un divorce : Accenture symbolise Andersen consulting après sa scission avec Andersen international.
- Pour magnifier la marque : BSN Gervais DANONE capitalise sur DANONE.

(1) Anne Kerloc'h, « Renommer son entreprise sans se tromper » *Newzy*, juin 2005.

Changer de nom, de signature, de logo, implique un accompagnement sur mesure et dans le temps des salariés, pour éviter un manque d'acceptation voire un rejet de la nouvelle identité. Parmi les freins majeurs évoqués : un réel attachement au passé, la crainte de ne plus se retrouver dans le nouvel ensemble, de perdre la culture de l'entreprise, un manque de personnification, le sentiment de subir le coût jugé souvent inutile ou prohibitif (parfois plusieurs millions d'euros) dans des contextes où les discours sur la rationalisation des budgets et des hommes deviennent majoritaires.

(1) Institut National de la Propriété Industrielle.
(2) Anne Kerloc'h, « Renommer son entreprise sans se tromper » *Newzy*, juin 2005.

Pour répondre aux réticences, certains font participer une partie de leurs salariés aux groupes projets qui identifient et mettent en avant les valeurs phares de l'entreprise. Ce travail servira de socle au nouveau nom et pourra faciliter l'adhésion future. Une autre solution consiste à dévoiler la nouvelle identité en avant-première en expliquant très largement les objectifs poursuivis et les résultats visés. Il faudra malgré tout du temps avant que les nouveaux réflexes se créent et que les collaborateurs cessent d'utiliser le nom d'origine de leur entreprise.

Si les nouvelles identités d'entreprise marquent fortement les esprits en interne comme en externe, les changements de managers représentent un facteur anxiogène encore plus grand. Or ces évolutions sont aujourd'hui en passe de devenir tout simplement banales. Il n'est pas rare pour un PDG, un DRH, un directeur marketing ou de la communication, de ne rester que quelques mois dans l'entreprise. Le changement des actionnaires, la mise en œuvre d'une nouvelle stratégie, l'aboutissement d'un plan de sauvegarde de l'emploi entraînent avec eux la mutation des hommes. En février 2000, la société Caramail est rachetée par le groupe scandinave Spray, à son tour absorbé, sept mois plus tard, par Lycos Europe qui s'offre par la même occasion l'entreprise Multimania. Le nouvel ensemble est placé sous la direction France de Marie-Christine Levet, remplacée au bout de dix mois par Michel Meyer, le fondateur de Multimania. Quatre mois passent, et ce sont finalement les cofondateurs de Caramail qui prennent la tête de Lycos (1).

Même bouleversement au sein de cette société qui a fédéré ses collaborateurs pendant dix ans sur le charisme d'un de ses trois fondateurs. L'entreprise est dirigée dans un esprit start-up, la fidélisation s'effectue par la séduction. Elle est, en 1998, vendue à un groupe anglais. L'équipe managériale en place est remerciée, la société change de nom. Les trois fondateurs restent dans l'entreprise, mais une nouvelle équipe de direction est mise en place avec la création d'une Direction des Ressources humaines pour devenir le relais social dans l'entreprise. En 2000, les 250 salariés découvrent la fin du paternalisme avec l'annonce d'un plan social et celle d'une réduction des effectifs de 50 %. Un an plus tard, un nouveau DRH arrive pour préparer un deuxième plan social. Le CE est mis à mal, les délégués syndicaux apparaissent. Un an et demi après, le seul lieu de communication devient le CE, un troisième DRH prend à son tour le relais pour rétablir la relation entre l'entreprise et les salariés.

(1) Orianne Garcia, « Je veux réussir le challenge que je me suis fixée chez Lycos », *JDNet,* 4 décembre 2002.

À chaque restructuration, ses managers, à chaque étape d'une fusion, son PDG, à chaque plan de sauvegarde de l'emploi, son DRH... des successions difficiles pour des salariés qui ont de quoi en perdre leur latin. Quand on voit les groupes et les sites industriels qui changent plusieurs fois de propriétaires ou d'actionnaires, à quoi voulez-vous que croient les salariés du site ? analyse François Boneu, PDG d'ATEFO. Même dans le changement, un minimum de stabilité se révèle nécessaire, car un risque persiste pour les cadres dirigeants qui se succèdent les uns aux autres : perdre leur crédibilité.

Dès son arrivée, cet homme décide d'établir une série de déplacements pour rencontrer les salariés de différentes filiales. C'est le quatrième manager à venir se présenter en région en moins de deux ans. Pour une minorité de salariés, c'est un nouveau messie, pour les autres : « *encore un beau discours* », « *je rigole déjà* », « *combien de temps il va rester celui-là* », etc. La baisse d'enthousiasme et de conviction provient également du fait d'un manque de continuité possible entre les différents successeurs qui souhaitent, chacun à leur tour, marquer leur passage en prenant de nouvelles directions parfois à l'opposé les unes des autres.

■ *Des stratégies transétatiques et anglo-saxonnes*

« *Succes but not perfection* », cette devise adoptée par un certain nombre d'entreprises montre une logique de résultats à tout prix. Un courant qui vient s'opposer aux théories humanistes proposées par l'entreprise paternaliste d'autrefois. Mais passer d'un extrême à l'autre n'est pas sans danger. La course à la productivité devient le centre et l'objectif majoritaire des grandes lignes stratégiques des entreprises, quitte à reléguer les valeurs de bien-être, d'épanouissement et de confort... aux oubliettes.

Le modèle de management se calque sur celui des *world compagnies*. Une partie des entreprises françaises sont désormais formatées *made in USA*. Pour Hubert Landier, la plupart des formations restent en décalage avec la réalité française et européenne. Elles sont centrées autour du financier. À quand une école française pour publier une revue de management ? Patrick Leleu, ancien PDG de Noos et de Bouygues Télécom, analyse le modèle anglo-saxon comme une organisation segmentée des responsabilités et des activités où chacun est jugé par un ou deux indicateurs de performance (KPI). Certains résultats sont, au minimum, hebdomadaires, d'autres mensuels ou trimestriels. Les responsabilités individuelles sont parfaitement cernées. Elles sont calquées sur la performance. Chaque semaine, les indicateurs doivent être au beau fixe.

Pour le sociologue François Dupuy (1) « *la financiarisation s'impose comme la logique dominante de l'entreprise. Mais un résultat financier n'a jamais donné de sens ! Créer de la valeur pour les actionnaires, cela n'a jamais donné de sens non plus* ».

Cette organisation parcellaire individualise la responsabilité mais ne va toujours pas de pair avec le progrès. « *Le désir de créer dans le travail se perd. Le comportement devient codifié, tout est individualisé, on se sert de l'autre, on est de plus en plus évalué sur notre capacité à se soumettre* », met en garde Laurent Samson, consultant en conduite du changement et enseignant à l'École de Management de Bordeaux.

2 – Une nouvelle relation à l'entreprise

Je t'aime… moi non plus… le cru 2005 sur la relation des Français avec leur entreprise n'a jamais été aussi fertile en matière d'études, de rapports, d'écrits divers et variés, et riche en rebondissements. Les valeurs travail, métier, entreprise sont passées au peigne fin. À l'encontre de certains courants, la journaliste Anne Vidalie (2) écrit que le travail fait encore le bonheur des Français, qu'il se porte bien et se place même derrière la famille parmi les éléments les plus importants d'une vie. « *Ce n'est effectivement pas la valeur travail qui s'est détériorée, c'est le travail lui-même. L'irruption de la concurrence et de la globalisation des échanges a fait voler en éclats la fonction protectrice du travail. Sans rien lui substituer…*

Dans ce cadre, les salariés n'adhèrent plus ou difficilement au contrat social de l'entreprise, ils ont le sentiment qu'on ne leur dit pas tout. Ils ont peu, pas ou plus conscience des enjeux et par conséquent aucune envie de changer tant qu'ils ne se retrouvent pas partie prenante. « *Ici, comme dans le reste de la France et du monde, les entreprises ne veulent plus de salariés. Elles préfèrent des concessionnaires, des intérims, des anonymes…* » (3).

Au tour du salarié de prendre ses distances et d'observer la situation dans une logique de donnant/donnant. Trop de promesses déçues, trop de changements brutaux, trop d'exemples intergénérationnels, le salarié, qu'on se le dise, jure qu'on ne l'y prendra plus !

(1) « Il faut redéfinir le contrat entre l'employeur et le salarié », *JDNet*, 1er juin 2005.
(2) Anne Vidalie, « Oui le travail fait (encore) le bonheur » *L'Express*, 16 octobre 2003.
(3) « Des salariés désabusés, une clientèle clairsemée », Cécilia Gabizon, *Le Figaro*, 10 juin 2005.

■ *Les facteurs risques du changement*

Pour Fanchon Ribano, consultante en ressources humaines au sein du cabinet ADH Conseil, les changements ont entraîné une scission entre l'entreprise et les salariés. Ces derniers sont beaucoup moins confiants en l'avenir. La transformation des stratégies, des produits, des périmètres, des identités est en effet difficile à comprendre et à accepter, d'autant plus que le changement, à la base, n'est pas naturel. Non souhaité, il perturbe, dérange, nécessite une remise en question. Les psychosociologues parlent de plusieurs phases nécessaires à l'accomplissement et à la pérennité d'un changement. Kurt Lewin, en relève trois :

– La décristallisation (le dégel) : l'individu ou le groupe prend conscience de la nécessité ou de l'intérêt de changer puis accepte l'idée du changement.

– La transition (le mouvement) : le salarié passe de l'état organisationnel ancien à l'état organisationnel nouveau, expérimente les nouveaux process, tente d'abandonner les anciennes pratiques pour en acquérir de nouvelles.

– La cristallisation (le regel) : l'entreprise consolide les nouveaux comportements requis par le changement, pérennise les nouvelles pratiques pour les rendre permanentes et résistantes aux changements futurs et éviter que les anciennes habitudes ne se rétablissent.

Cet exemple montre bien toute la difficulté de passer d'une organisation à une autre et le temps nécessaire à son adoption. Or les entreprises s'inscrivent majoritairement dans une logique de cycles courts qui en viennent même à se « chahuter » les uns avec les autres. Une situation paradoxale qui explique la problématique d'une adhésion aux nouvelles politiques lorsqu'il devient nécessaire de les assimiler en un temps record, puis de les faire évoluer. Il est de moins en moins rare de trouver des situations « absurdes » comme l'adoption d'une organisation, obsolète un mois après pour cause de réorganisation, ou la présentation d'un projet avec moult événements pour au final être stoppé six mois plus tard.

Cette société se décide de rassembler ses filiales au sein de plusieurs *Business Units*, elle supprime donc ses directions régionales. Le DG demande alors à un groupe projet de définir les valeurs de ces nouvelles BU puis de trouver des pistes d'action pour coordonner l'ensemble. Après six mois de travail, le groupe aboutit à des résultats concrets mais qui ne verront jamais le jour. Leur présentation est annulée au dernier moment car une deuxième réorganisation décide de revenir à l'ancienne répartition en région. La boucle est bouclée.

Même problématique dans ce groupe qui présente son projet d'entreprise au cours d'une « grand-messe » nationale. Chacun repart enthousiaste avec une ou plusieurs directions de travail. Deux ans après, le projet est stoppé sans explication, une nouvelle convention présente les nouveaux défis pour le groupe. L'accueil est cette fois très mitigé.

Mal accompagnés, expliqués et soutenus, les changements peuvent être particulièrement mal vécus par les salariés. Des blocages peuvent se produire à trois niveaux. Celui de l'entreprise, lorsqu'elle échoue à définir un référentiel commun. Celui des services, réticents à remettre en cause leur fonctionnement habituel. Celui des hommes, peinant à savoir qui ils sont, pourquoi ils sont là, et ce que l'on attend réellement d'eux. Les individus ont avant tout besoin de sens. Ils veulent comprendre les enjeux du changement proposé, ses conséquences pour l'entreprise, pour leur métier, pour eux-mêmes, mais aussi la hauteur de la marche à franchir, l'importance des abandons exigés. Mais encore faut-il que le changement se stabilise pour écrire un projet viable à moyen terme. Cette société explique qu'elle aimerait bien figer sa stratégie et donner une réelle vision à ses salariés mais qu'au regard des changements opérés, semaine après semaine, elle en est aujourd'hui incapable. Dans le doute, elle préfère s'abstenir.

■ *Une panne de modèles et de repères*

Un sondage TNS Sofres (1) montre, qu'en 2002, 54 % des Français ne font pas confiance aux chefs d'entreprise. Une tendance qui a doublé en vingt ans. Ils reprochent aux grands groupes de faire passer les intérêts des dirigeants et des actionnaires avant ceux des salariés. Toutefois, lorsqu'on interroge ces derniers au sujet de leur PDG, ils se révèlent plus optimistes. Lors de la dernière étude de l'institut CSA (2) pour *Le Parisien Économie*, 80 % des sondés déclarent en avoir une bonne opinion. Ils le qualifient d'efficace à 53 %, et à l'écoute à 45 %.

En revanche, les collaborateurs remettent en question la sincérité de leur entreprise. Plus de 50 % des cadres estiment que les propos tenus lors des conventions et des séminaires internes sont peu, voire pas, crédibles et considèrent que l'exercice se révèle, au final, peu ou pas motivant (3). « *Dans notre branche on n'a jamais traité les salariés comme des adultes... la communication est mièvre, on communique sur ce qu'on a*

(1) Résultats d'études TNS Sofres présentées au TOP COM 2003 – www.tnt-sofres.com
(2) Nathalie Mourlot, « Huit salariés sur dix apprécient leur patron » *L'Entreprise*, octobre 2005.
(3) Enquête Opinion Way, pour l'agence événementielle Carré Bleu Marine sur un échantillon représentatif de 1 456 cadres du secteur privé, *La Tribune*, 11 mars 2003.

envie de communiquer. On a tendance à l'autosatisfaction mais beaucoup moins à l'autocritique », expliquent ces deux décideurs. Un bon nombre de sociétés, écartelées entre le souhait d'éviter des fuites et celui d'être objectives tout en s'adressant au plus grand nombre, utilisent en effet une phraséologie au sein de laquelle les salariés ne se reconnaissent plus : « Gagner ensemble », « Réussir pour demain », « Cap vers le client », « Horizon 2006 » (1).

La perte d'adhésion des salariés à la stratégie de leur entreprise est aussi perpétuée par une absence d'une vision claire, réaliste et surtout proche de leur quotidien. Car si les distances augmentent entre les maisons mères et les filiales, celles entre les salariés et les directions générales s'intensifient dans la même proportion. Pourtant des efforts ont été réalisés ces dernières années pour faire connaître les grandes orientations de l'entreprise et ses résultats. Mais même pour ceux qui ont conscience des enjeux, « *ils ne voient pas la place qui peut être la leur dans cette vision stratégique* » (2). Le cœur du problème est bien là, l'entreprise fournit des informations dans une logique de vision collective alors que les salariés se placent dans une logique individuelle, favorisée par la montée croissante des incertitudes et des crises sociales. Des informations, il y en a beaucoup chez Laser et, malgré de nombreuses conventions, les salariés continuent de dire que l'information n'est pas suffisante. Edwige Remontet, DRH e-laser, analyse la situation. Les collaborateurs souhaitent qu'on leur explique en temps réel les faits, la vision de l'entreprise. Ils ont besoin d'être acteurs. De plus, certains projets même conçus avec les meilleures intentions sont parfois mal vécus sur le terrain. Les termes et le vocabulaire employés, les objectifs trop éloignés des préoccupations peuvent donner le sentiment d'une stratégie élitiste.

Dans ce groupe industriel, un nouveau projet d'entreprise est lancé pour l'année 2004/2005. Des outils de communication sont envoyés à l'ensemble des managers pour diffuser la stratégie auprès de toutes les équipes. Six mois après, la direction générale décide de tester l'adhésion du terrain. Les résultats sont surprenants : « *c'est un projet d'ingénieur, on n'y comprend rien, c'est très difficile de motiver les équipes avec ça !* ». Le projet sera revu et corrigé, mais l'entreprise aura perdu de précieuses semaines.

Pour Fanchon Ribano, accompagner le changement nécessite de trouver des repères, un point d'ancrage dans le temps qui rallie les sala-

(1) Thierry Libaert, « Communication La nouvelle donne », Village Mondial, septembre 2004.
(2) « L'intelligence stratégique : contribution à une sociologie de l'action stratégique », Christian Mahieu, CNRS Lille.

riés. Le manager en est la pierre angulaire. C'est lui qui va vendre l'outil, l'idée, la réorganisation, donner du relief, de la proximité, répondre aux questions et faire remonter les freins et les besoins. Les entreprises se tournent donc de plus en plus vers le manager d'équipe, de terrain ou *middle manager* pour avancer par étapes, faire parler les chiffres, expliquer des résultats bons ou mauvais, pour informer au mieux les salariés. Premier acteur de la communication dans l'entreprise, il est, en effet, le seul à rester en contact permanent avec le terrain. Mais transformer ces experts en « supercommunicants » n'est pas chose facile, car pendant des années personne n'a cherché à mettre en avant le rôle d'acteur de l'information et d'écoute du manager. Ce dernier n'est pas toujours demandeur et reste encore sceptique sur sa responsabilité à prendre dans la communication de l'entreprise.

Dans cette usine, des managers d'usine s'expriment spontanément sur le sujet :

– « *La communication ne fait pas partie de mes objectifs annuels, je ne suis pas évalué sur ce critère.* »

– « *On ne peut pas me demander de gagner à la fois en productivité et de perdre du temps à communiquer.* »

– « *Les messages de la direction doivent être portés par la direction, la communication est-ce une nécessité ?* »

– « *Je ne suis pas outillé et je n'ai ni les compétences ni les ressources pour communiquer...* »

« *Les managers n'ont pas les comportements adaptés. Aujourd'hui on met en place des formations pour pallier au problème mais... il faudrait déjà revoir les fiches de compétence par fonction. La communication ne figure même pas sur la check-list du manager !* », dénonce cette responsable de la communication interne découragée par l'attitude des cadres de son entreprise. Seules 34 % des réunions entre les managers et leurs équipes sont réalisées. Ils n'en voient pas l'utilité. Ils oublient qu'ils gèrent une équipe, et ne se rendent même pas compte qu'ils ne transmettent pas l'information. Résultat, un service entier signe une pétition pour se plaindre du manque d'information, mais sans résultat. De « bonnes fausses » excuses sont évoquées : problème de temps, difficulté de réunir l'ensemble de l'équipe, etc.

Le rôle du manager a, en effet, beaucoup changé ces dernières années. Il doit avoir une excellente capacité à communiquer, à évoluer et à gérer les changements, ajoute Fanchon Ribano. Il doit être le lien social et humain qui manque parfois dans les entreprises en phase de mutation. Une évolution comportementale à laquelle s'ajoutent des emplois du temps de plus en plus chargés. Les managers intermédiaires croulent sous les tâches de gestion de direction opérationnelle. Et plus le site est petit, plus il devient difficile de faire face, car les projets convergent tous vers la même personne. À cette surcharge de travail, s'ajoutent des difficultés à faire redescendre la communication. Pour exemple, lorsque les résultats du groupe paraissent dans la presse externe, les managers de la branche d'une unité comme Lafarge Ciments ont du mal à les commenter car ce ne sont pas eux qui sont à l'origine de cette information, explique Alain Guillen.

Par ailleurs, les managers ne possèdent pas toujours les bons outils à leur disposition. Pourtant les supports managériaux sur le coaching et le management des équipes n'ont jamais eu aussi bonne presse que ces dernières années. L'envie et la motivation s'émoussent. Laurent Samson souligne que, dans la sociologie du changement, 70 % des projets échouent « *à cause d'un management trop autocratique mais qui a cru déclencher l'adhésion* » (1). Rien d'étonnant lorsqu'on demande aux managers de gérer la priorité des priorités, toujours plus vite. L'édifice est en train de s'écrouler. Et pour faire bonne mesure, l'inquiétude de la ligne hiérarchique ne doit pas transpirer sur le terrain car sa mission est aussi de cristalliser les peurs. Mais il devient aujourd'hui quasi impossible pour ce leader en panne de modèle de ne pas montrer un certain pessimisme, voire un pessimisme certain. Pour François Boneu, la situation devient complexe. Quelle est la crédibilité de ces managers qui sont aussi des salariés de l'entreprise comme les autres ? Le manager n'est plus le repère d'hier, il représente l'instant T. Le repère, c'est mon métier, mon activité, mon quotidien. Les grandes stratégies, bof, on attend la suivante !

Découragés, certains font corps avec leur équipe et font semblant d'être allégeants à la DG, d'autres deviennent agressifs et demandent à changer de service ou de direction. « *Tout le monde aujourd'hui fait semblant, nous ne sommes plus seulement des auteurs mais aussi d'excellents acteurs* », met en garde Laurent Samson.

■ *La montée de l'individualisme et des clans*

« *L'intensification du travail a comprimé les espaces de liberté, détérioré les rapports et l'ambiance de travail avec des effets de fatigue et de stress* », observe le sociologue Jean-Pierre le Goff (2). Robert de Backer, dans son rapport sur l'impact de l'environnement international sur la com-

(1) Philippe Bernoux, *Sociologie du changement dans les entreprises et les organisations*, Le Seuil, 2004.
(2) Anne Vidalie, *op. cit.*

munication interne de l'entreprise (1), constate que « *les incompréhensions liées aux différences culturelles, le rejet d'une culture dominante, par exemple, s'accentuent encore et s'exacerbent dans des situations de crise ou de tension : fusions, rachats, plans de sauvegarde de l'emploi... qu'entraînent fréquemment l'internationalisation des entreprises* ».

Les fusions, pour ne citer qu'elles, entraînent dans leur sillage un nombre croissant d'incertitudes avant même l'annonce d'un plan de sauvegarde de l'emploi ou de licenciements économiques. En effet, les salariés absorbés considèrent souvent la situation comme un échec doublé d'un sentiment de perte et d'abandon. Les salariés absorbants vivent au contraire un sentiment de supériorité, mais vite neutralisé par la peur de perdre leur emploi ou leurs avantages acquis. François Boneu confirme que, dans bon nombre de fusions, les salariés deviennent désabusés, certains baissent les bras, d'autres se parlent de moins en moins, les portes se ferment.

Dans ce groupe industriel qui a fusionné il y a plus de quinze ans, trois camps cohabitent avec plus ou moins de succès : ceux de l'entreprise absorbée, ceux de l'entreprise absorbante et ceux arrivés après la fusion. Souvent les deux premiers clans tombent d'accord sur le même constat : « *c'était mieux avant* », quant au troisième, il compte les points.

Face à la peur et à l'incertitude du changement, deux stratégies sont en général observées : celle du repli sur soi et celle de la colère contestataire. Cette dernière, plus médiatique, est aussi plus visible dans ses actes. Les manifestations contre la libéralisation des marchés et pour la défense des services publics en sont une illustration.

Dans beaucoup d'entreprises touchées par différentes réorganisations, les ambiances changent, les clans se forment. On observe un sentiment de perte d'écoute et de convivialité, une dégradation de l'ambiance : « *personne ne se dit bonjour, nous sommes de moins en moins nombreux, on ne se voit plus, on ne se parle plus, la communication entre nous n'existe plus... Ici c'est chacun pour soi..., je déjeune seul, nous fonctionnons dans notre coin, nous travaillons pourtant tous au même endroit ! On ne reste pas dans l'entreprise, on y travaille et après on passe à autre chose... Il n'y a jamais un moment où l'on se retrouve entre nous... dommage...* ». L'isolement arrive à toucher toutes les strates des organisations, le dialogue se perd entre les hommes et les femmes d'un même service, entre les services, entre les filiales, mais aussi entre les Sièges et

(1) Conclusions issues de recherches et de réunions organisées par l'AFCI de 1995 à 1999.

les filiales. L'individualisme prégnant laisse alors libre court aux rivalités comme aux systèmes D internes, tout en créant des silos de plus en plus importants. « *Mon job, c'est de développer les comptes mais sans vision collective, nous sommes dans des objectifs individuels qui nous mettent en concurrence les uns avec les autres. Mais il faut croire que cela marche car l'entreprise a un CA qui croît très rapidement* », analyse ce manager.

Le collectif et l'esprit d'équipe sont également mis en danger par des coupes budgétaires anciennement allouées aux réunions d'équipes comme aux conventions nationales et régionales qui se réduisent année après année. Dans une logique de rationalisation, beaucoup ont supprimé ou fortement diminué les échanges directs au profit d'une communication écrite par le biais des intranets et du mail. Une des conséquences en est la prise de pouvoir une fois de plus de l'individualisme, au détriment d'un corps de métier ou d'un esprit communautaire. Car la perte des échanges et de la connaissance de l'autre entraîne, dans son sillage, un manque de collaboration, de travail en équipe, de partage de bonnes pratiques, et même une concurrence interne. « *Chacun tire la couverture à lui, travaille dans son coin... c'est très impersonnel* », analyse ce collaborateur qui ne se reconnaît plus dans son entreprise. Quant à cette salariée, elle avoue tenir un journal de bord des échanges courriels avec son manager, environ une dizaine par jour, alors que leurs bureaux sont situés à moins de cent mètres l'un de l'autre.

Des clivages et des rivalités internes se forment aussi au détriment des nouveaux arrivants qui subissent de plein fouet ces climats ombrageux. Et pour ceux qui ne participent pas aux projets transverses ou ne se déplacent pas, leur chance de rencontrer d'autres salariés en dehors de leur service devient de plus en plus mince. Ce jeune cadre évoque le manque d'occasion de rencontres et l'attitude de certains salariés barricadés derrière leurs problèmes qui gardent leur porte close : « *Je suis arrivé dans cette entreprise depuis un an et demi et je ne connais aucun de mes collègues en dehors de ma filiale, impossible de mettre un visage sur un nom, quand j'ai un nom ! J'ai eu l'impression de passer une deuxième période d'essai...* »

Les anciens parlent de « mon entreprise », les nouveaux de « mon métier ». Dans la moitié des conflits sociaux que rencontre Hubert Landier il y a une dimension liée au conflit de génération : les seniors ont l'impression d'avoir été trahis et les jeunes sont devenus cyniques. Chacun observe l'autre dans une méfiance mutuelle. La moindre différence saute aux yeux et sert alors de prétexte pour ne pas faire le premier pas. Isolés, mal accompagnés, les nouveaux salariés ont toutes les chances de ne jamais pouvoir s'adapter ou de la jouer « perso ».

3 – *Papy-boom* : mythe ou réalité sociale ?

Entre les départs massifs à la retraite envisagés à partir de 2006 et les conséquences de la loi Fillon d'août 2003 qui passe l'âge de la retraite à 65 ans, les seniors sont sous les feux des projecteurs. Partira, ne partira pas ? Certains parlent de véritable ouverture du marché de l'emploi, d'autres d'un feu de paille. Un scénario, plus que crédible, montre qu'à partir de 2010, le nombre d'entrées sur le marché du travail ne compensera plus, en France, le nombre de départs à la retraite. Une chose est sûre, les seniors, que l'entreprise le veuille ou non, il faudra compter avec eux, choc démographique oblige.

■ *Quand les portes étaient grandes ouvertes*

Qui a dit que les entreprises n'aimaient pas les seniors ? Celles qui les ont fait partir pour des causes diverses et variées, à commencer par les fameuses économies d'échelle. Car un senior, ça coûte cher, ça fatigue vite, ça ne s'adapte pas au changement et ça ne comprend rien aux nouvelles technologies ! À bon entendeur... en période de crise économique, de rationalisation des masses salariales, et de double emploi après fusion, la solution idéale est de pousser les plus de 50 ans vers la porte de sortie, sans qu'ils se fassent beaucoup prier.

Pour Xavier Gaullier (1), sociologue et spécialiste de la question, la gestion des salariés âgés ne date pas d'hier. Jusque dans les années 1960-70, alors que l'âge de la retraite était déjà fixé à 65 ans, les seniors restaient dans l'entreprise sous la forme « d'emplois doux ». On a commencé à parler de préretraite vers la fin des années 1970, à 60 ans, puis à 55 ans en 1982. Il est en effet de tradition, en France, de poursuivre une stratégie de départs anticipés. « *C'est devenu une pratique courante* », corrobore Bérénice Quinodon (2), responsable de l'Observatoire des cadres de la CFDT. En France, « *l'âge du départ est toujours inférieur à celui de la retraite. Sur 10 cadres ayant atteint l'âge de la retraite, 4 sont en activité, 2 au chômage, et 4 dans des dispositifs de départ anticipé* ».

Aujourd'hui le système est victime de son succès : selon l'Insee, la France possède, en 2004, un taux d'emploi de 37,5 % pour la tranche d'âge des 55/64 ans, soit un des plus faibles des pays de l'OCDE ! De plus, si les chômeurs à l'âge de la préretraite sont en recrudescence, c'est

(1) « Le monsieur te demande de rester !... », ujjef.com
(2) Véronique Smée, « L'éviction des cadres seniors, une pratique courante dans les entreprises » Novethic.fr, 9 mai 2005.

aussi que, contrairement à d'autres pays, la France n'impose pas de recherche obligatoire après 55 ans, pour les personnes justifiant de 160 trimestres d'assurance vieillesse (1). Seules les entreprises qui misent sur l'ancienneté et sur la capitalisation des connaissances n'ont pas utilisé massivement le départ des quinquas. « *Nous n'avons pas de plan de préretraite, ce n'est pas dans nos habitudes, nos seniors ne partent pas à 55 ans* », explique Philippe Guericolas, DRH de Coface.

Un fait nouveau pourrait aussi changer la donne : le fameux *papy-boom* dont on parle depuis quelques années et qui devrait pousser la France vers un choc démographique sans précédent. Certains risques ont d'ores et déjà été identifiés : une perte d'identité et de mémoire interne, une pénurie de main-d'œuvre sur certains marchés, une surenchère salariale des nouvelles recrues, des difficultés à recruter, des conflits possibles entre générations...

« *Dans le secteur de la vente, nous allons faire face à une pénurie de managers qui approche et qui m'inquiète* », expose Luc Taclet, DRH du BHV. Pour le cabinet Ernst & Young (2), la diminution de la main-d'œuvre disponible devrait toucher, selon la taille des entreprises et les secteurs d'activité, l'encadrement intermédiaire, les cadres et les agents de maîtrise. Le manque d'ouvriers se faisant fortement ressentir au sein des industries. De plus, la Dares (3) fait état, en 2001, d'une raréfaction des cadres dirigeants à partir de 2005 (85 % de départs à la retraite jusqu'en 2010). Un constat corroboré par certains décideurs d'entreprises, inquiets sur le renouvellement des hautes instances de leur groupe. Toujours selon la Dares, la santé, la restauration, le commerce, les banques et les assurances devraient faire partie des secteurs les plus touchés par les départs massifs à la retraite.

En 2005, quatre grandes banques annoncent en effet pas moins de 11 000 embauches essentiellement tournées vers les jeunes diplômés et les BAC+2 (4).

La RATP communique en juin 2005 dans un article du magazine électronique *Tout sur la com* sur le renouvellement d'un tiers de ses employés en dix ans. L'Observatoire de l'Évolution des Métiers de l'Assurance, OEMA, livre, dans son rapport annuel de 2004, que près de 40 000 salariés du secteur devraient partir en retraite à l'horizon

(1) Compte rendu du rapport annuel de IGAS, 15 mars 2005 : Gestion des âges et politiques de l'emploi.
(2) « Les enjeux du vieillissement de la population active », Enquête Ernst & Young, juin 2004.
(3) Dares : Direction de l'Animation de la Recherche, des Études et des Statistiques.
(4) L. Berny, A. Counis, « Vastes opérations de recrutement dans les banques en France », *Les Échos*, 14 septembre 2005.

2015. Le Centre National de la Fonction Publique Territoriale estime à plus 10 000 par an le nombre de cadres recrutés par les collectivités territoriales dans un proche avenir (1). Chez Lactalis, en 2000, un cadre sur cinq avait plus de 50 ans, en 2010 ce sera près d'un sur trois : « *remplacer tous ces responsables représente un véritable défi pour l'entreprise qui utilise déjà au quotidien tous les potentiels* », s'inquiète Patrick Van Honacker.

Si près de sept entreprises sur dix se déclarent prêtes à subir à court terme les premiers impacts du choc démographique en 2005 (2), seules 37,5% pensent être confrontées à une diminution de main-d'œuvre à l'horizon 2007 (3).

Plusieurs explications peuvent justifier ce paradoxe : un manque d'anticipation sur les pyramides des âges, le non-remplacement de certains postes, le fait de privilégier les promotions internes au détriment des recrutements externes, une logique de court terme qui pousse les groupes à agir en année pleine et moins en projection à trois ans. Certaines entreprises ont encore peu réfléchi ou ne se sentent pas impactées par le vieillissement de leurs salariés et de leurs cadres. Les ressources humaines se gèrent par ailleurs majoritairement à court terme, et le coût de la masse salariale doit, si possible, ne pas venir influencer les bénéfices. La tendance est donc aussi à une anticipation moindre. Et pourtant la pyramide des âges très atypique de certaines sociétés, avec plus de 50 % de salariés âgés de plus de 45 ans, va se révéler problématique dans quelques années.

Pour Philippe Guericolas, les raisons de cette attente sont aussi liées à une incertitude des entreprises quant au planning des départs. À Coface, le *papy-boom* n'est pas immédiat, les départs naturels vont doubler à l'échéance de 2009/2010. L'entreprise essaie malgré tout de créer des viviers, mais se heurte à des considérations économiques du type : à quel moment doit-on anticiper ? Faut-il le faire sur un marché du travail qui n'est pas saturé mais au risque de se retrouver avec un surcroît de main-d'œuvre ?

Les plus inquiets restent les consultants externes à l'entreprise et les salariés qui trouvent que les sociétés ne capitalisent pas suffisamment sur les compétences. Ils sont dans l'expectative face aux départs en préretraite qui continuent à avoir lieu sans être accompagnés d'un système

---

(1) M-M. Péretié, E. Piriot, « Collectivités locales, des milliers de postes à prendre », *Courrier Cadres*, n° 1583, 19 mai 2005.
(2) Source Cegos.
(3) « Les enjeux du vieillissement de la population active », Enquête Ernst & Young, juin 2004.

de transfert des savoirs. En effet, comment remplacer l'expérience et l'expertise non négligeable de salariés qui ont connu toutes les évolutions de l'entreprise sur vingt ou trente ans. Sans mémoire, l'entreprise peut-elle être encore capable de donner du sens à ses actions ? De développer une culture et des valeurs internes ? De fidéliser les jeunes générations qui ont vu partir les anciens sans état d'âme ?

■ *L'employabilité des seniors en question*

En matière d'emploi des 55 ans et plus, la France ne fait pas bonne figure. Avec moins de 37 %, elle n'atteint pas la moyenne de la communauté européenne. Depuis la rentrée 2005, le Medef et les syndicats travaillent donc sur un projet d'accord pour augmenter significativement le nombre d'emplois des seniors et placer la barre des emplois à 50 % d'ici à 2010.

Pendant plusieurs années, on a esquivé le problème en se réfugiant derrière les départs en préretraite. Mais à l'heure du bilan, la note à payer montre des coûts humains et financiers sans précédent. En effet, en France, à la différence d'autres pays, c'est l'État et/ou l'assurance-chômage qui supportent les charges liées aux cessations anticipées d'activité. Pour mieux encadrer les départs et favoriser l'allongement de la vie professionnelle, le gouvernement a donc mis en place, le 21 août 2003, un certain nombre de mesures préventives. La loi Fillon prolonge le temps de présence dans l'entreprise jusqu'à 65 ans sous réserve des dispositions particulières de certaines conventions collectives. Une décision controversée car elle implique notamment de changer en profondeur les mentalités et de réfléchir durablement sur l'employabilité des quinquas. La contribution Delalande a tout autant renforcé les interrogations. Elle oblige les entreprises de plus de 50 salariés à verser une pénalité de cinq mois de salaire si elles licencient des cadres de 52 ans. Ce montant passe à dix mois de salaire si les salariés ont 55 ans et plus. Cette mesure n'incite pas les sociétés à licencier mais les a toutefois fortement dissuadées d'embaucher des quinquas. La loi a donc été adoucie pour le recrutement de demandeurs d'emploi de plus de 45 ans dont le licenciement n'est pas assujetti à la contribution Delalande. Mais ces dispositions semblent aujourd'hui insuffisantes pour inverser la courbe de désamour entre l'entreprise et les quinquas, d'autant que leur nombre dans l'entreprise est amené à progresser régulièrement depuis 2005.

Un employeur sur deux déclare ne pas vouloir recruter un salarié de plus de 50 ans même en cas de pénurie de main-d'œuvre (1). « *Dans la tête des entreprises, on est vieux à 55 ans, ce qui n'est pas toujours vrai* », commente Luc Taclet. Le premier frein concerne la mauvaise « réputation » des seniors, considérés pour beaucoup comme moins productifs, moins innovateurs que les autres salariés. Et si le vieillissement ne découlait pas uniquement d'une analyse démographique ? Pourquoi ne pas tenir compte de l'impact des conditions de travail, de la productivité et de la motivation des individus en fonction de leur âge ? Car, après tout, on peut se sentir parfois vieux à moins de 30 ans et jeune à plus de 50 ! L'entreprise recense un nombre de salariés « âgés » au sein de ses effectifs, mais sans toujours identifier en quoi leur âge peut poser un problème dans l'organisation. Est-ce par rapport au reste des effectifs ? Au regard des exigences attendues dans le travail, qu'elles soient « d'ordre physique (rapidité, force, résistance), cognitif (réactivité, rapidité de traitement de l'information) ou encore de l'ordre de la motivation (implication dans de nouveaux projets, projection d'un futur dans l'entreprise) » (2) ?

Le maintien de l'emploi des quinquas et la gestion des âges posent de multiples questions, véritables sources anxiogènes car les entreprises n'ont aujourd'hui pas toutes les réponses. Selon le premier baromètre semestriel « Seniors en entreprise », réalisé avec notretemps.com entre le 17 mars et le 11 avril 2005, une majorité des firmes interrogées redoutent la gestion des fins de carrière de leurs salariés et leur risque de démotivation. Elles craignent également une perte de savoir-faire, une perte de culture et une pénurie de compétences.

Le vieillissement de la population active entraîne par ailleurs une réflexion en profondeur de l'organisation du travail en fonction de l'expérience, de l'ancienneté dans l'entreprise, de la motivation, du métier et des tâches à exécuter. La pénibilité au travail, le maniement de lourdes charges ou de produits dangereux en sont une illustration. Adapter les postes, anticiper et prévenir les risques, réduire les efforts physiques, représentent autant d'enjeux pour le bien-être au travail des années à venir. Pourtant, les entreprises qui développent une politique RH adaptée à tous les âges de l'entreprise ne sont pas légion. « *L'entreprise traite tout le monde de la même façon alors qu'il est évident qu'on n'a pas les mêmes attentes à 25 ans et à 50 ans, ni les mêmes préoccupations et*

(1) « Seniors : le chômage fatal ? », www.cadremploi.fr

(2) « 3 clés pour comprendre le vieillissement et gérer l'allongement de la vie professionnelle », Étude de la Chambre de la Chambre de Commerce de d'Industrie de Lyon, 2004.

encore moins les mêmes perspectives devant soi », dénonce un jeune cadre (1). L'étude « Seniors en entreprise » précédemment citée révèle en effet que seules 6 % des entreprises utilisent un bilan de carrière pour les plus de 45 ans, 11 % sont en train de le faire et 82 % n'ont rien entrepris. Dans la même veine, 68 % des sociétés ne disposent pas d'un indicateur social relatif à la gestion des seniors.

Cet ensemble ne vient évidemment pas encourager la motivation des 55 ans et plus qui, après les vagues de changements successives, ne se retrouvent plus dans les organisations. Mal aimés, activité professionnelle stagnante, stress quotidien, équipes rajeunies, beaucoup avaient envisagé leur départ prochain comme une délivrance. Aujourd'hui, on leur explique qu'ils doivent rester entre cinq à dix ans de plus dans leur société. Une déception qu'il faudra aussi gérer. Mais encore faut-il que l'entreprise ne vive pas l'employabilité de ses seniors comme une contrainte mais comme une opportunité.

II. Les coûts pour l'entreprise

La santé sociale d'une entreprise se mesure notamment par son taux de turnover, d'absentéisme, de maladies professionnelles, sa qualité de vie, la prolifération des rumeurs... À ces facteurs il faut aussi ajouter la motivation et le regard des salariés qui influent fortement sur l'image des groupes. La baisse du patriotisme d'entreprise, suite aux changements amorcés ces dernières années, a porté un coup au moral des Français. L'arrivée des 35 heures, les surcharges de travail et le stress qui en ont découlé, ont fait basculer la relation entreprise/collaborateurs dans le rouge.

Le risque n'est pas négligeable. Ces facteurs entraînent, à moyen et long terme, une baisse de la productivité liée à la démotivation et à l'absentéisme. Une rupture du contrat moral puis social est constatée et, avec elle, des difficultés à recruter, une image détériorée, voire une baisse des clients... Le magazine *Entreprise & Carrières* du 15 mars 2005 révèle l'influence du stress sur la productivité qui engendre des coûts organisationnels directs générés par l'absentéisme ; des coûts organisationnels indirects générés par des tensions sur la performance ; des coûts d'assurance et de Sécurité sociale ; des coûts de réputation ; des coûts juridiques...

(1) « Regard des DRH sur le choc des générations et la gestion des âges », Étude TNS SOFRES, 2 décembre 2004.

Ces coûts, les entreprises les mesurent mal et ne les anticipent pas pour autant. Pour Hubert Landier, certaines d'entre-elles se font encore des illusions sur leur climat social. « *J'ai rencontré une trentaine de personnes dans cette entreprise de 4000 salariés à forte croissance, avec un fondateur présent et des tensions perçues par le DRH. Lorsque j'ai remis mon rapport au fondateur, il n'en a pas dormi de la nuit !* » Pire, malgré un pronostic alarmiste : départ des meilleurs experts, réduction de la productivité de 30 %, mouvements de grève, augmentation du pôle syndical radical... certains attendent que la crise se soit installée pour agir. Un conflit avec, à la clé, une addition plus salée que sucrée.

1 – Les signes avant-coureurs

Qui n'a jamais entendu, en début de semaine, au détour d'un couloir ou d'un ascenseur : « *Comment ça va ? Comme un lundi... J-5 avant le week-end !* »

La démotivation se mesure par différents critères qui, détachés les uns des autres, peuvent sembler insignifiants. Mais lorsqu'ils se multiplient et se prolongent, le problème devient réel. On observe différents stades dans la relation entre le salarié et l'entreprise : stress, lassitude, fatigue, colère, peur, désillusion... Lorsque le lundi matin devient insurmontable et le vendredi soir offre une réelle délivrance, la coupe est déjà pleine. Ce sentiment n'implique pas pour autant une démission du salarié. Car, dans une conjoncture économique difficile et face un avenir incertain, certains hésitent à tout lâcher. Ils préfèrent attendre que les choses passent, rayent la valeur travail de leur existence pendant un temps donné ou « purgent leurs dernières années » avec plus ou moins de résignation. Le tout dans un climat difficile, encouragé par les plus pessimistes, qui finit par gagner toutes les strates de l'entreprise.

■ *Un investissement moindre dans le travail*

Le salarié est de plus en plus instruit, diplômé, réaliste. Il a un accès accru à l'information et porte un regard critique sur celles qu'on lui donne, voire même les contredit ou les anticipe. Pour Laurent Samson, le *Bonjour Paresse* de Corinne Maïer vendu à 300 000 exemplaires fonde son succès sur la désillusion des salariés. La *Novlangue* fait ainsi écho aux conclusions de Jean-Pierre Le Goff sur les discours « langue de bois » auxquels les salariés ne croient plus. Pour Bernard Cathelat (1), « *les nouveaux modes de management des RH produisent des collaborateurs d'apparence plus sagement conformistes, spontanément autoformatés, non contestatrices* ». Cependant le sociologue conseille aux entreprises de ne pas crier victoire et d'aller creuser au-delà de cette apparence souvent trompeuse. Les salariés sont en effet « *plus absents mentalement, plus désimpliqués de l'entreprise* ». Une stratégie du caméléon qui consiste à jouer « *un rôle, 100 % conformiste mais pur théâtre, pendant les heures de travail pour mieux protéger ses autres chapitres et facettes de vie* ».

Déçu par l'entreprise, par des promesses non tenues, chacun alors entend lever le pied, quel que soit son degré d'ancienneté ou son statut :

– « *Avant je prenais des initiatives, j'avais envie de créer, j'anticipais les difficultés, depuis six mois j'ai compris que, quoi que je fasse, cela ne changeait rien, je n'ai plus envie de m'investir* », intervient ce collaborateur après quatre ans de présence dans la même entreprise.

– « *À mon âge je ne me vois pas aller chercher ailleurs, alors je fais mes heures et j'attend que ça se passe* », explique cette salariée de 54 ans qui ne se fait plus d'illusion sur son avenir.

– « *Pour l'instant je ne bouge pas, j'arrive à 8 h 30 et je pars à 17 h 30, je vais chercher ma fille... quand je voudrai relancer ma carrière, je partirai* », ajoute ce jeune cadre qui profite des avantages sociaux de sa société en attendant de trouver mieux.

– « *En l'espace de trois ans, le Siège s'est transformé. Avant, quand je partais à 20 heures, je croisais encore quelques collègues dans l'ascenseur, aujourd'hui après 18 h 30, il n'y a plus personne dans l'entreprise* », poursuit ce manager.

– « *Dans mon entreprise, on a tendance à rester vingt ou trente ans quoi qu'il advienne, mais en revanche les salariés ont levé le pied* », complète ce collaborateur.

Le sentiment d'appartenance à l'entreprise décroît, les heures de présence diminuent, la productivité est moindre. Ne plus s'impliquer, ne pas en faire trop, le travail devient dans ce cadre une source de revenu, un job alimentaire. « *La vie professionnelle a cessé d'être la* vraie *vie* », atteste François Dupuis (2). Sophie Marquaire analyse également l'immobilisme croissant des salariés par la demande nouvelle des départs négociés, c'est-à-dire la possibilité de quitter l'entreprise sans prendre de risque. « *Depuis les années 2000, les salariés souhaitent être*

(1) « Avis de coup de vent », Bernard Cathelat, 21 décembre 2004, www.ujjef.com
(2) « Il faut redéfinir le contrat entre l'employeur et le salarié », *Le Journal du Management*, 1er juin 2005.

licenciés tout en bénéficiant de ce qu'ils estiment être un droit, à savoir les assedics. Si vous n'accédez pas à leur demande, ils lèvent le pied et attendent qu'on les licencie. »

Ces baisses de performance sont rarement analysées et chiffrées. Car, au regard de l'entreprise, le collaborateur reste présent à son poste de travail. Pourtant, si l'on mesurait le rendement d'un salarié motivé et celui de ce même salarié désinvesti pendant une période donnée, l'écart pourrait être surprenant. Encore faut-il que l'entreprise ait envie d'identifier ce manque à gagner et les collaborateurs de jouer le jeu, en avouant même anonymement qu'ils ont baissé les bras. Le mauvais climat social est générateur de coûts cachés difficiles à quantifier notamment en termes de productivité, confirme Hubert Landier.

■ *Stress, surcharge de travail et absentéisme*

La hausse de la productivité, la disparition des heures supplémentaires, l'annualisation ont joué sur la motivation des salariés. D'un côté les 35 heures offrent, avec les jours de RTT ou des semaines plus courtes, l'occasion de travailler moins, de l'autre, elles augmentent les charges de travail et demandent des cadences de plus en plus fournies. « *Les agents de maîtrise n'ont pas vu leur effectif augmenter alors que leur charge de travail sur un temps plus réduit s'est accrue* », explique Denis Andrieu, avocat du cabinet Fidal (1). Le secteur hospitalier illustre bien cette problématique. Le rapport de la mission parlementaire d'information sur les conséquences des 35 heures (2) montre que « *la réduction du temps de travail est venue déstabiliser une situation déjà préoccupante* ». En effet, la mise en place des 35 heures à l'hôpital s'est soldée par une dégradation des conditions de travail à laquelle s'ajoute la frustration de ne pouvoir prendre les jours de RTT promis, faute de temps. « Travail à flux tendu », « stress augmenté », « effectifs minimum », « effectifs de sécurité », reviennent régulièrement dans les propos des salariés.

Le stress et les tensions au travail se placent souvent sur le devant de la scène et se multiplient depuis les années 1990. L'Institut National de Recherche et de Sécurité (3), INRS, relève une augmentation de l'intensification du travail. « *Certaines contraintes liées au travail s'aggravent progressivement au cours du temps. Ainsi, plus d'un travailleur sur*

(1) « La réforme des 35 heures : quels impacts sur la compétitivité ? » *ALLIES*, novembre 2003, www.bordeaux.cci.fr
(2) « Les 35 heures ont aggravé les difficultés d'organisation du travail à l'hôpital », 28 avril 2004, www.infirmiers.com
(3) Source : www.inrs.fr

deux travaille dans l'urgence ; plus d'un sur trois dit appliquer strictement les consignes ou reçoit des ordres contradictoires. Pour un travailleur sur trois également, les relations dans le travail sont source fréquente de tensions. Enfin, le sentiment de responsabilité, vis-à-vis de son travail, concerne de plus en plus de travailleurs. »

Combien d'entreprises ont diminué les coûts de leur masse salariale en ne remplaçant pas les postes vacants ? Ces derniers sont divisés puis répartis sur un ou plusieurs salariés qui bénéficient d'une évolution mais avec souvent, à la clé, une activité supplémentaire. Les conditions de travail influent tout autant sur le stress et la santé des salariés. Les troubles musculosquelettiques ne cessent de prendre de l'importance, notamment avec le développement des stations prolongées devant les écrans d'ordinateurs. Symptôme des réunionites aiguës, politique de résultats à tout prix, incivilité croissante des clients, « *près d'un homme sur cinq et plus d'une femme sur trois présentent un niveau de stress facteur de risque pour sa santé* » (1). Une enquête du ministère du Travail révèle en 2003 « *qu'un salarié sur cinq souffrant d'un problème de santé chronique ou d'un handicap estime que son emploi en est la cause* » (2).

Le stress fait ainsi l'objet, le 8 octobre 2004, d'une entente entre les partenaires sociaux européens pour le reconnaître comme un risque professionnel au travail. On estime en effet que la montée des tensions engendre une augmentation des accidents sur le lieu de travail. « *Il y a en France aujourd'hui environ 2000 accidents du travail par jour, soit sur l'année, l'équivalent de 3 % du PIB ou de dix jours fériés* », dénonce Philippe Askenazy (3). Pourtant « *plus de deux tiers des accidents ont des causes peu techniques dont la prévention ressort du bon sens et de l'organisation* » (4).

Et lorsque la cadence ne baisse pas ou que la santé fait défaut, certains s'arrêtent pour quelques jours ou plus. La montée de l'absentéisme en France montre bien que beaucoup reste encore à faire en matière de prévention. « *Il est toujours la résultante d'un combinaison de facteurs, rarement d'un seul* », explique Christelle Ghekière, consultante spécialisée en lutte contre l'absentéisme et la gestion du stress (5). Cependant les facteurs déclenchant sont souvent les mêmes : intensification des

(1) Chiffres Institut Français d'Action sur le Stress, IFAS.
(2) « Mieux vaut prévenir que guérir », *Les Enjeux*, avril 2005.
(3) Philippe Askenazy, *Les désordres du travail, enquête sur le nouveau productivisme*, Le Seuil, 2004.
(4) Sylvie Vernier, « Absentéisme : mieux vaut prévenir que guérir », *FACE*, n° 169 décembre 2004/janvier 2005.
(5) *Idem.*

rythmes de travail, mauvais climat social, changement de métier, de méthodes de travail, d'horaires, de plannings, de manager.

La France se place de nouveau en tête des tristes records européens. De quoi inciter à la réflexion surtout lorsque l'on apprend que 1 % de taux d'absentéisme peut correspondre à 1 % de la masse salariale (1). Toutefois, les entreprises établissent encore peu de lien entre absentéisme et conditions de travail. Ils choisissent plutôt d'associer une absence temporaire à des motifs privés comme les loisirs ou des vacances prolongées au frais de l'entreprise. Les salariés peuvent alors être taxés de « *flemmardise, de manque d'intérêt pour le travail, voire d'immaturité* »(2). Pourtant, contrairement aux idées reçues, certains spécialistes s'accordent à dire que beaucoup attendent la toute dernière extrémité avant d'avoir recours à l'arrêt de travail. Par peur d'être mal vus ou de surcharger ceux qui restent. En effet, l'absentéisme engendre... l'absentéisme, soit une désorganisation et des coûts indirects liés au remplacement du salarié ou imputés à des retards de productivité.

2 – Vers la rupture ?

Mal-être, stress montant, désengagement et perte d'implication laissent présager une volatilité du marché de l'emploi, et des mouvements importants d'une entreprise à une autre. Plutôt que de subir, certains préfèrent agir et n'hésitent plus à franchir le pas. Il s'agit, qui plus est, souvent des meilleurs éléments qui n'ont pas de mal à aller se revendre ailleurs. De plus en plus de salariés s'investissent dans un laps de temps de plus en plus court, dans une logique de donnant-donnant ou de gagnant-gagnant.

C'est ainsi que de nouveaux comportements apparaissent, comme le départ du salarié avant la fin de sa période d'essai, soit pour une offre plus intéressante, soit parce qu'il estime avoir été lésé, tant sur le travail exercé que sur les valeurs ou sur l'ambiance promises. Une rupture qui peut coûter cher à l'entreprise.

■ *Un turnover non maîtrisé*

Un turnover sain varie en fonction des domaines d'activité de l'entreprise. Pour Marie-Cécile Dabadie, il faut du sang neuf, des

(1) Sylvie Vernier, *op. cit.*
(2) Dominique Dessors, psychodynamicienne du travail, dossier santé et travail, www.mutualite.fr

visions nouvelles sinon l'entreprise court le risque de se figer. Un turnover trop stable, ou trop faible, traditionnellement analysé comme un indicateur positif de gestion des ressources humaines, peut au contraire révéler des effets pervers, tels que des « démissions passives », une baisse d'investissement des salariés dans leur activité professionnelle, dus à un manque de mobilité, à un travail devenu trop routinier (1). L'entreprise a la responsabilité de faire bouger ses collaborateurs, de les former aux nouvelles technologies, de les faire changer de périmètre de temps en temps ; bref, d'être à l'origine du mouvement, quitte à le forcer quelquefois, plutôt que de le constater (ou de le souhaiter) de manière passive.

Le nombre de démissions inscrites dans les chiffres du turnover est en effet le premier signe de rupture entre l'entreprise et ses collaborateurs. Un indicateur précieux pour suivre l'investissement croissant ou décroissant des nouveaux embauchés ou des plus anciens. Le turnover à la SNCF est de 9 % environ, ce qui représente à peu près 30 démissions par an, précise Jérôme Bernard qui recrute 300 jeunes cadres par an et reçoit 40 000 candidatures spontanées dans l'année. Le nombre de démissions à la SNCF est certes insignifiant, mais indique, malgré tout, une évolution des mentalités. Avant on entrait dans une entreprise de service public à vie, la question d'en partir ne se posait pas. Les rares salariés démissionnaires sont donc reçus en entretien par les ressources humaines qui souhaitent, par là même, comprendre et analyser les raisons de la démission. « *Même si notre taux de démission est faible, cela ne nous empêche pas de nous soucier du bien-être de nos salariés et de répondre aux attentes des jeunes qui entrent dans notre entreprise* », complète le responsable de l'intégration des jeunes cadres au sein de la direction déléguée des cadres et de l'institut du management de la SNCF.

Cette entreprise embauche 17 000 personnes chaque année et pourtant 15 000 salariés partent l'année suivante de leur plein gré. Pourquoi ? Pour une question de salaire, une mauvaise orientation professionnelle (beaucoup ne souhaitent pas être en contact avec le client), ou encore parce qu'ils ont trouvé mieux ou plus proche de leur domicile. Certains métiers sont malgré tout liés à la loi du plus offrant, comme ceux des commerciaux et des traders. Le turnover pour exemple est souvent important à la direction des marchés avec une population jeune et qui travaille sur du très court terme.

(1) *Cf.* page 63 : « Les signes avant-coureurs : un investissement moindre dans le travail ».

On observe également de nombreux départs après une fusion ou une OPA. Un changement de culture et de valeur peut porter préjudice à l'entreprise. En conséquence, certaines réactions sont à la mesure de la déception : explosion du taux de démissions, départ chez les concurrents, malaise social... Ce groupe qui grandit trop vite en a fait l'expérience avant de rétablir son lien social et sa culture fondatrice. Après 35 ans de stabilité, ses valeurs intrasèques, forgées d'un mélange de solidarité et de confrontation, étaient menacées par une nouvelle organisation centralisée, tournée davantage sur les résultats que sur l'humain, des mouvements internes d'importance et l'arrivée des 35 heures.

Selon différentes études dont celles de la Cegos (1) en février 2004, « *l'estimation du coût de remplacement direct d'un collaborateur varie, selon son degré de compétence et sa place dans la hiérarchie, de six à trente-six mois de salaire. Les coûts directs comprennent les frais de personnel, les coûts de formation et d'intégration. Les coûts indirects correspondent aux effets induits souvent non mesurables comme la baisse de la productivité, la perte du savoir-faire ou encore le passage à la concurrence* ».

■ *La consommation de l'emploi* (2)

« *Ce poste me permet de me constituer une carte de visite pour mieux me revendre rapidement ailleurs* », exprime librement ce salarié d'une trentaine d'années. Les collaborateurs ne sont plus dévoués corps et âme à leur employeur, même dans une conjoncture économique difficile. Les sociétés sont obligées de construire et structurer la relation avec leur cadre, dans un laps de temps relativement court : une moyenne de trois ans à cinq ans. On estime aujourd'hui qu'un cadre se projette rarement au-delà de cette période, ce qui est très peu pour récolter les fruits des investissements de l'entreprise, met en garde Sophie Marquaire. Pascal Moisy observe cette même tendance. Les carrières sont de moins en moins linéaires, elles se construisent sur une succession de missions, voire de contrats. Côté salarié, cela nécessite de cultiver sa capacité d'adaptation en permanence pour rester dans la course. Côté entreprise, il s'agit d'avoir une approche plus globale et plus large de tous les critères qui font qu'un salarié est motivé.

Richard Sennett sociologue de l'université de New York estime « *qu'un jeune Américain qui entre aujourd'hui sur le marché du travail changera onze fois de job dans sa vie* ». En France, on n'en est pas si loin.

(1) « Recruter, intégrer, fidéliser selon Bernard Julhiet Group », 18 novembre 2004, www.indicerh.net
(2) Voir chapitre III : « Quels salariés et quelles motivations ? »

L'emploi a tendance à se découper désormais en contrats à durée déterminée et à temps partiel (1). Une forme de travail qui n'est pas toujours subie mais aussi choisie, à l'instar de ce jeune cadre qui cumule les contrats à durée déterminée dans son entreprise. Pourtant, cette dernière lui a proposé à plusieurs reprises un emploi à durée indéterminée avec plus de responsabilité à la clé. Il refuse à chaque fois : « *je veux profiter de mon temps libre entre deux missions, je n'ai pas envie de changer de région, je ne souhaite pas prendre plus de responsabilité et le stress qui va avec...* ». Les plus expérimentés se tournent vers d'autres formes de travail, temporaire, groupement d'employeurs et portage salarial. Ces solutions intermédiaires entre le salariat classique et l'indépendance leur permettent de goûter à la liberté et bien souvent de la garder.

Mobilité calculée, provoquée ou instabilité ? Si, au début des années 1980, changer trois fois d'employeur en dix ans portait préjudice aux candidats, aujourd'hui la tendance s'inverse, si un collaborateur reste trop longtemps dans la même société ou dans la même fonction, il risque d'être taxé d'immobilisme. Il doit savoir répondre aux questions : et dans cinq ans, dix ans où vous voyez-vous ? De même on pardonnera facilement à un individu d'avoir déposé le bilan de son entreprise, car il aura tenté l'expérience.

Les salariés doivent montrer qu'ils savent prendre des risques, se remettre en question et prouver leur employabilité. Cette attitude met en relief la question de la fidélisation du collaborateur et de son degré d'engagement envers l'entreprise. Les sociétés ont conscience du changement de comportement de leur salarié, mais elles ne se sont pas encore totalement penchées sur le problème. Une situation, il est vrai, atténuée par une conjoncture économique favorable à l'employeur. Mais le danger idéologique subsiste, en cas de problème majeur, que le cadre intermédiaire risque de ne plus se placer aux côtés du patronat.

■ *Quand l'interne influence l'image externe*

L'image d'une entreprise dépend d'innombrables facteurs internes et externes, l'opinion et le ressenti du collaborateur en sont une des illustrations. Car, au-delà des crises médiatiques qui touchent régulièrement les plus grands groupes, les événements internes influencent pareillement l'opinion publique même dans une moindre proportion. Si construire et asseoir une renommée, des valeurs crédibles, demande

(1) Eric Le Boucher, « Le capitalisme mourra-t-il de la baisse tendancielle du taux de motivation ? » *Le Monde*, « *Chronique de l'économie* », 16 janvier 2005.

des années d'efforts et de stabilité, il suffit d'une poignée de secondes pour changer une réputation. En Auvergne, les Fromageries des Chaumes possèdent un site dont la réputation locale laissait à désirer. « *Nous l'avons fait évoluer mais nous sommes passés par des phases difficiles* », explique François Raffarin. Depuis, la situation s'améliore mais l'entreprise est obligée de dépenser une énergie considérable pour restaurer une image en grande partie imméritée.

Et pourtant, lorsqu'on examine les dépenses moyennes d'une entreprise pour sa communication interne, elles se situent très en dessous des budgets consacrés aux relations publiques, aux encarts et aux films publicitaires, aux présentations chiffrées destinées aux actionnaires... Les sommes investies en matière de communication externe et institutionnelle par les plus gros annonceurs se montent entre 30 et 297 millions d'euros (1), celles consacrées à l'interne se situent en moyenne autour de 457 000 euros (2). La comparaison est sans mesure même si les médias externes, comme le passage de films ou de campagnes d'affichage, représentent un investissement considérable au regard du coût des supports internes.

Et pourtant on sait aujourd'hui que le salarié influence positivement ou négativement l'image externe de son entreprise. Lorsqu'il la quitte, il est non seulement susceptible d'emporter avec lui des représentations mentales mais aussi d'en parler autour de lui. « *Il va continuer à citer l'entreprise dans les mêmes termes, à véhiculer cette image tout au long de sa vie professionnelle même si cela ne correspond pas à la réalité de l'entreprise* », intervient Sophie Marquaire. Combien de fois entendons-nous dans les lieux publics, les soirées, dans notre entourage, parler des firmes plus ou moins connues, en mauvais termes ? L'histoire montre également qu'un salarié mécontent aura tendance à parler cinq fois plus de son entreprise qu'un salarié satisfait. On relate plus souvent ce qui nous dérange que ce qui nous plaît. Et lorsque certains collaborateurs s'adressent directement aux clients, ils sont susceptibles d'influencer et l'acte d'achat et l'image de l'entreprise. Dans ce magasin en rupture de stock, les vendeurs expliquent aux clients qu'il y a moins de choix parce que les usines sont en grève depuis trois semaines et la situation n'est pas près de s'arranger, car la direction les exploitent... Dans cette boutique, cette vendeuse parle de son chef désobligeant, de ses horaires trop lourds, de ses conditions de travail qui se dégradent... « *Pour avoir des clients satis-*

(1) Les 100 premiers annonceurs en 2004, www.strategies.fr

(2) Philippe Détrie et Catherine Broyer, *La communication interne au service du management*, Éditions Liaisons, janvier 2001.

faits, il faut que les collaborateurs soient satisfaits », analyse Bernard Flobert, PDG de la société Phone House (1).

Il arrive aussi, de plus en plus souvent, qu'en dehors des délégués et des comités d'entreprises, certains salariés s'adressent en direct à l'AFP ou à d'autres organes de presse. Les grèves ou les manifestations sur la voie publique incitent également les médias à relayer ce type d'événements. Cette entreprise mondialement connue fait rêver beaucoup de Français. Mais lorsque les salariés commencent à s'exprimer dans les médias sur les conditions de travail et l'ambiance délétère régnante, les regards extérieurs commencent à changer. Dans le même esprit, les licenciements massifs cités par les médias n'ont pas bonne presse auprès de la population. Les auréoles ont alors tendance à perdre de leur éclat mais aussi à jouer sur les intentions d'achat. Ce mouvement va dans le même sens que celui du développement durable, pourquoi préserver l'environnement si l'entreprise n'est pas capable de préserver ses salariés ? Beaucoup préfèrent dans ce cas, lorsqu'ils en ont les moyens, acheter d'autres produits ou d'autres prestations, à commencer par les salariés qui sont aussi, ne l'oublions pas, les premiers clients de l'entreprise. Dans cette société commerciale, les collaborateurs achètent leurs produits sur leur lieu de travail et n'hésitent pas à les recommander à leur entourage. En revanche, ils avouent qu'une fois partis, ils changent leur habitude de consommation.

Les groupes d'opinion ont également une influence grandissante sur l'opinion publique. Les *tech-fluentials* (2) conjuguent toutes les technologies médias pour connaître et faire connaître leur ressenti. Ils sont capables « *d'influencer le choix de leurs concitoyens... de connecter la sphère de leur travail à leur vie personnelle... produisent des informations qu'ils transmettent ensuite sur les produits, les marques et les entreprises* ». Leurs outils favoris ? Les sites Internet, les blog et les *chats.* 81 % d'entre eux échangent également, par téléphone, des informations sur différentes entreprises.

L'ensemble de ces éléments joue non seulement sur les bénéfices des sociétés et la perte potentielle de clients, mais aussi sur leur potentiel de séduction auprès de leurs futurs collaborateurs. L'enquête réalisée en mars 2005 par le cabinet Guillaume Tell (3) révèle que les entreprises les moins attirantes sont jugées notamment en fonction de leur bonne

(1) www.lemagchallenges.nouvelobs.com, mars 2005.
(2) Myriam de Chassey, « Burson Marsteller traque les tech-fluencers », www.categorynet.com, 26 juillet 2005.
(3) Laetitia Bardoul « Le conseil en NTIC en perte d'attractivité ? » *JDN Solutions*, 22 mars 2005.

ou mauvaise réputation RH. Par ailleurs, il faut également prendre en considération un marché de l'emploi qui, malgré un taux de chômage élevé, est confronté à des tensions et connaît des milliers de postes encore vacants. L'Unedic (1) révèle en avril 2005 que « *près de la moitié des emplois peinait à se réaliser* ». Selon les sources (2), les services aux entreprises, l'immobilier, la santé et l'action sociale, l'hôtellerie et la restauration, le commerce, le BTP, les banques et les assurances font partie des principaux secteurs d'activités qui ont du mal à recruter en France. Difficile, également, de ne pas établir de corrélation avec les secteurs les plus touchés par les départs à la retraite dans les années à venir.

La question de la motivation et de la fidélisation devrait donc prendre toute son ampleur d'ici à 2010, surtout dans un contexte où le marché de l'emploi risque de se révéler cette fois plus favorable au salarié qu'à l'entreprise. Pour y parvenir, cette dernière devra non seulement séduire les nouveaux entrants mais aussi apprendre à les connaître, à les comprendre pour mieux répondre à leurs besoins tout en ne laissant pas de côté ceux déjà en poste.

(1) Laetitia Bardoul, « Cherche cadres désespérément », *Courrier Cadres,* n° 1589, juin 2005.
(2) « Des secteurs qui ont du mal à recruter », *Le Figaro Entreprises,* 16 juin 2005, « Wanted Bac+2 », www.keljob.com ; « Cherche cadres désespérément », *Courrier Cadres,* n° 1589, juin 2005.

Chapitre III

QUELS SALARIÉS ET QUELLES MOTIVATIONS ?

« C'est le travail qui donne de la valeur à toutes les choses qui n'existent pas en dehors de lui. »
Al-Tahtawi, Rifa'a Rafi (1801-1875)

I. Et si l'entreprise idéale existait ?

Difficile de parler de motivation sans s'intéresser de plus près aux aspirations des salariés, à leurs envies, à la valeur qu'ils accordent au travail et à leur employeur. Car pour répondre aux attentes, il est avant tout nécessaire de les connaître, de comprendre pourquoi les individus quittent leurs sociétés et de corriger les erreurs du passé.

Bon nombre de collaborateurs s'interrogent, remettent en question l'entreprise et son environnement. Ils n'hésitent plus à partir pour un salaire plus intéressant, pour progresser dans leur carrière, pour faire une pause, ou encore pour de meilleures conditions de travail. Ce choix est aussi conditionné par les expériences précédentes. Une personne en manque de reconnaissance privilégiera une offre avec une meilleure rétribution, des avantages sociaux variés, un statut social reconnu. Une autre, ne supportant plus une mauvaise ambiance, cherchera une entreprise plus conviviale, à taille humaine, proche de ses collaborateurs.

Si beaucoup aspirent à « décrocher », c'est d'abord et avant tout au regard d'une remise en question de l'intérêt, des conditions et de la qualité de vie professionnelle. Les attentes diffèrent selon le métier exercé, les envies des individus, leur mobilité, leur personnalité, leurs expériences. Managers, jeunes diplômés, seniors, ne se positionnent donc pas toujours de la même manière au sein de l'entreprise ; leurs souhaits ne convergent pas à chaque fois, mais tous tendent, à l'évidence, à se rapprocher d'un idéal, en conjuguant un ou plusieurs facteurs de mieux être au travail. En cherchant à définir cette entreprise idéale, l'entreprise où il fait bon vivre, ces salariés apportent un éclairage complémentaire sur ce qui, demain, les fera peut être rester quelques années de plus chez le même employeur.

1 – Les valeurs au travail

■ *Qu'est ce qui donne sa valeur au travail* (1) ?

	Ensemble des Français en %	**Ensemble des actifs en %**
Sa rémunération	46	46
Son utilité pour la société dans son ensemble	34	32
La considération que les clients ou les usagers lui portent	30	34
L'ambiance qui l'entoure	29	29
Les considérations que l'entreprise lui porte	22	21
L'exercice des responsabilités qu'il implique	22	20
La qualité de la formation qu'il requiert	20	20
Le temps que l'on y consacre	14	15
Ce qu'il apporte à l'entreprise sur le plan financier	9	13

Total supérieur à 100, les interviewés ayant pu donner plusieurs réponses. Les « ne se prononcent pas » ont été négligés.

Le sondage Enjeux-Les Échos/CSA, réalisé en mars 2005 auprès d'un échantillon représentatif de 954 Français, montre le besoin prioritaire des salariés d'une considération et d'une reconnaissance au travail. S'il sert d'abord pour les sondés à « *garantir des moyens d'existence* », il évoque, aussi, une faculté à « *s'épanouir, à se réaliser personnellement* »,

(1) Sondage Enjeux-Les Échos/CSA, mars 2005.

« *à s'insérer, à avoir une place dans la société* », « *à contribuer à une aventure, à un projet collectif* ».

Par ailleurs, 74 % des collaborateurs (les cadres, les employés des petites entreprises en majorité) se disent attachés à leur société (1). Ce lien traduit ici la prise en compte de la définition première de l'entreprise, à savoir un lieu au sein duquel le travail s'exerce, un lieu social, de rencontre et d'échanges. Un ressenti d'autant plus important que la société se déstructure, que les rapports entre la famille et la religion se fragilisent. La valeur travail se porte donc bien et il y a gros à parier qu'elle continuera ainsi pendant de nombreuses années. En revanche, lorsqu'on interroge les salariés sur leur relation avec leur entreprise, le constat change de registre. Le bien-être et l'implication au travail dépendent, en effet, d'un ensemble de facteurs qui varient en fonction de la reconnaissance de l'employeur et de l'environnement immédiat du collaborateur. Une reconnaissance liée à l'expérience, aux compétences, aux réalisations individuelles et collectives ; un environnement dépendant de l'ambiance, de l'autonomie, des relations avec le supérieur hiérarchique, (2) mais aussi de la charge de travail, du climat social, voire de l'aménagement des locaux (3).

Les relations entre les salariés et leurs employeurs se complexifient et résultent de la façon dont ces derniers appréhendent et répondent aux besoins exprimés par chacune de ses populations. Car à salaire et à domaine d'activité équivalents, quel intérêt a-t-on à s'investir dans une société plutôt qu'une autre ?

Les sondages et les baromètres se multiplient pour mesurer la relation à l'entreprise, la qualité et la convivialité au travail. Ils observent de près et notent les groupes et les sociétés sur leurs aptitudes à valoriser et à reconnaître leurs collaborateurs. C'est l'exercice auquel se livre *Le Journal du Management* lorsqu'il établit un palmarès des entreprises « *où il fait bon vivre* » (4). Construit à partir des réponses de près de 5000 internautes, ces deniers choisissent, soit de citer spontanément le nom de leur entreprise, soit d'en sélectionner une à partir d'une liste préformatée. Des notes entre 0 et 5 sont attribuées à cinq domaines influant sur le bien-être au travail : la rémunération, le temps de travail,

(1) Sondage IFOP-Ethic/CSOEC, septembre 2004.
(2) Baromètre Accor Services sur le bien-être et le degré d'implication des salariés au travail réalisé en juillet 2004 auprès d'un échantillon de 1200 salariés français.
(3) Sondage IFOP-Ethic/CSOEC, septembre 2004.
(4) « Les 100 entreprises où il fait bon vivre », www.management.journaldunet.com

la gestion des ressources humaines, les conditions de travail et le management.

■ *Les résultats du palmarès 2004*

• Avec un score de 3,71 points, Cisco Systems emporte la palme de la meilleure politique de rémunération pour le niveau de ses salaires et son dispositif d'épargne salariale. Le secteur high-tech prend les meilleures places du critère « couverture sociale, mutuelle ». Pour *Le Journal du Management*, « *les filiales françaises bénéficient ici de la culture des groupes américains, habitués à mettre ce critère en avant dans leur gestion des ressources humaines aux États-Unis* ».

• Europ Assistance obtient la meilleure note pour sa gestion du temps de travail avec une moyenne de 3,69. Les critères salués : la durée du travail, le dispositif RTT/35 heures et l'aménagement du travail.

• Microsoft prend la tête du palmarès de la gestion des ressources humaines. Une note moyenne de 3,49 lui est attribuée, notamment pour les responsabilités données aux salariés, la formation, les œuvres sociales et la qualité des recrutements. Le groupe obtient également une note de 3,84 et le premier prix au classement des entreprises reconnues pour leurs qualités managériales. Ses points forts : le comité de direction et la direction générale, la direction de la communication, de l'informatique, la vision stratégique et la performance globale du management.

• PricewaterhouseCoopers est saluée pour ses conditions de travail. Elle obtient une moyenne de 3,86 points grâce à la qualité de l'ambiance dans l'entreprise, et au matériel mis à la disposition de ses collaborateurs.

Ce palmarès illustre bien le rôle de la politique RH sur le bien-être et la qualité de vie dans le milieu professionnel, et l'intérêt des entreprises à communiquer sur ces valeurs dont l'importance grandit aux yeux des collaborateurs. Leur motivation dépend du cadre professionnel caractérisé à la fois par l'ambiance, les relations et l'espace de travail, le bruit, l'aménagement des bureaux, la qualité de l'éclairage ; mais aussi de l'image de l'entreprise, des qualités requises pour y réussir, de son fonctionnement global. Chaque détail compte (langage, code déontologique, culture, symboles) et représente autant d'éléments constitutifs d'un processus d'identification par lequel les individus se retrouvent dans l'entreprise et y ajustent leur comportement. La convivialité prend également une part croissante dans l'entreprise où il fait bon vivre. Une convivialité qui se traduit pour les sociologues Christian Baudelot et

Michel Gollac (1) par le contact, la rencontre, les échanges, la relation à l'autre, que ce soit au bureau ou à l'usine... à commencer par un simple bonjour le matin. Une convivialité dont les premières clés sont détenues par les managers.

2 – À vos souhaits... (2)

Lorsqu'on interroge les salariés actifs sur leur entreprise idéale, ils ont une tendance naturelle à se référer à leur situation actuelle, à faire monter en puissance ce qui leur manque et ce qui pourrait être amélioré. La plupart du temps, leurs souhaits ne semblent jamais utopiques, ni surréalistes, au contraire, ils se rejoignent autour de l'exemplarité des comportements, de l'humain, de la collectivité, de la responsabilité, des échanges, du développement des hommes et des résultats.

■ *Idéal n° 1 : un manager exemplaire*

Un homme ou une femme de terrain, charismatique, qui entraîne ses troupes avec lui en les faisant participer aux décisions. Une rencontre, avant tout, avec une personne qui, préalablement au produit et à la stratégie, parle d'équipe. Un manager disponible, à l'écoute, qui accorde du temps pour chacun, va vers les autres. Un individu qui comprend chaque membre de son équipe, qui prend les initiatives appropriées, qui explique, fédère et fait progresser les rapports humains. Une personne qui sait reconnaître le travail de chacun, féliciter ses collaborateurs et les soutenir en cas de crise. Des réunions sans « blabla », avec un ordre du jour, un temps de parole pour chacun, un compte rendu, des résultats.

■ *Idéal n° 2 : la construction de liens durables*

Un modèle où les guerres de pouvoir et l'individualisme n'ont pas de place, où la fusion de personnalités riches, impliquées et responsables est liée par un pari commun : celui de développer l'entreprise. Un lieu où le « flicage » et la surveillance rapprochée n'existent pas. Des visites de service, d'usine, d'entreprise, de pays, organisées pour tous. Une intégration facilitée, des rencontres avec chaque acteur de l'entreprise.

---

(1) Christian Baudelot et Michel Gollac, *Travailler pour être heureux*, Fayard, 2003.

(2) Témoignages issus de rencontres autour de tables rondes et de discussions individuelles formelles et informelles qui répondent à la question : que représente pour vous l'entreprise idéale ?

Une entreprise où l'on se parle, on échange, on se connaît. Une vision à long terme, des projets partagés et non pas la société « kleenex » qui jette après utilisation.

Une entreprise qui sait faire participer et intéresser son personnel aux réussites et pas seulement à court terme. Elle prend en compte les avis, elle informe régulièrement. Une société réactive, transparente et sans tabou, où chacun investit temps, argent et obtient en retour, directement, les bénéfices liés à son travail, à son implication et à sa prise de risque. Des horaires à la carte, qui permettent à chacun de travailler à son rythme lorsque les résultats comptent plus que le temps de présence. Un engagement moral donnant/donnant, gagnant/gagnant ou perdant/perdant, selon les cas, qui permette à chacun de tirer les conclusions qui s'imposent et d'agir en conséquence.

■ *Idéal n° 3 : une organisation apprenante*

Une communication qui permet de mieux comprendre l'entreprise, son fonctionnement, ses mutations humaines et technologiques, sa stratégie, ses succès, ses échecs, ses clients, ses métiers. Une information qui apporte une valeur ajoutée par rapport à la concurrence et développe les savoir-faire.

Des cours réalisés par des salariés sur leur métier pour professionnaliser et faire progresser les autres. Des salariés qui s'investissent sur un projet ponctuel en fonction de leurs compétences, de leurs disponibilités et de leurs envies. Tous se mobilisent pour faire le point, analyser les échecs, partager les idées nouvelles, exprimer leurs besoins en termes de formation ou d'expérience professionnelle. Les plus expérimentés aident et forment les autres. Les plus jeunes enseignent les nouvelles techniques, apportent leur dynamisme et insufflent « l'air du temps » pour que l'entreprise reste dans la course.

■ *Idéal n° 4 : un lieu de vie*

Une entreprise qui offre du plaisir à travailler, un site dynamique et vivant, accessible à pied ou en vélo avec un temps de transport réduit. Des espaces réservés aux salariés, agréables modernes et propres : fontaines à eaux, aires de repos, machines à café... Des locaux entourés de verdure ou d'espaces verts, des puits de lumière, de la climatisation l'été, du chauffage en hiver. Des bureaux individuels aux portes ouvertes à tous. Des ascenseurs jamais en panne.

Une entreprise qui facilite la vie du salarié et lui permet d'être efficace, opérationnel et présent « mentalement aussi » sur son lieu de travail. Des ordinateurs qui ne plantent pas, rapides, silencieux, un mobilier identique pour tous, des machines ergonomiques qui évitent la pénibilité des tâches.

Un groupe qui fait du bien, dedans et dehors.

II. DES MANAGERS EN LIGNE DE MIRE

Le manager se place dans la ligne de mire du changement. Il l'influence en positif ou en négatif en fonction de sa compréhension, de son ressenti et de son comportement. Motivé, il mobilise ses troupes sur les voies de l'engagement, de l'accomplissement et de la performance. Passif, il contrôle et coordonne sans vision. Découragé, il entraîne avec lui ses collaborateurs dans un pessimisme ambiant. Nommé pour son expertise et son expérience spécifique, il doit à la fois montrer des capacités d'assertivité et d'écoute, gérer le quotidien et anticiper l'avenir. Des cordes multifacettes pour un cadre qui doit également ajouter le facteur temps à son arc. Qu'est-ce qui fait courir les managers ? L'appât du gain ? Les stock-options ? Le goût du pouvoir, de la réussite sociale ? Pas toujours. La tendance est aussi à l'équilibre de vie, à la paix des ménages, à la transmission de valeurs saines aux générations futures. La zen attitude... D'autres questions émergent. Pour Laurent Samson, les managers qui arrivent à mobiliser les salariés sont-ils systématiquement de bons communicants ? Et si oui, comment le sont-ils devenus ? Une évidence, pour mobiliser ses troupes, le manager devra, avant tout, être lui-même motivé, à lui et à l'entreprise de trouver les facteurs déclenchants.

1 – Une situation paradoxale

Paul Bouffartigue (1) explique que, dans les années 1950, les cadres « *représentaient moins de 5 % des salariés et étaient surtout chargés de diriger le travail des exécutants... ils ne comptaient pas leurs heures, mais leur charge de travail était régulière* ». À présent, il existe moins de niveaux hiérarchiques, mais les progressions à la force du poignet, au mérite, à l'ancienneté, tendent à s'effacer. « *Entré au Crédit Lyonnais en 1965, après deux ans de droit, j'ai exercé des métiers très différents, jusqu'à*

(1) « Des cadres de plus en plus stressés », *Capital*, 1er août 2005, p. 61.

diriger un groupe d'agences représentant 300 personnes. Aujourd'hui, une telle évolution serait sans doute plus difficile sans diplôme d'études supérieures », développe ce retraité (1). Les carrières ne sont plus toutes tracées, les évolutions ne s'effectuent plus selon les mêmes paliers. On passe moins facilement d'un statut de technicien à celui de manager d'équipe. Laborieux aussi dans certaines sociétés d'obtenir le statut de cadre sans au moins un bac + 5. Certaines entreprises font encore exception à la règle. « *Chez Lactalis, il est possible de manager avec un BEP car les postes sont proposés aux collaborateurs qui développent les meilleures aptitudes d'animation et de leadership, pas aux plus beaux diplômes* », explique Patrick Van Honacker, Directeur Emploi Formation.

Plus responsables, plus autonomes, les managers sont aussi plus stressés. Amenés à voyager plus souvent hors de l'entreprise, ils développent activités et produits partout dans le monde. Souvent entre deux avions, ils sont aussi moins disponibles pour leurs troupes. Mais, paradoxalement, ils doivent consacrer plus de temps à leurs équipes pour « *les aider à décoder et à utiliser les informations qu'ils reçoivent. Des informations qui, il y a trente ans, étaient le privilège du dirigeant* » (2). Polyvalents, certains croulent sous des tâches tout aussi prioritaires les unes que les autres. « *Je suis à la fois coach d'équipe et animateur, gestionnaire de smicards, généraliste, super RH et monsieur logistique, mais aussi homme à tout faire y compris le secrétariat, les peintures et sortir les poubelles !* », lâche ce manager d'une filiale de 200 salariés. « *C'est toujours la priorité des priorités ! Tout le monde est responsable mais personne ne l'est vraiment. Impossible d'approfondir dans ces conditions le management* », renchérit cette femme. Et dans une logique de résultat à très court terme, le quotidien devient privilégié. Résultat : information, communication, écoute, partage, recherche de nouvelles solutions, prise de recul... passent souvent à la trappe.

À cela, s'ajoute un nombre croissant d'individus dotés d'un bureau virtuel leur permettant de rester en contact 24 heures sur 24 avec l'entreprise. La rédaction de *Cadre Emploi* (3) met en effet ces salariés en garde face à l'utilisation des NTIC à domicile. Car, avec les 35 heures, le danger pour un cadre au forfait est de n'en faire jamais assez ou jamais trop. « *La plupart des travailleurs forcenés culpabilisent et sont persuadés qu'ils sont trop lents, trop mal organisés. Ils cachent soigneusement leurs*

(1) Vincent de Longueville, « Cinq métiers vus par deux générations », *Enjeux*, avril 2005.
(2) Libie Cousteau, « Je voyage beaucoup plus que ne le faisait mon père », *Enjeux*, avril 2005.
(3) « Gare au faux télétravail », août 2005, www.cadremploi.fr

horaires de folie à leurs collègues ou leurs supérieurs, en leur laissant croire qu'ils se débrouillent parfaitement dans un temps raisonnable. »

Si certains se déplacent davantage, d'autres en revanche se sentent isolés, *a fortiori* lorsqu'ils font partie d'une filiale. Les contacts avec le Siège et la maison mère se raréfient, les réunions métiers aussi. La logique étant à la rationalisation des coûts et des déplacements. Les process font loi, et la relation passe avant tout par la ligne électronique. « *Nous avons de moins en moins d'échanges, ou alors froids et impersonnels, le mail a tué la communication orale, il faut un écrit, une preuve, tout le monde cherche à se couvrir...* », reproche ce manager. « *Nous sommes dans une logique individuelle qui nous met en concurrence avec les autres* », ajoute ce directeur commercial. Difficile, dans ces conditions, de développer les bonnes pratiques et d'enrichir les savoir-faire.

Par ailleurs, la crédibilité du manager face à ses équipes dépend pour beaucoup de son pouvoir de décision et de l'efficience de la communication qu'il reçoit, ou qu'il ne reçoit pas. Une des critiques formulées concerne le recrutement des collaborateurs. Certains constatent un manque d'implication dans la construction de leurs équipes, et n'ont pas le sentiment d'être leur propre patron dans leur établissement, vampirisés par un Siège trop directif : « *nous sommes responsables de tout sans levier d'action. Je suis le patron pour rendre des comptes et l'employé pour prendre des décisions...* ».

En fonction de la communication qui lui est destinée, le manager sera à même de donner une vision plus ou moins réactive, proche, pertinente de l'entreprise et de sa stratégie. Encore faut-il qu'il en devienne le destinataire prioritaire. Certains n'obtiennent en effet quasiment aucune information en direct, ne sont jamais invités aux conventions ni aux réunions internes : « *la stratégie, quelle stratégie ? Mon job c'est de développer les comptes de l'entreprise mais sans vision, ce qui me manque c'est une vision collective* ». Parfois, ce sont les contacts extérieurs, comme les fournisseurs, qui informent les managers sur l'actualité de leur entreprise. D'autres mettent l'accent sur le manque de réactivité de l'information qui arrive souvent trop tard : *« Une des choses qui me choque le plus, c'est d'apprendre par la presse ce qui se passe ici, comme la publication du chiffre d'affaire ! »*

Difficile alors de répondre aux questions des équipes, la motivation s'émousse, le métier perd de son charme. Beaucoup, enfin, ne voient aucune utilité dans la communication qu'ils reçoivent, caractérisée par un optimisme qui n'est alors plus de mise : « *on ne comprend pas le sens des décisions, on parle des succès jamais des échecs, l'entreprise est déficitaire, quelles actions envisagées pour la redresser ?* ». Et quand ce n'est pas le manque de communication qui fait défaut, c'est le trop-plein d'information qui agace, des tonnes de messages qui débouchent sur les micros, dans les boîtes aux lettres, dans les corbeilles internes, qu'il faut trier, digérer, et retransmettre (1). Résultat, par manque de temps, de moyens et de conviction, les réunions ne se font pas et beaucoup d'informations passent à la trappe, glissées sous une pile de dossiers prioritaires.

2 – À la recherche d'un équilibre

Les managers sont devenus des salariés comme les autres. Leurs avantages tendent à s'estomper pour une meilleure équité dans l'entreprise, la motivation change de cap. Le manager est moins malléable et moins enthousiaste, confirme François Boneu. L'embellie du marché de l'emploi avec la reprise économique qui a accompagné le changement de millénaire a changé la donne. Pour Laurent Samson, les DRH ont réalisé que leurs cadres piliers étaient prêts à quitter l'entreprise et à se vendre au plus offrant, ou à celui qui pourrait leur assurer une autre qualité de vie. L'optimisme et le dévouement des cadres ont d'ailleurs singulièrement chuté depuis qu'ils ont réalisé – dans les années 1990 – qu'ils faisaient aussi partie des « charrettes de licenciements ». Quelque chose s'est rompu dans le lien cadre/entreprise et pas uniquement dans la dimension symbolique.

Seuls, 55 % des cadres pensent rester longtemps dans l'entreprise (2). Mais joignent-il pour autant leur acte à la parole ? Deux courants s'opposent, ceux qui partent vers de meilleurs horizons, ceux qui restent tout en gardant un œil vigilant sur le marché de l'emploi. « *Et quand ils quittent leur entreprise, les salariés n'hésitent plus à demander une indemnité importante... Partir... oui mais pas sans rien* » (3).

Au regard de l'enquête Ipsos sur la « France des Cadres Actifs 2004 » (4), « *au cours de leur vie professionnelle, 88 % des cadres actifs déclarent avoir connu une mobilité professionnelle. Une mobilité qui se traduit par un changement de métier ou de secteur pour plus d'un cadre sur deux* ».

(1) Voir Chapitre I : « L'entreprise branchée », p. 26.
(2) « Baromètre social de l'observatoire Cegos réalisé auprès de 1090 cadres », *Newzy* n° 13, juin 2005, p. 12.
(3) Vincent de Longueville, « Les cadres sur le départ négocient toujours mieux », *Les Enjeux*, avril 2005, p. 34.
(4) « Mobilité professionnelle : les cadres se renseignent mais bougent peu », http ://www.finaxim.fr

On observe depuis 2002 une certaine stabilité dans les entreprises. Environ 80 % des cadres occupent leur poste actuel depuis plus de deux ans. 66 % d'entre eux souhaitent évoluer et changer d'orientation professionnelle dans leur entreprise, le désir d'apprentissage et d'amélioration des compétences n'y étant pas étranger. Toujours selon l'enquête Ipsos, « *un cadre actif sur dix envisage de suivre une formation longue durée dans les deux prochaines années, simultanément à son activité professionnelle ou en l'arrêtant momentanément* ». Cette motivation est très forte puisque plus de la moitié des cadres seraient d'accord pour la financer en partie. Le problème reste que, si les entreprises ne répondent pas à leur besoin de mobilité et de reconnaissance, les managers, lassés d'attendre, risquent de se tourner vers d'autres portes, grandes ouvertes, elles.

Les premiers à les accueillir sont les syndicats. Depuis les années 1980, on observe une montée du syndicalisme dans les entreprises françaises suite aux premiers licenciements massifs, aux fermetures d'établissements et au nombre de contentieux croissant. Les cadres ont rejoint le mouvement pour agir sur la politique RH de l'entreprise et notamment sur la rémunération, la stabilité des emplois et le droit social. Selon la Dares (1), un cadre sur sept est syndiqué y compris certains cadres supérieurs, soit un taux plus élevé que celui des employés. Et si le taux de syndicalisation des cadres en France reste le plus faible en Europe, il n'en progresse pas moins pour autant : « *la part des cadres enclins à accompagner un mouvement social dans l'entreprise est passée néanmoins, entre 2002 et 2003, de 40 à 55 %* » (2). Cette évolution traduit également une perte de confiance, une montée de l'indépendance des cadres et une inquiétude croissante face à l'avenir. Pour preuve, depuis les années 2000, l'ère du court terme est en marche et avec elle la montée progressive des emplois temporaires.

Intérim, portage salarial, contrat à durée déterminée, groupement d'employeurs, ces formes intermittentes de travail correspondent, pour certains, à un choix d'autonomie et de mobilité. Les sociétés de travail temporaire sont ainsi devenues des acteurs incontournables de l'emploi car elles possèdent une expertise pointue du marché du travail et des salariés. Sophie Marquaire met l'accent sur un marché des cadres en pleine expansion dans le secteur dynamique de l'intérim. Dans le même temps, les entreprises, elles aussi, ont modifié leur comportement et ont plus volontiers recours au travail temporaire. « *Elles en ont entendu*

(1) Rapport de la DARES, Franck Dedieu, *L'Expansion*, 1er juillet 2005, p. 148.
(2) Selon le baromètre annuel Epsy, *Le Journal du Management*, juin 2004.

parler par des collègues, puis elles l'ont testé et approuvé. Contrairement au cabinet de recrutement, l'agence de Travail Temporaire connaît bien son intérimaire puisqu'elle l'a fait travailler à plusieurs reprises », analyse la DRH de Creyf's. À cela il faut ajouter une prise de risque et un investissement moindres pour l'employeur qui peut ainsi, pendant un temps déterminé, obtenir une ressource clé supplémentaire, souvent rapidement opérationnelle.

Et si 30 000 managers français se sont tournés vers le travail temporaire, c'est qu'il représente pour eux certaines valeurs que le salariat classique ne peut plus leur accorder. Tous s'accordent à constater (1) : des offres plus intéressantes qu'en contrat à durée indéterminée, un niveau de responsabilité plus élevé, une rémunération supérieure, des secteurs d'activités divers et variés, des process de recrutement rapides, la possibilité de tester l'entreprise et notamment son ambiance de travail. Les managers intérimaires parlent aussi de « liberté retrouvée », de la possibilité de se concentrer sur leur savoir-faire sans être troublés par des querelles intestines ou encore d'une souplesse d'adaptation et d'une grande réactivité. Même si les cadres ne représentent pas plus de 1,5 % du marché de l'intérim, ils affichent, pour François Roux, délégué général du Syndicat des entreprises de travail temporaire, une progression de plus de 15 % par an. Gageons qu'avec la récente loi de modernisation sociale, ces missions à court et moyen terme devraient continuer à séduire un nombre grandissant de salariés et venir concurrencer les offres classiques des entreprises. Car lorsqu'un manager a repris son indépendance, il est souvent prêt à tout pour la garder !

L'argent ne fait plus le bonheur de tous les cadres. Il y contribue certes, mais pas au détriment d'une inflation du stress et des horaires. Les sacrifices des générations précédentes ont laissé des traces : carrières privilégiées par rapport à la famille, divorces qui se sont ensuivis, problème de santé, etc. Les managers ont pris du recul. Certains n'hésitent donc pas à refuser des salaires mirobolants pour privilégier l'intérêt du poste et l'ambiance de travail. Cet homme de 41 ans a en effet choisi de préserver son équilibre en refusant de changer son poste d'adjoint contre un poste de directeur commercial : « *tout se passe bien dans mon entreprise. Je vis dans un environnement sympa. J'aime ma qualité de vie. On sait ce qu'on quitte, mais on ne sait pas toujours ce qu'on gagne en*

(1) François-Xavier Beslu, « Cadres à durée déterminée », *L'Express*, 18 avril 2002.

changeant. Il n'y a pas que l'aspect financier et les titres ronflants dans une carrière » (1).

Le *middle management* ne transige plus sur les garanties offertes et demande très clairement « *ce que peut faire l'entreprise pour son développement personnel* » (2). Certains, y compris les cadres supérieurs, s'attardent sur le nombre de jours de RTT et les avantages sociaux proposés : escomptes sur les produits, voiture de fonction, restaurant d'entreprise, loisirs, mutuelle, etc. Leur engagement à court ou moyen terme implique, en échange, un retour immédiat sur investissement. Ils souhaitent du concret, du rapide, de l'immédiat, de la transparence et surtout pas de trop belles promesses d'avenir. Certaines entreprises font toutefois encore recette avec les offres qu'elles réservent à leurs cadres supérieurs dans le cadre d'un LBO (3) ou de stock-options. De quoi motiver les plus réfractaires ! Mais à trop vouloir « chouchouter » les uns, elles risquent, dans le même temps, de voir s'envoler les autres. Car si privilégier le bien-être au travail reste encore une valeur atypique chez les managers, elle risque de se développer rapidement dans les années à venir, notamment avec l'arrivée des jeunes et l'allongement de la vie professionnelle des seniors.

III. Le rapport des jeunes au travail

La génération de l'an 2000 a grandit avec la mutation culturelle du travail. Elle baigne déjà dans les nouvelles technologies et vit avec l'internationalisation des entreprises. Elle a aussi suivi les exemples des générations précédentes touchées par les crises économiques. Mieux informés que leurs aînés, les jeunes diplômés ont aussi su construire leurs réseaux et sont sensibles à l'image externe de leurs futurs employeurs. Ces derniers deviennent de plus en plus attentifs aux modes de représentations de leurs jeunes salariés. Selon les secteurs d'activités, les entreprises recrutent chaque année un nombre important de jeunes, des embauches qui représentent même pour certaines d'entre elles, comme Unilog, jusqu'à 80 % des arrivées. Or quelques-uns peinent à fidéliser leurs jeunes diplômés : mauvaise intégration, image vieillissante, manque de vision sur l'avenir, marge de

(1) Anne Kerloc'h, « J'ai refusé un poste en or », *Newzy*, septembre/octobre 2004, p. 46.
(2) *Idem.*
(3) Leveraged Buy-Out : terme générique s'appliquant à tout rachat d'entreprise avec un effet de levier bancaire.

progression réduite, manque d'écoute, etc. Les entreprises vont donc redoubler de vigilance pour éviter une recrudescence du turnover. Une des solutions consiste à porter la plus grande attention aux attentes des jeunes pour mieux les séduire. Qui sont-ils ? Qu'attendent-ils de l'entreprise ? Sont-ils aussi volages que la situation tend à le laisser paraître ? Car les attirer ne suffit plus, encore faut-il savoir, aussi, les garder.

1 – La perception des DRH

Les jeunes embauchés développent un nouveau rapport à l'entreprise, voire deviennent des « *consommateurs du social* ». La SNCF, pour mieux connaître ses jeunes cadres, s'appuie sur un certain nombre de travaux sociologiques et engage quantité d'études et de réflexions sur les nouveaux embauchés et le management dans le groupe. Mieux les connaître, pour composer avec leurs attentes ou anticiper leur réaction, constitue une des priorités des entreprises. Les acteurs de la RH ont développé leur propre regard sur cette population somme toute assez différente de la leur. Un regard sans complaisance, lucide, agacé parfois.

■ *Une relation contractuelle avec l'entreprise*

« *Convaincu que le monde de l'entreprise ne pensera pas à lui, un jeune préférera se tourner vers sa satisfaction personnelle et, s'il doit s'investir, ce sera d'abord sur lui-même... Il a l'image de l'entreprise qui, dans un contexte économique difficile, ne s'engage plus envers le salarié... Il ne compte plus sur elle pour mener sa carrière, son objectif sera de développer ses compétences en multipliant ses expériences, afin de se valoriser sur le marché du travail* » (1). Ce qui est dû est dû. Certains jeunes ne font pas d'heures supplémentaires, revendiquent tous leurs droits, et ne souhaitent pas que leur vie professionnelle interfère avec leur vie privée, analyse Laurent Samson. La relation est donc donnant/donnant. Pour Patrick Van Honacker, cette génération vit sur l'instant et ne développe pas toujours un projet professionnel. Elle y réfléchit, l'imagine, le construit et le valide une fois entrée dans la vie active. L'attachement à l'entreprise diminue, les jeunes adhèrent beaucoup moins aux politiques et restent très attachés à leur employabilité, confirme François Boneu.

Avant, quand on entrait dans une entreprise, on avait l'idée d'une perspective, doublée d'une certitude de progresser. Aujourd'hui ce n'est

(1) « Les jeunes et le monde de l'entreprise », 11 février 2005, www.egf.ccip.fr

plus le cas. L'histoire a montré qu'il était devenu impossible de faire confiance à l'avenir. Même si l'entreprise est sincère, rien n'assure au salarié qu'elle ne sera pas rachetée, absorbée et démantelée contre son gré. Les jeunes n'hésitent donc plus à quitter leur employeur si ce dernier n'offre pas les garanties attendues, ou si le poste ne leur convient pas. Les rapports au temps ont changé, on trouve un travail pour se payer un achat immédiat et après on le laisse.

Selon Pascal Moisy, le temps où l'on entrait dans une entreprise pour y faire toute sa carrière est bien révolu. La confiance en l'entreprise capable d'assurer une relation de long terme avec ses salariés s'est érodée. Le risque, c'est que les jeunes d'aujourd'hui aient tendance, sur le marché de l'emploi, à « faire leur marché », à choisir l'entreprise qui présente, à l'instant « t », le meilleur compromis poste/perspectives d'évolution/salaire... quitte à en changer sans état d'âme si une meilleure opportunité se présente ailleurs.

■ *Des professionnels exigeants*

La recherche d'un équilibre entre vie privée et vie professionnelle est prédominante. Ces jeunes sont très différents de leurs aînés, ils ne veulent plus faire de sacrifices. À l'exemple de ce chantier pour lequel les entreprises avaient prévu d'embaucher de 800 à 900 jeunes. L'image prestigieuse et la possibilité d'apprendre un métier ont, au départ, entraîné des milliers de candidatures, mais elles se sont régulées d'elles-mêmes face aux conditions de travail proposées. Les candidats ont fui devant des amplitudes horaires trop importantes, des conditions climatiques difficiles (travailler sous la pluie pas question), une localisation géographique jugée trop éloignée du domicile.

Pour Jérôme Bernard, les jeunes placent leur vie privée au cœur de leur priorité, quitte à s'accorder des périodes sans responsabilité. Ils ont besoin de donner du sens à leur travail, d'être mis à l'épreuve, d'être évalués, reconnus. Ils souhaitent qu'on leur laisse prendre des initiatives, qu'on leur donne la possibilité d'être créatifs.

Au-delà de la rémunération, la nouvelle génération souhaite des passerelles de carrières pour évoluer dans l'entreprise et s'épanouir professionnellement. Il n'y a plus de questions taboues à partir du moment où elles restent respectueuses. Bruno Frankiel, RRH (1) de la Business Unit France, Suisse et Benelux du Groupe CAT, détaille les questions

(1) Responsable Ressources Humaines.

récurrentes en entretien de recrutement : vous faites quoi en formation ? Comment ça marche les réévaluations de salaire ? Combien de jours RTT ? Offrez-vous un téléphone portable ? Le restaurant d'entreprise, comment est-il ? Pour le RRH, la clé reste l'ambiance de proximité, comment le jeune se sent dans l'entreprise, la tête du patron, comment il va travailler et avec qui. « *J'ai des salariés qui font le même métier dans des centres différents, il y en a qui font la tête et d'autres qui sont heureux.* » Ce qui fait la différence ? Une fois de plus la relation avec le manager de proximité et l'équipe avec lesquels le salarié évoluera pour former une tribu.

Motivés, les jeunes peuvent entrer très vite dans le moule, s'adapter à différents milieux tout en protégeant leur liberté. Lorsque Cécile Fougeront observe les salariés d'Unilog, elle constate qu'ils font preuve de motivation, qu'ils s'adaptent très vite au milieu dans lequel ils baignent, mais qu'en revanche ils font une croix sur leur esprit critique. Même observation chez François Boneu qui trouve la jeune génération plus individualiste que les générations précédentes, mais tout aussi professionnelle. Elle se révèle, par ailleurs, plus sensible à des problématiques de développement durable.

Pour Philippe Guericolas, DRH de Coface, ils sont aussi plus impatients que leurs aînés. Habituée à un monde où tout bouge très vite, la nouvelle génération est très exigeante avec l'information qu'on lui diffuse, les outils proposés, et repère immédiatement les discours langue de bois. Jeunes certes, mais on ne leur fait pas prendre des vessies pour des lanternes. Cet autre DRH invite les entreprises à leur parler en professionnel. Ils possèdent une acuité forte, comprennent les situations les plus difficiles et sentent immédiatement si les actes ne sont pas en harmonie avec les propos. « *Nous avons même eu une pétition de 400 jeunes qui demandaient aux syndicats de bouger plus vite.* »

Isabelle Wolff et Jean-Michel Raimbault constatent en effet une grande aisance des jeunes avec les NTIC, ce qui entraîne leur exigence renforcée vis-à-vis des outils multimédias. L'intranet est pour eux une des premières sources d'information, mais aussi un premier indice de satisfaction ou de mécontentement. L'information doit être trouvée très rapidement et sans détour. L'entreprise doit être très réactive. Les jeunes possèdent une notion de zapping, ils sont attirés par une communication de type 15 minutes, « *on regarde les gros titres et on jette !* », corrobore François Boneu.

■ *Le candidat idéal*

Beaucoup d'entreprises privilégient les qualités personnelles au savoir-faire, et notamment une bonne capacité à collaborer (1). La politique de recrutement de Servier illustre bien la volonté du groupe de mettre en avant les qualités humaines du salarié, des qualités qui se placent autour de la volonté de travailler en équipe et du respect d'autrui. « *Deux aptitudes indispensables si nous voulons créer un esprit de corps avec des personnes qui partagent les mêmes valeurs et les mêmes souhaits pour l'avenir* », explique Nicolas Bouts, DRH du premier laboratoire pharmaceutique indépendant français. Il apprécie également l'humour qui permet de créer une ambiance de travail, et recrute avant tout une personnalité constructive. Pour le DRH, autant il est difficile de demander au collaborateur de changer sa personnalité, autant il est envisageable de le faire monter en compétence. Le laboratoire pharmaceutique n'hésite donc pas, chaque fois que cela est possible, à donner leur chance aux salariés qui n'ont pas toutes les capacités requises, en leur offrant une formation adaptée qui leur permettra d'évoluer en interne.

La personnalité constitue, en effet, un critère décisif de recrutement. L'étude ESCP-EAP/TNS Sofres/Les Échos du 19 juin 2003 en dresse un portrait idéal. Le jeune candidat doit être : souple, adaptable, en phase avec la culture d'entreprise, dynamique, pugnace, s'engager et avoir du leadership. Il doit aussi, lors de l'entretien, faire preuve d'honnêteté intellectuelle, de modestie, d'authenticité, d'aisance relationnelle... À chacun, ensuite, de définir ces qualités en fonction de sa culture et de ses valeurs.

2 – Paroles de jeunes

L'entrée dans le monde du travail conditionne pendant des années la perception de l'entreprise, du marché de l'emploi, de la relation avec l'employeur. La génération actuelle a été marquée par la précarité et l'instabilité. « *La mobilité voulue ou subie fait partie intégrante du schéma de projection des jeunes salariés : d'ici à cinq ans, 77 % envisagent de changer de poste, 54 % d'entreprise et 32 % de métier* » (2). Les employeurs ont donc tout intérêt à développer, dès le départ, un

(1) « Le jeune diplômé idéal : quelles attentes pour les entreprises » ? www.studyrama.com
(2) Estelle Leroy, « Les jeunes et les seniors partagent les mêmes valeurs au travail », *La Tribune*, 8 juin 2005.

comportement et des actions qui confortent le jeune diplômé dans son choix.

■ *Si l'entreprise était contée...* (1)

Le travail, les jeunes l'imaginent comme porteur de réalisations personnelles ou sociales « *le plus important c'est de faire quelque chose qui nous plaise réellement* », « *un job qui me passionne même temporaire* ». Friands de nouveautés, ils le souhaitent emprunt de nouvelles technologies, pour donner de l'intérêt dans un monde qui bouge et qui les passionne. Ils ne transigent pas non plus sur une règle du jeu qui doit être claire et sans ambiguïté : « *je veux une explication concrète et détaillée du travail que je serai amené à faire* », « *je ne veux pas signer un contrat flou, ne pas me faire avoir* », « *pas de tabous financiers, on connaît tous nos salaires respectifs* ».

Mais au-delà de l'intérêt de leur fonction, ils savent, avant même de l'avoir commencée, qu'ils s'accorderont une pause dans leur vie professionnelle sous la forme d'un congé parental, individuel de formation, sabbatique ou d'un travail à temps partiel. Liberté, le mot revient sur toutes les lèvres même si parfois ils ont conscience qu'il leur faudra la sacrifier. « *On veut vivre notre temps libre à plein* », « *L'intérim c'est bien pour apprendre vite. Mais je préfère un CDI pour la sécurité.* » Et à défaut d'obtenir un emploi stable, les jeunes diplômés savent bien qu'ils ne transigeront pas sur les avantages sociaux : « *Une bonne protection sociale, c'est le minimum du confort nécessaire.* »

Les premiers pas dans l'entreprise conditionnent le sens des valeurs et l'intérêt que l'employeur leur porte. Ils souhaitent se sentir accueillis, faire partie d'une organisation, d'un service, intégrés dès leur arrivée. Ils ont également conscience que, pour prendre rapidement les repères nécessaires, leur supérieur hiérarchique et leurs collègues se doivent d'être accessibles pour répondre à toutes les questions qu'ils se posent. L'important est d'être suivis dans leur progression professionnelle, de se sentir « encadrés, évalués et motivés pour progresser » comme de voir leurs compétences et leur travail reconnus et récompensés « *d'accord pour travailler beaucoup mais pas pour la beauté du geste : moi aussi, je dois y trouver mon intérêt !* ».

---

(1) À partir de l'étude Ipsos/Chronopost sur les débuts de la vie active en 2005 ; des quinze pistes de négociation avec les jeunes du magazine *Entreprise*, Oriane Abou, n° 182-183, décembre 2000 ; de l'enquête menée par le Lab'Ho pour l'*Usine Nouvelle* en juin 1998 ; des enquêtes réalisées par Hubert Landier auprès de jeunes de diverses entreprises, *Lettre du management social*, 8 avril 2002.

Évoluer rapidement, apprendre, se sentir mobile, représentent les conditions *sine qua non* de leur intérêt professionnel. Ils fuient, en effet, les habitudes et la routine, et cherchent à développer leur employabilité.

Enfin, c'est aussi une bonne ambiance, des règles de vies communes, un respect mutuel qui conditionnent leur envie de rester ou non dans l'entreprise et leur motivation. « *Ce n'est pas parce qu'on est au travail qu'on doit renoncer à la convivialité.* »

Les souhaits de la promotion HEC (1)

- Une gestion individualisée et souple des ressources humaines pour être écouté, être reconnu pour sa spécificité.
- De la flexibilité dans la gestion des horaires pour mieux gérer l'équilibre entre la vie professionnelle et la vie familiale.
- Des formations pour évoluer et monter en compétence et pour bénéficier d'opportunités internationales.
- Un contrat de confiance réciproque, indispensable aux relations et à l'ambiance de travail.
- Une entreprise citoyenne pour participer au soutien des causes humanitaires ou sociales.

(1) Étude réalisée par le Cabinet Deloitte & Touche, Résumé de Fabien Claire, *Journal du Net*, 8 mars 2002.

■ *Décalages horaires...*

« *Nous sommes dans deux mondes qui ne fonctionnent pas de la même façon et qui ont du mal à se comprendre* », souligne ce futur DRH de 22 ans (1).

Les entreprises ont pris conscience du rapport au travail et à l'entreprise des jeunes diplômés, elles savent que beaucoup de critères prennent de l'importance à leurs yeux comme le secteur d'activité, la valeur, le dynamisme, l'intérêt de la mission, le désir d'autonomie, la prise rapide de responsabilité, l'ambiance de travail... Mais elles ne s'en réjouissent pas pour autant. « *Les nouvelles exigences des jeunes diplômés peuvent être perçues comme une tendance lourde par la plupart des*

(1) Pascale Colisson, « À quoi rêvent les diplômés ? », *Courrier Cadres*, n° 1571, 17 février 2005, p. 11.

DRH » (1). Ils ont, en effet, réalisé que le travail n'est plus la seule source de bien-être pour les jeunes et ne jugent pas toujours « adulte » cette nouvelle relation à l'entreprise.

De plus, les groupes cherchent des salariés efficaces dès les premières heures de travail, mais pour un jeune qui découvre le monde de l'entreprise, une période d'apprentissage est indispensable à sa réussite professionnelle : « *quand on passe de la formation à l'entreprise, on se rend compte qu'on ne fait appel ni aux mêmes compétences ni aux mêmes méthodes de travail* » (2).

Autre sujet de distanciation, le désir du salarié junior d'acquérir rapidement une évolution professionnelle et salariale, et celui de l'entreprise de prendre le temps d'évaluer son potentiel et ses résultats. Ces différences de point de vue sont souvent à l'origine des conflits intergénérationnels. Dans ce groupe, le DRH doit faire face à un problème d'incompréhension mutuelle. Un manager senior reçoit dans son équipe un jeune qui vient d'être muté. Ce dernier demande une augmentation de salaire suite à sa promotion. Le responsable d'équipe surpris ne comprend pas la démarche, ce n'est pas au jeune de se positionner en demandeur mais bien au manager de revenir vers lui après qu'il ait fait ses preuves. Le DRH tranche et explique que la situation est normale, l'entreprise doit faire confiance au salarié. Il propose une gratification en deux temps, une à la prise de fonction, une autre après validation des résultats obtenus. Mais le collaborateur refuse l'offre qu'il juge trop basse. Le manager s'emporte, il ne comprend pas, une nouvelle fois, le comportement du jeune qui « *devrait être bien content de ce qu'on lui propose* ». Il demande alors à se séparer de ce salarié outrecuidant et propose une nouvelle organisation composée uniquement... de seniors. Chacun dans cette histoire s'est placé selon son modèle et ses échelles de valeur.

Se comprendre demande souvent du temps et de la patience mais aussi de bien fixer, dès le départ, les règles du jeu. Pour Bruno Frankiel, les conflits de génération se fondent également sur des attitudes et sur la compréhension des attentes de chacun, qui diffèrent selon l'âge. Par ailleurs, la relation dépend aussi d'un respect mutuel. On reproche à la jeune génération de ne se pas déplacer en entretien, sans même un coup de fil ou une lettre d'excuse, d'un autre côté la réciproque est réelle. Le RRH relate la déception de ce jeune candidat qui lui confie avoir

(1) « Jeunes diplômés et employeurs : regards croisés sur le recrutement », Étude ESCP-EAP/TNS Sofres/les Échos, 19 juin 2003.
(2) Pascale Colisson, *op. cit.*

attendu deux heures dans une entreprise pour au final s'entendre dire : « *désolé, le RDV est annulé !* ».

Plus exigeants, plus pressés et plus volontaires, les attentes des jeunes ne sont, au final, pas si différentes de celles de leurs aînés. Ils attendent seulement moins longtemps pour les faire valoir. Dans ce contexte, la phase d'intégration devient primordiale. Pour Anne Blozheimer, fondatrice du cabinet de conseil en recrutement ABL Search, elle devient de plus en plus importante. C'est le travail du manager, du DRH et le job du chasseur de têtes d'accompagner les premiers pas du jeune dans l'entreprise. Le consultant externe joue le rôle du facilitateur pour faire passer les messages. Il fait le point régulièrement avec le candidat sur l'envergure du poste, la définition de la fonction, le décalage éventuel entre la présentation initiale et la réalité, les échanges entre le candidat et son hiérarchique, la manière dont ils fonctionnent ensemble.

C'est donc d'abord et avant tout en jouant la carte de la sincérité et du respect, d'un côté comme de l'autre, que chaque partie en sortira gagnante. Même si, comme dans toute première rencontre, chacun essaie de donner le meilleur de lui-même. Le postulat est aujourd'hui clairement posé. En cas de non-respect des engagements, le jeune salarié n'hésitera pas à quitter l'employeur, parfois même avant la fin de sa période d'essai, tout comme l'entreprise se séparera, sans état d'âme, de son collaborateur, s'il ne fait pas l'affaire.

IV. Mobiliser les seniors

Nom : T.

Prénom : Patrice

Profession : Directeur de la logistique

Signe particulier : senior de 56 ans recruté notamment pour sa souplesse d'esprit, son management par les actes, son sens de l'adaptation.

Nous sommes en France, en 2003. Le PDG de 40 ans qui a recruté cet homme pense que « *c'est le mélange des âges, des compétences et des expériences qui fait grandir et évoluer une société* » (1). Il n'est pas le seul. Guillaume Le Nagard, chef de rubrique chez *Entreprise & Carrières* et auteur de nombreux articles sur les quinquas, persiste et signe : « *le*

(1) Étienne Gless, « Senior et toujours bon pour le service », Dossier du 16 mars 2005, www.l'entreprise.com

maintien des seniors dans l'emploi est l'un des éléments garants de la capacité de la France à réaliser un PIB et une croissance raisonnables et à conserver ses grands régimes de protection sociale » (1). La question n'est plus « pour ou contre les seniors ? » mais bien comment gérer au mieux l'allongement de la vie professionnelle, donner un second souffle aux carrières, préserver la motivation et tirer parti des atouts des plus de 50 ans ?

■ *À quel âge devient-on un senior ?*

Senior : « 1. *Sportif de la catégorie intermédiaire entre celle des juniors et celle des vétérans. 2. Personne âgée, retraitée* » (2).

Selon les définitions officielles ou non, la connotation du domaine d'activité, l'opinion personnelle, difficile de donner un âge exact aux seniors, surtout s'il s'agit de résoudre la problématique suivante : à quel âge devient-on vieux ? Certains répondront : « jamais », d'autres : « après 80 ans », quelques-uns : « dès 30 ans ». En effet, le mot senior évoque différentes significations, parfois aux antipodes les unes des autres. Il fait à la fois référence à l'expérience et la maturité, à un poste réservé aux « vieux » comme à l'usure et au dépassement du salarié.

Frédéric Serrière, fondateur de Senior Strategic, agence spécialisée sur le marché des plus de 50 ans, présente sur son Blog « www.monmarchédesseniors.com » une approche intéressante de la question : « *Nous pensons que les seniors représentent les plus de 57 ans... Au-delà, il s'agit des baby-boomers, dont la plupart ne veulent d'ailleurs pas être désignés par le terme seniors... des experts du marché des seniors emploient maintenant le terme marché des seniors et des baby-boomers. Nous adhérons volontiers à cette dénomination, qui nous semble plus juste. Nous utilisons également le terme américain* « matures » *pour désigner les personnes qui se sentent adultes, c'est-à-dire, comme nous l'avons expliqué, qui sont entrées dans une phase de vie où l'être est plus important que le paraître. Ce passage à la maturité est progressif et se situe entre 40 et 55 ans.* »

■ *Pourquoi travailler avec un senior ?*

Les seniors représentent un des piliers de l'entreprise. Être quinqua n'est pas la fin d'une carrière, c'est un âge où l'on est encore physique-

(1) « Emploi des seniors : tout reste à faire », *Entreprise & Carrières*, n° 761, 26 avril/2 mai 2005.
(2) *Dictionnaire universel de poche*, Le livre de poche.

ment en forme et où l'on a des projets. L'étude mondiale du cabinet d'outplacement DBM réalisée en 2002 montre en effet que les seniors possèdent de nombreux atouts : « *l'expérience leur donne un éventail plus large de possibilités, ils savent mieux jouer avec les contraintes de l'entreprise, peuvent traiter plus rapidement les problèmes* » (1).

Dans le même esprit, *Courrier Cadres* titre en février 2005 « *Exclusif : 77 entreprises s'engagent pour les quinquas* (2) ». À partir d'une étude réalisée avec l'Association Nationale des Décideurs et Cadres de la fonction Personnel, ANDCP, le journal fait témoigner ceux qui ont embauché un salarié de plus 50 ans. 25 % des 322 entreprises interrogées, toutes tailles et secteurs d'activités confondus, déclarent avoir recruté des quinquas en 2003 et 2004. Ces DRH s'attachent, avant tout, à la meilleure adéquation entre la personne et le profil recherché. Si certains affirment ne pas avoir de politique spécifique d'emploi des quinquas, ils se flattent, au contraire, de toute discrimination à l'embauche. Ce qui fait pencher la balance en faveur des seniors ? Leur expertise au-delà de l'expérience, leur connaissance des environnements, leur maturité, leur adaptabilité et leur vitalité.

Dans le domaine de la RH, les seniors font la différence pour manager les restructurations, ou gérer de grosses unités de production. Leur valeur ajoutée se révèle également dans les fonctions commerciales. Jugés plus stables, plus expérimentés mais aussi moins volages que les jeunes, ils fidélisent d'avantage les clients. Ikea (3) montre l'exemple en embauchant des collaborateurs de plus de 45 ans dans ses effectifs de Franconville. Ce recrutement de salariés plus âgés que la moyenne a même permis au responsable du personnel du magasin d'embaucher des jeunes issus des milieux défavorisés. « *La présence des aînés calme le jeu, tempère l'ardeur des cadets dont l'énergie "booste" en retour les plus anciens... Aujourd'hui, les plus fatigués ne sont pas toujours ceux qu'on pense. Les quinquas ont la maturité. Ils se plaignent moins et relativisent les problèmes... dans le travail, c'est comme un diesel, il faut préchauffer un moment. Après ça roule sans problèmes et pour longtemps. Les jeunes, au contraire, partent au quart de tour. Mais ensuite il faut surveiller le moteur pour qu'il ne s'emballe pas !...* »

---

(1) Christine Piédalu, « Le dynamisme des quinquas », *Le Figaro Entreprises*, 8 septembre 2003, p. 24-25.
(2) Catherine Levi, *Courrier Cadres*, n° 1571, 17 février 2005, p. 15, 16, 17.
(3) Gérard Ducret, « L'enseigne suédoise Ikea recrute des quinquas » pour Seniorplanet.fr, 4 juillet 2005.

Pour Olivier Spire (1), président de QuinCadres, maturité, absence de carriérisme, bonne intégration, autonomie, capacité à être directement opérationnel caractérisent les seniors. Cette entreprise de services en ressources humaines (2) est, en effet, une des premières en France à bâtir son développement en s'appuyant exclusivement sur le potentiel des cadres seniors. 500 entreprises, grands groupes et PME implantés en France et à l'étranger, ont fait appel à elle pour traiter leurs problèmes de remplacements, de restructurations, les accompagner sur leurs projets de développement, de systèmes d'information...

1 – Les facteurs incitant au départ

Contrairement aux idées reçues, les deux tiers des quinquas envisagent de rester dans la vie professionnelle au-delà de 58 ans, 35 % ne pensent à la retraite qu'après 60 ans dont 14,7 % après 62 ans (3). En effet, « *une partie du choix de départ en retraite des seniors dépend du sens qu'ils trouvent à leur travail, de la rétribution y compris non financière que leur entreprise leur accorde et du rôle qu'elle leur fait jouer* » (4). À cela s'ajoutent la considération, le climat et l'ambiance de travail qui règnent au sein de l'entreprise. Pour Sophie Marquaire, les seniors sont aujourd'hui confrontés à trois situations types : soit ils sont contents d'être en poste et reconnus pour leur savoir-faire et leur compétence, soit ils ont le sentiment d'être porteurs d'une valeur ajoutée mais sans être compris par l'entreprise, soit ils veulent partir et l'allongement de l'âge de la retraite est perçu comme un fardeau. Dans ces deux derniers cas, ils lèvent le pied...

■ *L'absence de considération*

Combien de salarié de 50 ans et plus se sont vu offrir une promotion, une augmentation ou encore une formation ? Combien attendent alors, avec plus ou moins de résignation, d'accéder à la retraite ou la préretraite ? « *Quand ça les arrange, ils sont bien contents de venir me trouver pour me poser des questions techniques ou de me demander des informations sur l'entreprise. Pour le reste, personne ne vient jamais me*

(1) Etienne Gless, « Les seniors sont plus crédibles et font souvent de meilleurs vendeurs... », *L'Entreprise*, n° 231, février 2005.
(2) www.quincadres.fr
(3) Baromètre semestriel Senior en entreprise auprès 1130 actifs de 50 ans et plus, sondés entre le 17 mars et le 11 avril 2005.
(4) *Idem*.

voir, je ne suis pas dupe. Ils nous sortent de nos bureaux, de temps en temps pour la cérémonie des médailles, celle-là on l'a vraiment méritée », explique cette salariée de 55 ans.

Dans l'entreprise comme dans la société, on parle encore peu des seniors actifs qui, aux yeux des communicants externes et internes, ne sont pas considérés comme des cibles prioritaires. « *Que ce soit les discours des entreprises, la culture, les plans de développement du management, tout est fait pour les jeunes* », argumente Xavier Gaullier (1). Il ne s'agit pas non plus de traiter ces salariés comme des personnes à part. Mais à force d'être ignorés, certains se sentent invisibles et surtout pas concernés par l'entreprise et ses problèmes. D'autres se retournent vers ceux de leur âge et forment des clans de génération, réfractaires au changement, en se disant : « *c'était mieux avant* », « *tu te souviens à l'époque de* », etc. L'accès à la formation continue et donc à une évolution professionnelle est également difficile, soit parce qu'ils sont peu familiarisés avec ce mode d'apprentissage, soit parce que l'entreprise considère que c'est du temps perdu, soit encore parce que personne ne tient compte des attentes des quinquas. En 2004, une étude de la CCIL de Lyon sur la compréhension du vieillissement par l'allongement de la vie professionnelle met en exergue l'évolution des capacités à se former avec l'âge. Elles se caractérisent par « *une augmentation de la durée de la prise d'information, une diminution de la mémoire à court terme, une augmentation du temps de décision. Mais les recherches montrent, qu'en situation, l'expérience acquise permet de compenser largement ce déclin* ». L'âge n'est donc pas une barrière à l'apprentissage, bien au contraire, tout dépend de ce que chacun en attend et des efforts réalisés par l'entreprise en matière de pédagogie et de méthodes apprenantes.

■ *La fatigue physique et morale*

À partir d'un certain âge, selon l'endurance de chacun, le nombre d'années passées au sein du poste, la pénibilité des tâches à exécuter devient de plus en plus lourde. Le corps ne suit plus, ou difficilement, la fatigue s'accroît, la vigilance aussi. Ce qui est vrai pour les postes dits de manœuvres ou d'ouvriers, l'est tout autant pour les cadres et les managers. Les temps de déplacements, le stress, les surcharges de travail pèsent lourdement dans la balance. Là encore, la résistance se fait moindre, d'autant plus si aucun aménagement du temps de travail n'est envisagé, ou encore si les délais se raccourcissent.

(1) « Le Monsieur te demande de rester !... », *op. cit.*

Pour tenir, la motivation peut faire la différence mais pendant combien de temps ? « *Mon expérience me permet d'être plus rapide dans mon diagnostic comme dans la recherche de solutions, en revanche je suis obligé de ralentir la cadence de travail et j'ai besoin de plus de temps de pause qu'avant, je récupère moins vite* », explique ce cadre de 54 ans.

Le changement des conditions de travail, des environnements, les logiques de court terme, l'accélération des marchés, influent également sur la fatigue des salariés plus âgés : de nouveaux produits qu'il faut assimiler au plus vite, des résultats à très court terme, de nouveaux environnements, des clients plus difficiles, moins fidèles...

Cet ensemble de facteurs joue sur la crainte de ne pouvoir partir en retraite dans de bonnes conditions et de ne pas pouvoir profiter de cette autre « période de vie ». « *J'ai consacré toute ma vie à mon travail et j'aimerais maintenant faire autre chose, profiter de ma retraite mais je ne suis pas sûre que physiquement j'en sois encore capable* », s'inquiète cette femme de 60 ans.

■ *Le manque d'intérêt du travail*

« *En 12 ans, j'ai eu 3 évaluations annuelles !* » Pour évoluer, il faut être évalué, avoir des entretiens avec son manager direct, des objectifs à atteindre, à dépasser. Or les entreprises commencent à se préoccuper tout juste de la mise en place d'entretiens annuels d'évaluation pour les populations d'employés et d'ouvriers.

Lorsque rien ne change, lorsque les missions sont toujours les mêmes depuis dix ans, que les « chefs » se succèdent les uns aux autres mais que l'intérêt du travail reste toujours le même, difficile de rester motivé, résigné tout au plus, les yeux rivés sur la pendule du temps. « *À mon âge, j'ai compris que cela ne servait à rien d'espérer quoi que ce soit de l'entreprise. De toute façon, ce travail je le connais par cœur, je pourrais le faire les yeux fermés, je ne le supporte plus !* » Le temps passé dans la même société devient un facteur déterminant pour juger de l'intérêt du travail et influer sur les aspirations à bouger, à changer de poste. À 50 ans, peu imaginent assurer les mêmes tâches pendant encore quinze ans ! La mobilité dans l'entreprise, les passerelles existantes entre les métiers représentent donc des facteurs de projection d'avenir pour les seniors, et leur permettent d'obtenir une vision claire de leur possibilité d'évolution au sein des groupes.

2 – Les leviers de motivation des quinquas et des *baby-boomers*

Toutes les études sur les seniors se rejoignent sur les critères essentiels d'appréciation d'un poste, à savoir : la reconnaissance, la considération, la qualité des rapports humains, la sécurité de l'emploi, l'intérêt et les conditions de travail, la rémunération... Dans ce groupe, les attentes se placent, pour exemple, autour de la sécurité de l'emploi, du bien-être dans l'entreprise et de la volonté de ne pas dégrader la vie personnelle. Or ces demandes sont souvent en inadéquation avec la gestion des ressources, l'organisation et la communication des entreprises. Plus on prend de l'âge, plus l'occasion d'évoluer dans une société semble compromise : entre 40 et 45 ans cela semble encore possible pour 43 % des salariés, à plus de 55 ans, ce pourcentage diminue et tombe à 34 % d'opinions positives (1).

■ *Développer une seconde carrière*

Entre 45 et 65 ans, vingt ans vont s'écouler, soit à peine la mi-temps réglementaire d'une carrière professionnelle. En effet, avec des études de plus en plus longues qui se conjuguent aux difficultés du premier emploi, l'arrivée sur le marché du travail se fait en général vers l'âge de 25 ans. Il est donc logique pour les salariés de penser à un avenir professionnel après 45, 50 ans et plus.

Cet avenir doit être, selon eux, jalonné de périodes consacrées au développement des compétences par des formations ciblées et adaptées à leurs attentes mais aussi à leur âge. Ils souhaitent une meilleure visibilité sur l'accès à cette formation, être mieux informés sur la validation des acquis professionnels et de l'expérience. De même, les perspectives d'évolution, les passerelles établies entre les métiers, entre les filiales d'une même société doivent être clairement affichées. Quels sont les critères de mutation, de promotion, d'évolution de l'entreprise ? La gestion de l'emploi et des mobilités ne doit plus se faire par le bouche à oreille mais avec équité et plus de transparence.

Par ailleurs, le bilan de carrière et de compétence, les rencontres régulières avec le manager et les responsables des ressources humaines pour faire le point sur les qualités, les compétences, la manière de les améliorer ou comment changer de voie sont souvent évoqués.

(1) Étude Inergie sur l'allongement de la vie professionnelle publiée en janvier 2005.

Et lorsque l'entreprise ne peut offrir suffisamment de visibilité et de perspective d'avenir aux quinquas, certains se tournent vers d'autres formes de travail. Selon l'étude mondiale 2002 du cabinet d'outplacement DBM (1), les salariés de plus de 57 ans deviennent de plus en plus mobiles. 81 % d'entre-eux ont changé de secteur d'activité en 2002, contre 75 % des 38-56 ans et 68 % des 21-37 ans. Parmi les quinquas qui quittent leur société, 16 % se lancent dans la création ou la reprise d'entreprise et 19 % deviennent consultants. Une des formules les plus répandues est le portage salarial, une solution perçue comme un tremplin avant de monter sa propre structure, ou comme une solution intermédiaire avant de prendre sa retraite. « *Dans le cadre d'un emploi limité dans le temps, l'âge avancé d'un expert n'est plus perçu comme un handicap par un employeur, mais, bien au contraire, comme un gage d'expérience et de maturité* », argumente Olivier Spire (2).

■ *Une meilleure qualité de vie*

Le 9 mai 2005, l'Anact lançait la deuxième semaine de la qualité de vie au travail. Elle vise à sensibiliser les entreprises et à faire connaître les pratiques destinées à améliorer le bien-être des salariés sur leur lieu de travail. Un volet est consacré à la gestion âges et en particulier à la réduction de la pénibilité des postes de travail pour le maintien dans l'emploi de salariés seniors, au transfert de savoirs et d'expériences entre salariés expérimentés et salariés plus jeunes, à la construction de véritables parcours professionnels dans l'entreprise.

Cette dernière commence à offrir la possibilité aux plus de 50 ans d'adapter leurs horaires, de diminuer leur temps de travail et d'aménager leurs postes. Les quinquas se mobilisent aussi pour des rapports humains plus chaleureux avec un manager plus à l'écoute et moins en décalage avec leurs attentes. De plus, l'amélioration des échanges avec les plus jeunes pourrait être facilitée par une plus grande compréhension de l'autre. Cela implique que chaque salarié puisse se reconnaître autour des mêmes valeurs dans l'entreprise, apprendre ensemble à conjuguer les différences et à s'enrichir mutuellement. Les uns de leur compétence, les autres de leur expérience.

Pour Michel Authier (3), fondateur de Trivium, entreprise spécialisée dans le management du capital humain et la gestion des compé-

(1) Christine Piédalu, « Le dynamisme des quinquas », *Le Figaro Entreprises*, 8 septembre 2003, p. 24-25.
(2) Étude Inergie sur l'allongement de la vie professionnelle publiée en janvier 2005.
(3) « Management des seniors, ou comment ménager les vieux », *Journal du management*, 20 avril 2005.

tences, la motivation d'un senior dépend aussi de la capacité de l'entreprise à mettre en avant « *la richesse qu'il représente : sa capacité d'adaptation liée à la diversité de ses expériences passées... sa capacité d'interprétation des situations... sa capacité de collaboration* ». Une des pistes qu'il propose pour partager cette richesse consiste à valoriser les seniors en les faisant témoigner « *des difficultés qu'ils ont rencontrées, des ennemis qu'ils ont affrontés, des pièges qu'ils ont dû déjouer* » pour « *tisser la trame profonde de l'entreprise sur laquelle de plus jeunes pourront assumer des expériences nouvelles, originales, innovantes et donc compétitives pour l'entreprise* ».

Pour les quinquas, ces témoignages doivent prendre la forme de récits d'entreprises au sein de livres ou de journaux internes, d'animation de cessions de formation, de journées d'accueil et de suivi pour les jeunes et les moins jeunes nouveaux entrants, de groupes de travail et d'expertise ou de représentation au sein des universités internes et externes à l'entreprise. Pour Odile Fortier les anciens qui n'ont pas eu l'occasion de transmettre leur savoir-faire et leur expérience regrettent parfois de ne pas pouvoir contribuer à la pérennité de certaines expertises. L'entreprise commence à reconnaître et à apprécier la valeur ajoutée des seniors. Les sociétés n'hésitent d'ailleurs pas à recruter certains d'entre eux, évincés d'une société concurrente pour miser sur leur compétence, ce qui leur vaut d'obtenir les meilleurs résultats du marché.

Il reste maintenant à cesser de traiter les seniors comme la dernière roue du carrosse, en se disant qu'il est trop tard pour agir. Au regard des secondes, voir des troisièmes carrières qui se profilent, il est préférable de s'attacher à légitimer ces salariés, destinés à rester encore dix à quinze dans l'entreprise. C'est aussi tout l'enjeu d'une communication et d'une politique RH amenées à développer la gestion de ses ressources différemment, en fonction des attentes de chacune de ces cibles, pour favoriser, autant que faire se peut, leur motivation et leur fidélisation et offrir une certaine stabilité dans un monde en éternelle mouvance.

Chapitre IV

DRH, LA NOUVELLE DONNE

« L'Entreprise, c'est avant toute chose des Hommes, car on a déjà vu des entreprises se monter sans argent, mais on n'en a jamais vues se monter sans Hommes. »

Michaël Halimi

I. La mutation des ressources humaines

Il y plus de quinze ans, les missions dévolues aux directions du personnel consistaient à gérer les tâches administratives au sein d'une entreprise, somme toute, assez statique. On parlait peu de communication. Les DRH pouvaient être en représentation dans un monde où tout allait bien. Gardiennes du pouvoir, les politiques n'étaient ni clairement établies ni affichées. « *Avant d'exercer ce métier j'avais une vision de salarié lambda, celle d'une fonction qui n'apportait rien, sauf ma fiche de paie* », explique ce DRH nouvellement arrivé dans la profession. « *Une direction aux antipodes de sa vocation qui ne connaît ni les individus ni leur métier... un homme enfermé dans son bureau qui pond des directives sans jamais mettre les pieds sur le terrain... je ne l'ai jamais vu même quand j'ai quitté ma boîte...* », ajoutent ces salariés. Dans certains groupes, les postes RH n'avaient pas bonne presse et pouvaient même être réservés à des individus dont on ne savait quoi faire... On comprend mieux pourquoi l'intérêt porté à la fonction se rapportait au montant situé en bas des fiches de paie et à la gestion des congés payés.

Depuis, l'eau a coulé sous certains ponts. La profession a suivi, dans l'ensemble, les contours de la société, des marchés et des entreprises. Certes, la multiplication des plans de sauvegarde de l'emploi, des fermetures de sites n'a pas contribué à la rendre populaire, mais pourtant son image change. On parle de gestion des ressources, des carrières, du développement humain jusqu'au développement des richesses. La DRH se rapproche de la tête de l'entreprise pour devenir stratégique et de celle des salariés pour mieux les comprendre et communiquer avec eux. Dans une logique d'entreprise en réseau et de partage des relations humaines et sociales, le DRH est aussi amené à collaborer étroitement avec les managers pour ouvrir les portes d'un domaine qui n'est plus la chasse gardée d'un seul individu.

La DRH vue par les DRH...

- « *La plus grande difficulté pour un DRH ? Inscrire ses actions dans la durée* », Laurent Friction.

- « *Apprendre c'est vivre... vivre c'est apprendre, c'est la condition de l'agilité de l'entreprise et du développement personnel. Le DRH est un alchimiste qui va trouver l'équilibre permanent entre la cohérence de la marque, du produit, et le respect de la diversité. C'est le "et" qui fait toute la différence* », anonyme.

- « *Le plus important, c'est de partir de l'entreprise, de ce qui a été mis en place, de ce que l'entreprise peut faire et des moyens qu'elle souhaite se donner. C'est seulement lorsque l'offre et la demande se sont stabilisées que les DRH peuvent se recentrer sur leur problématique* », Richard Karacian.

- « *Une fonction clé qui doit contribuer aux résultats et aux business, un métier extraordinairement riche sur le plan intellectuel et humain, tant au niveau des contacts internes qu'externes, un métier en perpétuelle évolution, d'une richesse inouïe* », Sophie Marquaire.

- « *Auparavant, à dimension très administrative, la DRH est aussi devenue le moteur du développement humain de l'entreprise : elle met en place et fait vivre des dispositifs pour attirer des talents, développer les compétences et gérer les potentiels* », Patrick Van Honnacker.

- « *C'est une fonction qui doit avant tout créer du lien, et Dieu sait s'il y en a besoin ! Son deuxième aspect est pédagogique pour que le lien, encore lui, soit clair entre la volonté d'une direction, la stratégie d'entreprise et les salariés qui ont le sentiment que leurs préoccupations sont insuffisamment prises en compte. C'est sportif, fatiguant mais quel beau métier ! Enfin, n'oublions pas la partie gestion, il faut non seulement aimer les gens mais aussi les chiffres, notamment pour crédibiliser complètement son rôle dans une équipe de direction !* », François Raffarin.

- « *Il faut que la DRH mette en place des process, des outils performants et normatifs. En même temps, elle doit veiller à créer un environnement propice au développement de chacun, ce qui nécessite de donner plus d'espace de liberté d'expression des besoins tant de l'organisation que des personnes* », Alain Guillen.

- « *La fonction RH doit être orientée client interne en s'appuyant sur le registre de l'émotion, du travail en équipe, de la convivialité, de l'image de l'entreprise car c'est un levier fort pour accompagner les projets et les changements* », Frédérique Saint Olive.

- « *La DRH accompagne et précède les évolutions pour que le travail commun des hommes et des femmes devienne un facteur de succès de l'entreprise, et ne se transforme pas en un handicap* », Maurice Ricome.

- « *Les RH ont un rôle prépondérant à jouer en termes de stratégie des comportements et des attentes, au même titre que des savoir-faire et des expériences* », Maurice Neyme.

- « *Je dégage de la cohérence avec une politique de petits pas, on construit sur ce que l'on comprend et sur ce qui vient de la base. Une des priorités est d'améliorer l'image de la DRH car les salariés se demandent vraiment à quoi elle sert. Je vais dans les comités de direction, j'anime des formations et je travaille de plus en plus sur la communication RH en me rapprochant de la direction de la communication interne* », Cécile Fougeront.

- « *Doit encore faire ses preuves. La DRH doit acquérir sa légitimité quoi qu'on en dise. Elle dépend d'abord et avant tout de la tête de l'organisation. Si le PDG ne possède pas une sensibilité RH, il ne se passera rien* », Bruno Frankiel.

- « *Les DRH sont trop prudents dans leur communication, il faut être transparent, on ne peut pas tout dire mais ce que l'on peut communiquer doit être fait dans un esprit de vérité* », Edwige Remontet.

1 – Stratégie et changement, balle au centre des RH

L'étude mondiale réalisée par PricewaterhouseCoopers pour l'éditeur Convergys (1) pose la question de l'adéquation entre la stratégie de l'entreprise et celle des ressources humaines : 64 % des dirigeants des grands groupes en Europe et aux États-Unis considèrent qu'elle s'est améliorée, 30 % qu'elle n'a pas changé et 6 % qu'elle est moins pertinente. Deux raisons viennent justifier cette évolution. La première : des

(1) Étude PricewaterhouseCoopers/Convergys, réalisée en 2005 auprès des responsables de 300 groupes en Europe et aux États-Unis, affichant un CA supérieur à 800 millions d'euros et un effectif moyen de plus de 13000 salariés.

DRH plus disponibles qui se recentrent sur le cœur de leur métier, la seconde : des entreprises, conscientes de l'impact stratégique d'une bonne gestion des ressources et de la relation humaine sur le développement de l'organisation.

La progression des systèmes d'information dédiés aux ressources humaines, la création de libre-service RH, l'arrivée de sociétés spécialisées dans la sous-traitance des services paie, ont mis fin aux tâches administratives, répétitives, consommatrices de temps. 46 % des DRH (1) ont ainsi déjà conduit des actions d'*out-sourcing*. Les NTIC ont également ouvert une voie nouvelle, la facilité à dresser tableaux de bord, statistiques, bilans sociaux, et à croiser les compétences stratégiques de l'entreprise avec la pyramide des âges (2). Par le recrutement des meilleurs profils ou tout du moins des mieux adaptés aux besoins des sociétés, par le partage des compétences et des savoirs, le DRH est en pleine mesure de contribuer activement à la croissance et à l'innovation des entreprises. Le capital humain se place sur le devant de la scène. Dans la même logique, le DRH se positionne au sein des comités de direction. Par ailleurs, pour s'inscrire dans la continuité et dans l'accompagnement des changements, les ressources humaines deviennent plus réactives. Elles anticipent et composent avec l'ensemble des facteurs susceptibles d'influencer ou de modifier les organisations. Les 35 heures, les directives nationales, l'évolution des législations européennes ne facilitent pas la tâche des DRH, concernés à la fois par les évolutions de leur propre métier, et par celles de l'entreprise et des salariés.

■ *Les facteurs externes influant sur la stratégie RH*

Pour les DRH européens et américains, les cinq situations les plus propices ou nécessaires au changement de stratégie dans les ressources humaines sont dictées par (3) :

– L'accroissement de la concurrence au niveau mondial : 48 %.

– La modification ou la création d'une loi ou d'une réglementation : 22 %.

– L'externalisation : 11 %.

(1) Jean-François Rio, « L'externalisation RH séduit 46 % des entreprises », *Entreprise & Carrières*, n° 769, 21-27 juin 2005.

(2) Sandrine Chicaud, « Vers une revalorisation de la fonction RH », *01 Informatique*, 4 juin 2004.

(3) Étude PricewaterhouseCoopers/Convergys, réalisée en 2005 auprès des responsables de 300 groupes de Europe et aux États-Unis, affichant un CA supérieur à 800 millions d'euros et un effectif moyen de plus de 13000 salariés.

– La recherche générale de compétences : 8 %.

– La réponse aux attentes de la bourse : 6 %.

Le programme d'étude prospective sur l'évolution des métiers et des compétences de la RH auquel participe l'ANDCP vient confirmer cette tendance. Il montre, en France, une fonction « *concernée au premier chef par les facteurs qui touchent le marché et la concurrence* », au même titre que « *les fonctions opérationnelles de la production ou du commercial* » (1). Sont ensuite cités par ordre d'importance : « *l'évolution de l'organisation, l'évolution des exigences de rentabilité des actionnaires, les mouvements de fusion et d'acquisition, l'évolution du marché du travail, l'évolution des technologies de l'information, l'évolution des normes et de la réglementation, l'évolution des technologies du secteur d'activité* ».

L'environnement des sociétés et de leurs contours économiques apparaît donc comme un facteur fondamental lié à la mutation des politiques des ressources humaines. Il faut toujours avoir en tête ces aspects, car au moindre changement de conjoncture, les discours changent radicalement et ne sont plus crédibles, détaille Luc Taclet. Pour Michel Cornil, les entreprises françaises se situent aujourd'hui dans un contexte où les atouts dont elles disposent par rapport à la concurrence internationale deviennent limités. L'adaptation demande une perpétuelle mobilité, une recherche d'information, de formation pour devenir une entreprise « branchée ». Le savoir-faire français est encore culturellement fort mais pour combien de temps ? Le dialogue avec le salarié vient dans un deuxième temps, après avoir pris en compte le marché et le client. Il faut le mettre dans une attitude de progrès perpétuel, avoir l'obsession de l'adaptation, analyse le PDG des sociétés Systra et Effia.

Et pour permettre à l'entreprise de faire face à ses challenges, le DRH doit, par la gestion des carrières et de la formation, accompagner les hommes et les femmes au plus proche de la demande et de l'évolution des marchés, des clients, en apportant une véritable valeur ajoutée face à la concurrence, par la mise en place d'actions de progression et d'innovation. Deux domaines qui ne sont plus dévolus aux services qualité et R&D des grands groupes. C'est aussi en communiquant sur leur métier, sur leurs actions, sur la place accordée aux ressources humaines dans les orientations stratégiques, que les DRH gagnent en légitimité et en crédibilité. Les projets d'entreprise les présentent désormais comme des *business partners*. Car il devient difficile de fédérer autour des résul-

(1) « Résultats provisoires de l'étude-action GRH Demain », *Revue Personnel*, n° 400, ANDCP.

tats, des rationalisations, des chiffres clés sans parler aussi de la politique des hommes.

■ *DRH + DG : e=mc²*

Florence Nony (1), présidente du mouvement Génération RH, analyse l'évolution du directeur des ressources humaines par son rattachement légitime à la DG : « *il doit accompagner le développement de son entreprise et contribuer activement à sa stratégie* ». La pleine efficacité des RH dépend avant tout du regard, d'une volonté et des « croyances » d'une direction générale, incarnée par son PDG. Depuis un an, ce nouveau président a pris les commandes d'une entreprise où les salariés restent parce qu'ils sont bien payés. Le PDG souhaite créer un lien social différent et montre une réelle volonté de fédérer ses collaborateurs par la mise en place de deux actions : écoute et réponse aux attentes pour communiquer dans le bon sens. Cette démarche a été bien perçue par les salariés car elle a montré une réelle entente et une véritable coordination entre le patron de l'entreprise et celui des ressources humaines. Il faut que la volonté parte du dirigeant, dans l'orchestration des moyens et d'une logique RH, confirme Fanchon Ribano. Les limites de la conduite du changement sont en effet liées à la volonté première d'un individu, au partage et à l'appropriation d'une stratégie RH qui, pour Jean-Noël Thiollier, doit devenir celle de la DG, tout comme le DRH décline la sienne en adéquation avec celle de l'entreprise.

Mais le DRH a-t-il réellement les moyens de faire avancer les choses ? Certains, en effet, font partie du comité de direction, d'autres ont encore un rôle d'expert chargé de mettre en musique des décisions, précise Hubert Landier. Au-delà de sa participation au comité de direction, le directeur des ressources humaines doit aussi s'attacher à convaincre, voire à se battre pour le bien-fondé de ses décisions, pas toujours en ligne droite avec toutes les volontés.

Chez Jeulin, Jean Tinel prend ses fonctions de DRH en septembre 2002. C'est la première fois que cette entreprise se dote d'une direction des ressources humaines. Elle vient se substituer à un service du personnel qui s'occupait, pour l'essentiel, de la paie et de la formation. Malgré une feuille de route préétablie, Jean Tinel souhaite d'abord écouter pour se forger sa propre opinion. Il constate que les salariés occupent le même poste depuis dix, vingt ou trente ans. Chacun tra-

---

(1) Florence Nony, DRH France Wella, « Le DRH joue la partie en binôme avec le PDG », Interview d'Aurore Vidal, www.rh-m.com

vaille dans son coin, tout marche par « copinage ». Personne ne bouge, le meilleur moyen de ne pas se tromper. Le DRH persuade la direction générale que ce type de comportements individualistes tire l'entreprise vers le bas, qu'il devient urgent d'abattre un certain nombre de barrières, de faire avancer les choses sans plus attendre. Il propose donc, en février 2003, un plan à trois ans, destiné à l'ensemble du personnel, sur le comportement des hommes et des femmes. La première étape consiste à présenter au comité de direction un stage de trois jours avec un certain nombre d'exercices sur l'écoute et le partage. Le PDG sera considéré comme un membre de l'équipe, sans traitement de faveur particulier. Seuls deux hommes sont, en fait, séduits par la démarche, le PDG et le DRH ! Jean Tinel retrousse de nouveau ses manches et s'attache à rassurer l'équipe de direction en leur expliquant qu'il ne s'agit pas de faire de la psychanalyse, mais bien de tirer parti des différentes personnalités et de leur point de compétence. Tous avaient peur d'être jugés, voire de se retrouver sur une liste noire. Une fois le comité de direction convaincu, ils se sont appropriés les outils et la méthode.

Une autre difficulté est de gérer les priorités pour mettre tout le monde d'accord autour des orientations de l'entreprise. Alain Guillen met en évidence la problématique de choix au sein d'une entreprise industrielle comme Lafarge Ciments où toute action pourrait être prioritaire. La tendance logique de chacun est aussi de défendre les intérêts de sa propre direction. La décision des deux thèmes majeurs 2006, l'orientation client et la sécurité, demandera une grande volonté de la DG comme de la DRH. Le reste viendra après.

Les binômes PDG/DRH représentent les premières bases d'une meilleure performance économique et sociale de l'entreprise. Le 8 février 2005, six trophées sont décernés aux plus exemplaires dans le cadre de l'événement Global RH organisé par le groupe RH&M (ex-Cidem). L'objectif de cet événement est d'instaurer le débat sur une nouvelle forme d'organisation, sur le nouveau positionnement, la nouvelle logique et les nouvelles ambitions des DRH. Il s'agit aussi de valoriser la fonction et de promouvoir l'accès du DRH à la décision stratégique dans l'entreprise.

2 – Intégrer les contextes juridiques et sociaux

À chacune de ses mutations, l'entreprise se doit d'assurer une maîtrise de ses relations sociales tout en restant dans un cadre légal. Or la multiplication du nombre de salariés, des filiales, la modification du contrat social, l'évolution des législations augmentent le nombre possible d'interprétations et complexifient la gestion de la relation. Une des dispositions de la loi Perben II rendra, en 2006, l'entreprise coresponsable avec son dirigeant des « *infractions à la législation sur la durée du travail, sur les contrats de travail, les délits d'initiés...* », mais aussi de « *tout délit commis par leurs cadres* » ; soit des peines encourues au « *quintuple de celles prévues pour les personnes physiques* » et le risque de tomber facilement sous le couperet d'une récidive (1). À ce durcissement du cadre légal s'ajoute la difficulté de connaître puis d'adapter les nombreuses évolutions du Code du travail à l'ensemble de l'organisation ; les 35 heures, pour exemple, ont fait couler beaucoup d'encre, la loi de programmation pour la cohésion sociale prend, en 2006, le même chemin.

■ *Quand le DRH s'expose*

La mondialisation, fondée sur le rapprochement à tout prix des entreprises, a eu un effet désastreux pour l'adhésion des salariés. L'inquiétude des dégâts collatéraux subis lors des concentrations inévitables a généré 100 % de désenchantement et un scepticisme permanent, observe Patrick Leleu. Le nombre de conflits entre l'entreprise et les salariés grimpe en flèche. Mieux informés, mieux conseillés aussi, les Français n'hésitent plus à « tirer à vue » sur leur employeur et à recourir à l'inspection du travail, aux prud'hommes, aux aides juridiques. Des cours gratuits de droit du travail, ouverts à tous, sont dispensés par certains organismes. Des numéros verts, sortes de « SVP juridique », sont mis à disposition des salariés par les syndicats. Des sites Internet se multiplient sur les droits et les devoirs des collaborateurs. La jurisprudence devient accessible à tous.

Dans 98 % des cas, le recours aux prud'hommes émane des salariés. 50 % des saisines ont pour motif la rupture du contrat de travail, 40 %, le règlement des salaires, des primes, des heures supplémentaires ou d'autres éléments de rémunération (2). *Courrier Cadres* fait même état, dans un dossier du 13 janvier 2005, du nombre record de conflits liés au temps de travail et de la nécessité pour la Cour de cassation d'envisager « *de créer une section spéciale pour les traiter* » (3).

Pour saisir la justice, prouver leur bonne foi et mettre toutes les chances de leur côté, les salariés n'hésitent plus à mettre en exergue

(1) Anne Salomon, « Perben II : la loi qui fait trembler les grandes entreprises », *le Figaro*, 20 août 2005.
(2) www.prudhommesisere.free.fr
(3) Robin Carcan, « Avis de coup de vent sur la législation du travail », *Courrier Cadres*, n° 1566, 13 janvier 2005, p. 26.

certains documents produits par l'entreprise, y compris ses outils de communication et d'information. Dans cette PME, une partie des fonctions de cette salariée est reportée sur celles du nouveau directeur marketing. La jeune femme accepte, au départ, cette modification de son périmètre de travail. Un accord oral est donc conclu avec le DRH. Mais après quelques semaines, elle change d'attitude et porte plainte pour modification unilatérale de son contrat de travail, considérant l'entreprise comme l'instigatrice d'un licenciement sans cause réelle et sérieuse, avec rupture des relations contractuelles. Elle demande donc des dommages et intérêts, qui seront accordés. Parmi les pièces fournies au dossier, le journal interne qui parlait de l'arrivée du nouveau directeur marketing et des missions qui lui étaient attribuées.

Même schéma au sein de cette société qui décide de mettre en œuvre un outil d'évaluation. Le DRH construit trois feuillets sur les qualités interpersonnelles, les qualités techniques, l'expression des besoins d'évolution et les souhaits de mobilité des salariés. Néanmoins, les managers sont peu accompagnés et peu familiarisés dans la mise en œuvre de l'exercice. Au final, 80 % des salariés sont considérés comme bons, mais la situation ne reflète pas la réalité de l'entreprise. Le chiffre d'affaires de l'entreprise progresse, le DRH distribue donc des augmentations globales. Il reçoit, dans le même temps, les managers et recadre les objectifs de l'entretien. Il améliore également le document, en y rajoutant un paragraphe dédié aux objectifs individuels et transforme le système de notation chiffré, en lettres. L'année suivante, les salariés décrochent une note plus équilibrée et plus équitable : 60 % sont jugés bons, 20 % excellents, 20 % mauvais. Le DRH crée une passerelle entre les augmentations et les évaluations pour responsabiliser les managers et leurs collaborateurs. Les augmentations sont donc réalisées au coût par coût, et réservées aux personnes ayant obtenu les meilleures notes après leur entretien d'appréciation. Deux ans après, les organisations syndicales mettent en avant le cas d'une salariée qui n'a pas été augmentée malgré deux très bonnes évaluations. Le DRH a opposé son droit de veto sur son mérite individuel considérant qu'elle avait été surnotée à chaque fois mais n'a pas demandé au manager de recommencer l'EAE. Lors de la confrontation devant les instances prud'homales, la salariée obtiendra gain de cause en produisant au dossier le compte rendu de ces deux entretiens d'évaluation.

Par ailleurs, les cas de jurisprudence sur la mésentente employeur/salarié, sur l'usage des nouvelles technologies et sur l'externalisation des individus s'accroissent. *Le Journal du Management* consacre son dossier du 22 mars 2005 aux opérations de transfert de personnel dans le cadre de prestations d'infogérance. Il met en garde les entreprises sur « *ces opérations à haut risque qui peuvent, si elles ne respectent pas un certain nombre de conditions, dégénérer rapidement* ». L'article L. 122-12 qui recouvre la problématique sociale de l'externalisation donne en effet lieu à différentes interprétations dans le cas de transfert d'une entité économique autonome et de ses contrats de travail chez l'entreprise d'accueil. Les points de vue divergent selon qu'ils se placent du côté de l'employeur ou de celui du salarié. « *Le mieux et l'idéal est de procéder à des négociations qui font en sorte que chacun retrouve sa place dans l'entreprise* » (1).

Le DRH redouble donc de vigilance quant à la bonne application de la législation du Code du travail et sur la communication de certaines informations dans une organisation qui se durcit et se complexifie. Car il ne faut pas oublier qu'un nombre grandissant de PDG donnent aujourd'hui délégation de pouvoir au responsable des ressources humaines et font peser sur lui le risque pénal et juridique de la personne morale.

■ *Adapter les réglementations aux organisations*

L'évolution des marchés, des NTIC, la modification d'une loi ou d'une réglementation entraînent pour le DRH l'obligation d'adapter toute l'organisation aux nouvelles directives. Pour les accompagner, de plus en plus d'organisations professionnelles organisent des réunions autour de l'actualité sociale et RH. Ces cercles permettent de partager les bonnes pratiques et les savoir-faire. À partir de l'information ou du texte de loi, chacun est amené à réfléchir pour ensuite donner naissance à un consensus.

L'enquête IFOP sur les opinions, les attitudes et les comportements des DRH à l'égard de la transformation du droit du travail révèle que, pour 80 % des DRH, l'application des 35 heures a rendu l'application du droit du travail plus difficile. Elles ont eu un impact négatif sur la charge, l'organisation du travail et la productivité. Plus d'un tiers des DRH estiment également « *avoir rencontré des difficultés en ce qui concerne la réduction du temps de travail des cadres* » (2). La 5e édition du baromètre de l'innovation en management réalisée par CSA en avril 2003 confirme cette tendance. 57 % des DRH estiment que les **35 heures** ont représenté une source de difficultés. « *Peu d'entreprises se*

(1) Fabrice Deblock, « Infogérance : ces transferts de personnel qui coincent », *JDN Solutions*, 24 mars 2005.
(2) « Les DRH et la réforme du droit du travail », IFOP pour L'Institut de l'Entreprise auprès d'un échantillon de 500 DRH exerçant leur fonction dans des entreprises de 100 salariés et plus, janvier 2002.

disent aujourd'hui prêtes à tirer parti des possibilités offertes par la loi Fillon facilitant le recours aux heures supplémentaires : seules 12 % envisagent de renégocier l'accord de réduction du temps de travail. Deux raisons peuvent expliquer ce choix : d'une part, le recours aux heures supplémentaires est peu attractif dans une période de ralentissement économique ; d'autre part, les entreprises ne souhaitent pas rouvrir le dossier des 35 heures qui leur a déjà pris beaucoup de temps et d'énergie » (1).

En 2005, la législation du travail a connu de multiples changements et orientations. **La loi de programmation pour la cohésion sociale**, votée le 20 décembre 2004, définit, dans son nouveau pacte pour l'emploi, six thèmes pour la négociation interprofessionnelle : la gestion des restructurations, l'emploi des seniors, la santé et la sécurité au travail, la sécurisation des règles régissant les relations individuelles et collectives de travail, l'évolution de la législation du travail, la modernisation du financement du paritarisme.

Elle implique un certain nombre de mesures dont le congé de reclassement pour les licenciés économiques situés dans les groupes de plus 1000 salariés, soit la possibilité de bénéficier d'un congé de formation pendant quatre à neuf mois préavis compris. La juridiction du harcèlement moral est également mieux encadrée. Les jurisprudences précisent que « *l'employeur peut être convaincu de harcèlement moral quand il adopte une gestion des ressources humaines peu conforme, sortant trop de l'ordinaire* » (2).

Autre disposition issue de la loi de cohésion sociale, et s'appliquant depuis le 20 janvier 2005, le droit pour un salarié à la fin de son congé maternité ou parental d'éducation de bénéficier « *d'un entretien avec son employeur en vue de son orientation professionnelle* » (3). Cette mesure œuvre dans le sens d'une meilleure équité professionnelle entre les hommes et les femmes au travail. Ce groupe n'hésite d'ailleurs pas, dans une note de nomination, à faire état de la promotion de cette mère de famille, cadre supérieur, à la tête d'une direction après son troisième congé maternité.

Par ailleurs, le suivi des « *acquis et des besoins des salariés en matière de formation et de qualification* » se développe. Les employeurs du commerce, de l'industrie, des services et de l'artisanat sont dans l'obligation,

(1) Baromètre de l'innovation en management réalisée pour Manpower par CSA auprès de 302 directeurs et responsables des ressources humaines, www.ressources-web.com
(2) Robin Carcan, « Avis de coup de vent sur la législation du travail », *Courrier Cadres*, n° 1566, 13 janvier 2005, p. 26.
(3) Cassation criminelle, 3 novembre 2004, n° 03-85642, www.latribune.fr

depuis le 25 décembre 2004, d'organiser régulièrement des entretiens professionnels pour les salariés « *totalisant deux ans d'ancienneté dans une même entreprise* » (1).

Le **Droit Individuel à la Formation** plus connu sous sa forme abrégée, DIF, représente le deuxième grand volet social de ce début d'année 2005. En effet, tous les salariés français ont désormais droit à une vingtaine d'heures de formation par an, cumulables pendant six ans. Le journal *Libération* fait état, en janvier 2005, de la difficulté pour les DRH à mettre en application ce nouveau texte de loi : « *Ils doivent d'abord convaincre les salariés réticents... et gérer les absences... un problème d'autant plus crucial pour les très petites entreprises* » (2). La loi du 4 mai 2004 sur la réforme de la formation professionnelle a fait l'objet d'une enquête de la Cegos auprès de 300 DRH/responsables formation et de 800 salariés. Les prévisions, fin 2004, se tournaient notamment vers la prise en compte et la gestion des besoins individuels par les managers, et le dialogue avec les partenaires sociaux. Les DRH pensaient, en grande majorité, absorber cette surcharge de travail avec une informatisation accrue et le recours aux services d'un Organisme Paritaire Collecteur Agréé, chargé de collecter les sommes versées par les entreprises pour la formation de leurs employés (3).

Un premier bilan, en juin 2005, montre que 85 % des branches ont abordé le sujet avec 135 accords signés mais un faible taux d'application dans les PME. De plus, les salariés qui se sentent particulièrement concernés par le DIF sont essentiellement les managers, déjà habitués à se former tout au long de leur vie professionnelle (4). Les DRH devront donc concentrer leur effort auprès des employés et des ouvriers, notamment dans le cadre de l'allongement de la vie professionnelle. Les premières estimations montrent également un décalage entre les attentes des DRH et celles des salariés en matière de formation ; les premiers souhaitant un professionnalisme accru pour leur personnel, les seconds préférant développer leur employabilité. Enfin, la législation du travail sur le DIF manque de précision et ne couvre pas toujours l'ensemble des cas prévus dans l'entreprise, ce qui complique la tâche des ressources humaines et des spécialistes en droit social pour mettre en œuvre leur accord et communiquer sur le sujet.

(1) Accord national interprofessionnel du 5 décembre 2003 étendu par arrêté ministériel du 17 décembre 2004, www.latribune.fr

(2) Stéphane Platat, « DIF, un droit pour tous les employés, un casse-tête pour les RH », *Libération*, 10 janvier 2005, p. 1, 2 et 3.

(3) « Les entreprises se préparent lentement au DIF », *Journal du management*, 3 novembre 2004.

(4) « Premier bilan du DIF », *Entreprise & Carrières*, 7 juin 2005, p. 21-22.

Chaque année, le Code du travail s'enrichit de nouveaux textes, près de 600 par an, auxquels viennent s'ajouter la traduction des directives européennes et celle de la législation des maisons mères situées hors des frontières françaises. Les codes de bonne conduite importés des pays anglo-saxons en sont une illustration. Ils induisent, parfois, une entrave à la vie privée. Cette entreprise a été condamnée notamment pour l'usage d'une charte Internet précisant que « *tout salarié doit demander l'autorisation de son employeur avant d'épouser un conjoint travaillant dans une société concurrente... le juge a estimé qu'un code de bonne conduite comportant des directives s'apparente à un règlement intérieur et doit donc être soumis au comité d'entreprise et à l'inspection du travail avant d'être diffusé* » (1). La CNIL (2), de son côté, au cours d'une séance publique du 26 mai 2005 s'est opposée aux systèmes de *whisteblowing*, les estimant aux antipodes de la loi « informatique et liberté ». En 2005, elle refuse d'autoriser un dispositif de lignes éthiques au sein de deux sociétés, jugeant notamment que les systèmes d'expression mis à disposition des salariés sont suffisants.

Selon l'étude réalisée par l'université Paris-Dauphine et l'IAE de Caen, en collaboration avec l'ANDCP, le DRH de demain s'engage dans un marché international avec « *une logique anglo-saxonne du tout-juridique* » (3). Par ailleurs, la directive européenne du 11 mars 2002 ne devrait laisser personne indifférent. Elle « *oblige les entreprises à informer sur des points précis ses salariés, si ceux-ci sont plus de 10 % à en faire la demande* » (4) et concernera, en 2008, toutes les sociétés de plus de 50 salariés. Beaucoup de bruit pour rien ? Affaire encore non classée...

3 – Une fonction partagée

La recomposition des groupes a multiplié les distances entre les Sièges et leurs filiales. L'accélération des décisions et des événements, touchant de près ou de loin les entreprises, nécessite aujourd'hui une réactivité immédiate. Nicolas Bouts s'adosse de plus en plus sur les directeurs régionaux à qui il a délégué une fonction de manager et de communicant. Il s'appuie également sur les DRH terrain, qui doivent profiter de toutes les occasions de rencontre et de dialogue. Pour accom-

(1) Robin Carcan, *op. cit.*
(2) « Alerte éthique, la CNIL s'oppose à la délation », *Entreprise & Carrières*, n° 769, 21-27 juin 2005, p. 10.
(3) Yann de Kerorguen, « Le métier de DRH face à des mutations stratégiques profondes », *La Tribune*, 24 mai 2005, p. 32.
(4) « La rumeur se propage en entreprise » *Le Journal du Management*, avril 2005.

pagner les mutations économiques, sociologiques et culturelles des sociétés, le DRH ne peut plus agir seul. Artisan du partage, il se doit d'arbitrer la gestion des personnes et des ressources avec d'autres acteurs, dans une ligne à la fois hiérarchique et transversale. Les DRH pays, les responsables ressources humaines régionaux, les directeurs d'établissement, les managers d'équipes, les instances représentatives du personnel, tous ont un rôle à jouer pour relayer et légitimer les politiques RH, et pour accompagner le changement.

■ *Le manager, premier RH de l'entreprise ?*

« *Avant, quand on voyait un salarié de la RH on lui disait : venez dans les tranchées, sortez de vos bureaux ! Il faut travailler avec les cadres dans une logique de partage...* »

Pour Sophie Marquaire, la fonction ressources humaines se situe au cœur de l'activité de l'entreprise. Autant certaines tâches peuvent être automatisées, autant la dimension RH doit être partagée dans toutes les strates de l'entreprise et appropriée par l'ensemble des managers. L'évolution de la fonction RH passe donc par celle du management. Les managers, simples donneurs d'ordre, devraient peu à peu disparaître. L'entreprise souhaite s'appuyer, au contraire, sur des personnes dont le savoir-faire et le savoir être sont développés et soutenus par des moyens, un soutien logistique RH, nécessaires à une meilleure gestion des équipes. Un manager possède en effet sa propre vision de son collaborateur. Un ressenti à la fois productif et affectif qu'il croise avec celui du DRH, plus transverse et plus éloigné. Pour gérer le développement des personnes sur le plan individuel et collectif, on parle donc désormais de coresponsabilité entre le DRH et le manager. Dans ce nouveau cadre, la fonction RH assure une fonction de conseil managérial, le responsable hiérarchique prend seul les décisions. Car partager signifie aussi responsabiliser.

Michel Bon, président de France Télécom, fait office de précurseur lorsqu'il décide, en 1995, de placer ses managers en tête d'affiche des ressources humaines. Ce sont les lignes directrices du projet *RH Demain*. Au sein de chaque unité opérationnelle, l'équipe RH reconfigurée, restreinte et généraliste, a désormais un rôle capital de soutien des managers pour le développement de leurs collaborateurs et le pilotage social de l'établissement. Le manager, premier RH de l'unité, après avoir été aidé et appuyé, assure seul ses prises de décision et son rôle d'animateur d'équipe.

Même transformation au sein de La Poste, même si la responsabilité RH est différente selon les métiers. Le groupe de service public n'est plus organisé sur le territoire de manière unique. Désormais l'activité courrier se compose de 40 directions opérationnelles, là où l'activité colis s'ordonne en 5 directions, les services financiers autour d'une vingtaine de centres régionaux et le grand public autour des 100 départements français. Une décentralisation des responsabilités vers les managers est engagée. Ce transfert concerne notamment la gestion des ressources humaines, domaine où le manager devient le principal décideur. La fonction RH se repositionne en appui et conseil auprès des managers.

Mais pour que chacun assume pleinement son rôle, il devient nécessaire d'assurer échanges et dialogues entre les deux parties. Le manager n'est pas toujours reconnu comme un décideur. « *On ne peut pas avoir une fonction RH qui dise à un manager : voilà ce qu'il faut faire, à vous de vous débrouiller* », analyse Maurice Ricome. Une mission délicate car elle implique, pour chacune des parties, une remise en cause des habitudes. Face à une transformation de leur métier, les salariés RH de France Télécom ont dû, avant tout, s'adapter. Bernard Merck explique le poids des habitudes qui s'étaient instaurées dans l'entreprise. L'administration était devenu un jeu, une habitude confortable et la volonté de ne pas changer était forte. Les process étaient le symbole de l'ancien pouvoir : « *il n'y a que moi qui sait les faire fonctionner* ».

Communiquer, se parler impliquent, dans ce cadre, une rencontre, des échanges et un dialogue. Les groupes de travail et les entrevues entre manager et RH représentent aujourd'hui le meilleur moyen pour mieux se comprendre, se fixer des objectifs communs, adapter les outils et les projets.

« *Avant, chacun travaillait dans son coin, à sa sauce, le DRH n'avait aucune légitimité.* » Une des missions de Bruno Frankiel a été de montrer, sur le terrain, la valeur ajoutée de la RH auprès du management autour de la complémentarité et du partage. Chez Lactalis, en 2003, des tables rondes ont été réalisées avec 250 top managers du groupe pour recenser leur point de vue sur la gestion RH, pour se mettre d'accord sur une définition partagée du terme GRH et pour élaborer un dispositif et des outils de gestion du parcours type d'un collaborateur. La GRH est ainsi devenue un système déposé auprès des managers Lactalis. « *Nous avons enfin donné aux managers le rôle qu'ils attendaient, celui de proposer et de décider* », précise Patrick Van Honnacker. « *Mon travail aujourd'hui consiste à promouvoir cette GRH auprès d'eux et à veiller au respect de sa déontologie.* »

Ces mutations s'accompagnent parfois de certains deuils et de la prise en compte, par le manager, de ses nouvelles responsabilités envers ses collaborateurs. Elles se fixent souvent à l'aide de la construction des entretiens d'évaluation qui permettent d'écrire, noir sur blanc, les bases de la collaboration et de la gestion des ressources. C'est le choix adopté par BioMérieux qui fédère désormais ses équipes autour du management de la performance. Un travail construit avec et pour les managers. Les groupes projet entre la fonction RH et les équipes de trois pays majeurs ont permis d'expérimenter avec succès l'entretien annuel d'appréciation pour redonner du sens et savoir comment atteindre les objectifs de l'année. C'est une approche qui montre qu'il n'y a pas que la formation académique pour servir les sujets RH, expose Frédérique Saint Olive. « *Positionner le manager et la fonction RH au même niveau, avec des échanges de bonnes pratiques, est une puissance extraordinaire pour recréer de la crédibilité et donner des réponses immédiates.* » Pour toucher l'ensemble des managers du groupe, la DRH a déployé, pendant deux ans de suite, des ateliers de travail d'une journée, en France, aux États-Unis et en Hollande.

L'entretien d'appréciation sera sans doute un point sur lequel les entreprises vont concentrer leurs efforts dans les années à venir. Il symbolise en effet le partage des fonctions RH entre le manager et les directions des ressources humaines et fixe les règles d'une gestion individuelle de la relation et des carrières. Dans les faits, ce principe est loin d'être simple. Le dialogue entre le manager et son collaborateur ne se situe pas toujours dans une logique de franchise et d'ouverture. Il n'est pas toujours facile de dire à une personne qu'elle n'est pas compétente ou qu'elle doit progresser dans tel ou tel domaine. De plus, le manager ne possède pas toujours les bons indicateurs sur les axes de progression et de développement des compétences requises au sein de l'entreprise. Les outils diffusés peuvent aussi être mal expliqués, mal conçus, peu appropriés aux échanges. Ce qui laisse toute latitude aux marges de progrès.

■ *Les fonctions RH à l'international*

Lorsque leurs filiales sont trop éloignées les unes des autres ou de leur maison mère, les groupes recrutent des personnes responsables de la cohérence de la fonction RH dans le temps et dans l'espace. BioMérieux a ainsi des DRH au service des pays regroupés en zone, en plus de DRH pour les pays qui ont le plus grand nombre de salariés, comme la France, les États-Unis, la Hollande et le Brésil. Dans les autres pays, ce sont les *countries managers* qui assurent cette fonction de responsable des ressources humaines. Les rôles RH sont orientés vers le support au client interne, en particulier pour toutes les dimensions d'organisation et de gestion des compétences dans le but de soutenir le *business plan* de l'entité concernée. En 2006, la Fnac (1) devrait connaître un accroissement de ses effectifs à la fois en France et à l'international. Le groupe a mis en place une nouvelle organisation RH pour mieux accompagner ses évolutions. Parmi ces mesures : un Siège au service des magasins avec une vocation de support pour l'international, et la création d'une DRH internationale à part entière pour répondre aux enjeux du développement dans les sept pays où est implantée la Fnac.

L'enjeu est en effet de mettre en place des pratiques RH pouvant constituer des points de référence dans le monde, à l'instar des correspondants mobilité de Coface. Ils servent la gestion des carrières internationales avec des principes et des règles communs, dans une logique de cohésion d'ensemble. Chacun se doit d'être acteur de la gestion des carrières et des compétences, et de faire parvenir l'ensemble des postes à pourvoir à la DRH Groupe. De plus, un comité RH Groupe rassemble, tous les deux à trois mois, les responsables ressources humaines des principales entités. Il s'agit, par ailleurs, de respecter et de favoriser les cultures locales. Chez Cisco (2), pour exemple, le rôle du DRH est aussi d'assurer un lien « *entre les différences culturelles et d'expliquer les subtilités juridiques à un manager chargé de gérer l'évolution des carrières de son équipe, très souvent basée un peu partout dans le monde* ». Un management sans frontières en quelque sorte.

■ *Les relations avec les syndicats*

Les salariés s'éloignent de leurs représentants légaux. Pour Hubert Landier, le syndicalisme, au cours de ces vingt dernières années, s'est, en France, affaibli. Le sociologue évoque, dans son ouvrage *Le Management du risque social* (3), un manque de proximité entre les salariés et les délégués syndicaux, des conflits « rituels » avec la DG, générateurs de perte de temps et de coûts importants, des salariés protégés qui ne représentent pas les collaborateurs et ne s'intéressent pas à leurs problèmes.

Confrontés à une baisse de leur effectif et à une perte de leur crédibilité, certains syndicats développent des actions et de nouveaux services pour conquérir le cœur des salariés. Le magazine *Liaisons Sociales* consacre son numéro de juin 2005 à « *ces petits plus qui dopent les adhé-*

(1) www.pprlive.com, 27 janvier 2003.
(2) Emmanuelle Parmentier, DRH de Cisco, « Cisco ou le nouvel art de penser... le travail ! », *Net & Digest*, 20 février 2005, www.ujjef.com
(3) Hubert Landier, Daniel Labbé, *Le management du risque social*, Éditions d'Organisation, novembre 2004, p. 38-43.

sions syndicales en Europe » (1). Service SVP retraite, aide juridictionnelle gratuite, mutuelle, cellule d'assistance d'aide psychologique... le mouvement s'amorce en France autour de grands thèmes chers au cœur des salariés, mais qui selon le magazine ne récoltent pas les adhésions attendues : « *on ne fait pas adhérer les gens en leur faisant miroiter des services* ». Il reste avant tout la confiance à rétablir. Cette confiance, certains DRH s'en sont emparée pour construire des relations durables et satisfaisantes avec leurs instances représentatives du personnel. Même s'ils souhaitent malgré tout « *des instances représentatives plus soucieuses des intérêts de l'entreprise et davantage... représentatives* » (2), ils s'efforcent d'agir dans une logique de partage des intérêts entre les salariés et l'entreprise, en séparant la pensée de l'individu de sa logique purement contestataire.

C'est le fer de lance de Jean-Noël Thiollier qui établit des échanges directs et transparents avec les représentants syndicaux d'Yves Saint Laurent Beauté dans une logique de donnant/donnant. Quand il leur fait part de l'intérêt de travailler ensemble sur le développement de l'emploi, il s'adresse avant tout aux hommes et aux femmes de l'entreprise et non au mouvement d'opposition. Il va même jusqu'à instituer un déjeuner par trimestre avec les syndicats pour leur donner sa vision de l'entreprise. Cette nouvelle relation a également permis au DRH de gommer les extrêmes : « *les syndicats ont arrêté de requérir 15 % d'augmentation par an tandis que, pour ma part, j'évitais de demander 60 heures de travail par semaine !* ». D'autres entreprises, comme Jeulin, s'efforcent au travers de leur IRP (3) de favoriser la meilleure vision de l'entreprise avec la meilleure homogénéité possible. Le DRH construit, avec le comité d'entreprise, des échanges très riches dont le contenu reste discret dans les PV. Chacun des 22 délégués est représentatif d'un service de l'entreprise pour obtenir une représentation plus globale des besoins, des réactions et des attentes. Sa recette : ne jamais mentir, ne pas bluffer, jouer gagnant/gagnant et non donnant/donnant.

Résultat : transparence et dialogue portent leurs fruits, même en cas de situation difficile. La fermeture de plusieurs sites n'a pas entaché les bonnes relations de ce DRH avec les délégués de son entreprise. Il est notamment noté sur sa capacité à fermer des usines et à gérer les transferts. Ici pas de licenciements et des syndicats participatifs.

(1) Isabelle Moreau, « Ces petits plus qui dopent les adhésions syndicales en Europe », *Liaisons Sociales*, juin 2005, p. 30.
(2) « Les DRH et la réforme du droit du travail », IFOP pour L'Institut de l'Entreprise auprès d'un échantillon de 500 DRH exerçant leur fonction dans des entreprises de 100 salariés et plus, janvier 2002.
(3) Instance Représentative du Personnel.

Cette logique de réciprocité va de pair avec le sens donné à l'évolution des syndicats. Pour Pascal Moisy, les problèmes liés à la négociation sont souvent culturels et parfois liés à un manque de connaissance des droits et de l'évolution des lois. Certaines entreprises ont donc mis en place des formations au droit du travail pour que chacun soit prêt à jouer le jeu de façon réellement constructive. Pour d'autres, l'inverse se produit parfois. Ce DRH avoue que les relations avec les CE ont changé, ils ont quelquefois l'information avant lui notamment sur l'arrivée et les conséquences des nouvelles lois. Mais le principal étant, pour chacune des parties, de coconstruire et d'adapter ensemble un contrat social, jamais figé, qui prend en compte autant les besoins des salariés que ceux de l'entreprise. Et pour y parvenir il sera probablement nécessaire de dépasser les divisions imposées par l'histoire, « *par la recherche des nécessaires convergences en se dotant de lieux de débat et de réflexion pour reconstruire le syndicalisme nouveau nécessaire au progrès économique, social et ... démocratique* » (1).

II. De la communication au marketing RH

« *Reportant directement au DG de l'entreprise, membre du Comité de Direction, vous assurez la gestion des RH... Vous pilotez la communication et développez le sentiment d'appartenance au groupe... une de vos premières missions sera de déployer un journal interne d'entreprise...* »

Près d'une annonce sur deux comporte un volet, une responsabilité communication rattachée au DRH. Considérée comme un enjeu de plus en plus important et comme une mission prioritaire, elle fait, directement ou indirectement, partie intégrante du paysage de cette fonction. Il s'agit même d'une des activités ayant le plus progressé ces dernières années, juste après la maîtrise de l'évolution de l'organisation du travail (2). Des résultats confirmés par l'enquête AC'Conseil (3) conduite, en mai 2001, sur les finalités et les pratiques de la communication interne en matière de ressources humaines. Elle indique, en effet, que « *100 % des entreprises interrogées communiquent sur les sujets RH et que, pour 92,4% d'entre elles, la communication est un impératif* ». Elle révèle, par ailleurs, trois objectifs prioritaires assignés à la communica-

(1) Jean Kaspar, « Les nouvelles crises sociales en France » dîner/débat AFCI, 19 juin 2001.
(2) « Résultats provisoires de l'étude-action GRH Demain », *Revue Personnel*, n° 400, ANDCP.
(3) Anne Cartier, « Évolution des pratiques de communication interne RH... », AC'Conseil, www.afci.asso.fr

tion RH : « *accompagner les changements, faire connaître la politique RH aux salariés et créer une culture commune* ».

Pour Pierre Labasse (1), président d'honneur de l'AFCI, les thèmes majeurs de cette communication devraient se situer dans les années à venir autour de « *la retraite, de la prévoyance, de l'épargne salariale... des finalités et de l'éthique de l'entreprise* ». Parmi les autres domaines qui donnent du sens et « un plus objectif » aux collaborateurs, citons également : l'innovation, l'actionnariat, le bilan social personnalisé, le DIF, la mobilité interne, le projet d'entreprise, les conditions de travail...

Le lien implicite entre communication et ressources humaines n'est plus à prouver. Ces métiers ont connu les mêmes mutations liées à la transformation des organisations, à la gestion des crises et des changements. Ils progressent dans la même direction : accompagner la stratégie, la performance des entreprises, les évolutions culturelles et sociales. Aujourd'hui, associée au marketing, la communication RH vise à donner une image réelle, à véhiculer des messages différenciants, à offrir une valeur ajoutée auprès des futurs recrutés et des collaborateurs déjà en place. Une petite révolution dans un monde où tous ont encore à faire leur preuve : les RH sur leur image et leur valeur ajoutée, la communication sur son professionnalisme et sa transparence, l'entreprise sur sa sincérité et son avenir, les salariés sur leur motivation et leur engagement.

1 – Place et évolution de la communication dans l'entreprise

Le monde de l'entreprise a, de tout temps, communiqué. Avec plus ou moins d'envie, d'efficacité, de transparence, d'organisation, de moyens. L'échange de mots, de paroles entre deux individus n'est-il pas déjà, en lui-même, un acte de communication ? Mais à quel moment l'entreprise a-t-elle commencé à professionnaliser et à maîtriser sa communication ?

En France, les salariés découvrent les premiers supports d'information en 1916, avec la naissance des journaux d'entreprises des usines Berliet, puis de Renault et Peugeot en 1918. Pendant cette période

(1) Laurent Gérard, « Pierre Labasse : la professionnalisation a beaucoup progressé » *Entreprises & Carrières*, n° 745, 4-10 janvier 2005, p. 2.

d'entre-deux-guerres, « *certains s'essaient même à la bande dessinée, créant des héros tels que Truc et Train, les deux compères cheminots, ou encore se risquent à créer des films d'entreprise* » (1).

Ce sont les comités d'entreprise en 1945, le lancement des supports à grande diffusion et la création de l'Union des journalistes et des journaux de France, UJJEF, en 1947, qui contribueront à donner un statut à l'information (2). La première étude sur la presse d'entreprise est présentée à Copenhague en 1955 : « *les ¾ des journaux internes sont consacrés à des sujets extérieurs de l'activité économique de l'entreprise (loisirs, vie des associations du personnel, humour et jeux, carnet naissances, mariages et décès, conseil pour la vie quotidienne)* » (3).

Les diaporamas et la vidéo viennent enrichir, dans les années 1970, les médias internes. On célèbre et on fête l'entreprise, son lien social, sa « toute-puissance ». Il faudra toutefois attendre 1987 pour qu'une enquête soit réalisée sur la communication interne à l'entreprise. Les résultats permettent « *de dresser le portrait d'une fonction nouvelle mais encore faiblement professionnalisée* » (4). À partir de 1995, avec l'arrivée d'intranet, la naissance de l'entreprise en réseau et d'un nouveau terrain de jeu économique et social, la communication tend à se rapprocher de la stratégie et des hommes. Elle les responsabilise en accompagnant le projet d'entreprise et le développement humain au travers notamment de l'actionnariat des salariés, de la formation et de la mobilité interne. Elle cherche aussi à positiver et à rassurer les individus face aux plans sociaux et aux dispositions mises en œuvre pour quitter l'entreprise. Depuis 2000, l'éthique prend une part grandissante à l'intérieur comme à l'extérieur des organisations. La communication interne intègre, en conséquence, la sensibilisation et la contribution des salariés au développement durable de leur entreprise et participe au développement des chartes de valeur. Elle se doit également d'être réactive pour éviter les rumeurs et les interprétations de l'information issues des médias externes. Les communicants internes sont, de plus, progressivement intégrés à la gestion de crise, liée aux mutations des marchés et des entreprises.

Dans le même temps, la communication se professionnalise. Les bureaux d'information d'hier se transforment progressivement en de

(1) Catherine Malaval, « Des années folles aux années raison », *Stratégie*, mars 1997, www.creapress.fr
(2) Philippe Détrie et Catherine Broyez, *La communication interne au service du management*, Éditions Liaisons, janvier 2001, p. 39.
(3) Pierre Labasse, « Éléments pour une histoire de la communication interne » *Cahier AFCI*, n° 6, février 2000.
(4) Philippe Détrie et Catherine Broyez, *op. cit.*, p. 56.

véritables directions de l'information et de la communication. La production des messages devient moins uniforme, leur diffusion n'est plus exclusivement descendante. Les entreprises s'attachent à faire remonter les informations par l'intermédiaire de leur manager, par la mise en place de correspondants communication, de comités de rédaction, voire même par la création de petites agences d'informations internes. La transversalité, qui permet de développer des liens entre les métiers, entre les filiales, entre les savoirs, de mieux connaître les bonnes pratiques et de les partager, se place au centre des préoccupations. On parle de mise en relation des personnes, de construction de sens. On commence à s'intéresser à la façon dont un message est perçu, compris et mémorisé. La communication se rapproche des managers en développant sa capacité à écouter, comprendre, conseiller…

La palette des supports d'information s'élargit : journaux, magazines, webzines, revue de presse, bande dessinée, films, CD-Rom, intranet, conventions, forums d'expression directe, théâtre d'entreprise, expositions, conférences, clubs, vidéotransmission, écrans plasma, boîtes à idées électroniques… La liste est longue et devrait encore s'enrichir. Toutefois les modes d'information privilégiés par certaines sociétés restent, malgré tout, la réunion d'information, le communiqué interne et l'affichage, des médias de masse, peu coûteux, accessibles à tous, sans oublier, la communication orale, naturelle, inéluctable autour d'une machine à café, dans un restaurant d'entreprise, dans un ascenseur…

Par ailleurs, une attention particulière est portée à la présentation des outils, à la préparation et à la mise en œuvre des actions ; que ce soit dans le choix des lieux de réunions, des animations intranet, ou encore celui de documents imprimés en quadrichromie, sur des papiers couchés, glacés, pelliculés. L'évolution des techniques d'impressions moins coûteuses, plus rentables, la représentation et le modèle des médias externes ont favorisé, pour partie, la qualité des moyens de communication. Le confort de lecture, la qualité des prestations, la clarté des messages représentent autant de facteurs qui donneront à la fois envie d'accéder à l'information et permettront de valoriser son destinataire.

Mais la situation est loin d'être uniforme. On observe encore un décalage entre les discours, les envies, et la réalité. Les salariés ne sont pas tous satisfaits par la qualité et la pertinence des supports de communication de l'entreprise. Ils reprochent aux conventions d'être encore vides de sens malgré de très beaux décors, aux journaux internes de s'éloigner de leurs préoccupations, de ne mettre en valeur que les membres des comités de direction ou les produits. Ils ne se retrouvent pas toujours au sein des méandres des intranets et saturent d'informations sur leur messagerie. Les discours sont aussi jugés triomphalistes, on parle des succès, mais peu expliquent ou tirent des leçons des échecs.

Il existe encore des effets de mode autour de la communication, une tendance paillettes et poudre aux yeux. Les outils sont créés pour « faire comme les autres » ou encore pour « se faire plaisir » sans s'attacher aux objectifs et aux résultats attendus. Une autre tendance est de produire dans une logique de *one shoot*. Autant ne rien faire. En effet, en offrant aux salariés un moyen de communication efficace, puis en le stoppant sans explication, la frustration engendre colère et contestation. Les collaborateurs ont bien compris ce que l'entreprise est capable de produire quand elle s'en donne les moyens et la volonté. Le tout est aussi vécu comme un signe de non-respect des individus.

Le souci reste que les groupes ont encore tendance à couper les vivres en cas de mauvais résultats ou de baisse du chiffre d'affaires. Les premiers touchés ? La communication et la DRH. Certains responsables sont souvent obligés de revoir régulièrement leur copie tout au long de l'année et d'abandonner bon nombre de projets en cours de route, à l'instar de ce groupe en situation de crise. Le PDG explique qu'il faut serrer les vis et faire des économies drastiques pour redresser la situation. Le DRH bloque les recrutements et, malgré des départs et des surcharges de travail, ne remplace pas les postes. Il gèle, dans le même temps, le projet d'audit social, stoppe la parution du journal interne et tous les projets de formation.

Les outils, même s'ils ont fait leur preuve, ne peuvent néanmoins pas se substituer à une analyse approfondie de chaque situation. Pour être efficaces, ils doivent servir une stratégie, des objectifs pensés et étudiés, en fonction de chaque contexte, chaque environnement, chaque population de l'entreprise, dans une logique de continuité. Dans un monde en mouvement, où les cycles de changement ne s'arrêtent jamais, la communication n'est jamais figée. « *Dans un univers stable c'était plus simple, dans un univers en mouvement, les gens ne savent pas bien où ils se situent, où ils vont. La communication interne doit contribuer à garder ces repères, à apprendre à vivre avec le changement, à avoir une vision dans le changement* », explique Maurice Ricome.

Elle se doit d'être réactive, pertinente, proche et accessible à tous, quels que soient leur fonction, leur ancienneté, leur métier, leur localisation géographique. La fonction communication devient *business* avec l'ardente obligation d'accompagner les transformations de l'entreprise. Pour François Boneu, les directions de la communication des grands groupes ont toutes pratiquement changé depuis dix ans, car les entreprises elles-mêmes ont modifié leur pilote et leur direction. Elles sont de plus en plus structurées en grands dispositifs ou grandes problématiques de communication. L'internationalisation pousse en effet la communication à s'ouvrir à l'entreprise en réseau, à intégrer la dimension culturelle dans son savoir être et son savoir-faire, à transformer les supports existants, voire à en créer d'autres, à la fois plus proches et plus cohérents dans leur dimension stratégique. « *Ma vision est que la fonction communication interne et RH s'est ajustée sur la notion de performance, puis recentrée dans ses politiques* », poursuit le PDG d'ATEFO. On se focalise aujourd'hui sur quelques grands sujets car il est impossible de traiter toutes les masses d'information sous peine de se perdre et de perdre les collaborateurs sur les priorités de l'entreprise. Ces grands sujets sont reliés de très près aux stratégies et renvoient à la question du choix.

Pour obtenir ses lettres de noblesse, la communication interne se retrouve dans l'obligation de sortir de sa coquille instrumentalisée. Elle se transforme en une direction à la fois ressource et stratégique, dans la droite ligne de celle des RH, pour donner des repères au quotidien des salariés, et une vision sur l'avenir. Au savoir-faire du communiquant s'ajoutent son savoir être et sa capacité à transposer des process et des bonnes pratiques dans toute les sphères de l'entreprise. Les directions générales doivent prendre conscience que la communication interne est importante, elle se structure comme une agence au sein de l'entreprise, avec un rôle de prestataire de service, précise Sandrine Richard, responsable de la communication interne de UPC-Noos. Il ne suffit plus de dire les choses, encore faut-il savoir expliquer, mettre en situation, argumenter, démontrer... en un mot convaincre en créant les conditions nécessaires pour que « *chacun trouve les motifs d'action et d'adhésion par rapport à l'action collective* (1) ». Il y va de la crédibilité de l'entreprise et de l'adhésion du salarié.

2 – La marque employeur

« *Je voudrais que DANONE soit l'employeur préféré pour tous les niveaux d'employés, des Directeurs généraux jusqu'aux jeunes managers. Cela veut dire tout simplement que les jeunes diplômés et les professionnels qui travaillent ou non chez nous en répondant à la question " où souhaiteriez-vous travailler ? ", citent spontanément DANONE parmi*

(1) Olivier Bas et Jean-Marie Besse, « Les douze travaux d'Hercule de la communication interne », *Cahiers, AFCI* n° 3, novembre 1998.

leurs premiers choix. » Cet extrait de la politique RH diffusé sur le site Internet de DANONE montre une nouvelle approche des entreprises dans leur communication RH. Il s'agit non seulement de mieux répondre aux attentes des salariés mais aussi de séduire les futurs collaborateurs en mettant en valeur les plus beaux atours de l'entreprise. Le marketing RH propose, en effet, cette logique de cohérence entre les actions externes et internes par le biais d'un message commun et la diffusion d'un projet lisible par tous les clients. En théorie.

■ *Vers une promesse RH*

Pour Fanchon Ribano, la motivation n'est pas un état permanent. Elle demande de se connaître soi-même et de connaître les autres. C'est aussi la somme de la capacité, de la volonté et des objectifs que l'on se fixe. La mesurer exige de l'intuition, de la sensibilité, de l'écoute, de l'observation et du temps. Les entreprises prennent conscience qu'une relation réussie avec les salariés peut difficilement se passer de la prise en compte de leurs attentes qui évoluent, par ailleurs, dans le temps. Elles s'adressent, de plus, à une population d'ouvriers, de cadres, de femmes, d'hommes, de jeunes et de moins jeunes dont les souhaits diffèrent les uns et des autres. Pour répondre à ces attentes, la communication RH va donc s'attacher à produire différents supports, adaptés aux cibles et aux populations clés de l'entreprise dans une logique de « one to one ». « *Marqueter l'offre, la présenter le mieux possible avec des documents cohérents, cela marche toujours* », explique Maurice Ricome. Mais il met néanmoins en garde sur une possible propagande, *« il ne faut pas tomber dans la publicité, convaincre oui, vendre à tout prix, n'importe comment, je suis plus réservé »*.

Eric Pietrac, coauteur du livre *Une autre idée de la relation* (1), fait partie des premiers spécialistes des RH à se tourner vers un marketing adapté aux salariés, dans une logique de satisfaction client. Pour lui, les sociétés doivent être en mesure « *d'appréhender la personne qui se situe derrière chaque salarié* » amenée à devenir « *un ambassadeur de son entreprise* ». Pour maintenir la relation et mieux fidéliser les collaborateurs, il conseille également de communiquer sur une « *promesse salarié* » au même titre qu'une « *promesse produit* ». Il estime, en effet, que « *les individus sont de plus en plus exigeants sur la promesse produit : il n'y a aucune raison pour que les salariés de demain se comportent différemment avec*

(1) Serge Perez, Eric Pietrac, *Une autre idée de la relation*, Jean-Marie Laffont, septembre 2003.

l'entreprise » (1). Les jugements risquent donc de se durcir, les promesses non tenues ne seront pas pardonnées, elles devront être au minimum justifiées.

Le Journal du Net consacre, en mars 2005, un dossier sur le marketing RH. Il illustre les nouveaux points de repère dans la gestion des ressources humaines et leur continuité avec la communication interne. La mise en évidence des actions RH, des « plus » accordés aux salariés (avantages sociaux, services complémentaires, kit de motivation cadres, etc.) est en effet un moyen d'attirer et de fidéliser les personnes qui partagent les valeurs de l'entreprise : « *la DRH doit se poser comme un vecteur d'émotion au travers des différentes formes d'expression* » (2). Didier Pitelet, président de l'agence RH Guillaume Tell, propose dans la même logique « *d'entrer dans une démarche de marketing social pour s'inscrire dans une relation d'adulte à adulte* ». Il évoque également la nécessité de changer le vocabulaire de la RH, car, selon lui, les mots actuels ne sont plus représentatifs de la relation et doivent aussi évoluer. Le sentiment d'appartenance doit se transformer en « fierté adhésion » et les ressources humaines progresser vers « les relations humaines ». Le nouveau RLH est en marche...

■ *Et si la mariée était trop belle ?*

Les systèmes de recrutement sont, pour beaucoup, gérés sur le Net, par annonce papier, auprès des écoles, lors de certains shows parfaitement rodés ou encore à l'occasion de grandes manifestations sportives. Le principe du marketing RH est de communiquer sur les actions des ressources humaines, de valoriser, en interne comme en externe, les démarches liées au capital humain. Les entreprises qui ont réalisé des gains de productivité partout où cela a pu être possible savent que ce sont les individus qui peuvent désormais faire la différence, analyse Bernard Merck. Une manne pour la communication envers les futurs recrutés. Nombreuses sont les entreprises à écrire aujourd'hui, dans leurs objectifs RH, la mise en avant de leurs salariés. Quel site de recrutement ne parle pas de succès, de bien-être ou de reconnaissance ?

- « *Que serait... sans ses femmes, sans ses hommes, sans tous ces talents qui s'engagent chaque jour pour faire de notre groupe un Groupe unique ?*

(1) Eric Piétrac (Deloitte & Touche), « La relation entreprises-salariés devient une relation marques-consommateurs », novembre 2003, www.management.journaldunet.com

(2) Laurent Stencel : « La nouvelle génération ne veut plus perdre sa vie à la gagner », mars 2005, www.management.journaldunet.com

Parce qu'ils sont notre moteur, nous voulons favoriser leur épanouissement à travers notre politique de Ressources Humaines. »

- « *Nous rejoindre, c'est partager l'ambition d'une entreprise qui sait évoluer et vous faire évoluer... mêler projet collectif et réussite individuelle. Nous sommes une entreprise pas comme les autres... parce que vous ne ressemblez à personne.* »

- « *Avoir plaisir à arriver à son bureau le matin, se sentir bien dans son lieu de travail... Nous avons bien conscience, depuis nos débuts en France, que le fait de placer les personnes dans des conditions propices à un travail de qualité est un élément fondamental dans la réussite actuelle et future de notre entreprise* ».

- « *C'est avec chacun des hommes et des femmes qui travaillent avec nous que nous construisons la réussite de notre entreprise...* ».

Pourtant le capital humain, même si beaucoup l'affichent aujourd'hui parmi leurs valeurs phares, ne transige pas avec les faits. François Raffarin s'agace des effets de mode dans la gestion des ressources humaines. « *J'ai lu un article qui proposait de débaptiser le directeur des ressources humaines au profit du directeur du marketing social.* » Attention aux fausses promesses avertit le DRH. Le juge de paix c'est ce que l'on trouve à l'autre bout du discours : les faits, la réalité. Quand ils ne sont pas au rendez-vous, la discordance entre le discours et les actes peut s'avérer dévastatrice. Pour Maurice Ricome, les entreprises ont tendance à insister sur les contours et pas assez sur les contenus. Se placer dans une logique de client interne/fournisseur implique une attitude, des actes de valorisation par l'entreprise, de ses ressources humaines et de ses managers.

Lactalis travaille sur des annonces chartées : quel que soit le poste à pourvoir, l'annonce est élaborée par son rédacteur selon la même structure (mission + profil + perspectives + rémunération), avec la même syntaxe, la même grammaire, le même vocabulaire, puis validée par deux correcteurs internes. Un seul mot d'ordre : un discours reconnaissable, clair et transparent. « *La puissance de la Marque Employeur résultera alors de l'attractivité de ce discours vis-à-vis des candidats et de la capacité de l'entreprise à le prouver par des faits à ses collaborateurs* », résume Patrick Van Honnacker.

Le transporteur Chronopost (1) a créé un pôle marketing et management des ressources humaines pour attirer les nouveaux talents et

(1) « Chronopost charme le marché du travail », *Le journal du Management*, 2 mars 2005.

fidéliser ceux déjà en poste. Les objectifs sont à la fois de baisser les coûts de recrutement de 15 %, et de diminuer le turnover des jeunes arrivants. Des postes de responsable d'implication du personnel sont aussi en train de voir le jour. Ces nouveaux métiers, à mi-chemin entre le RRH, le chef de projet et le communicant, font appel aux actions de formation et de communication pour faire avancer l'organisation et développer l'autonomie des équipes. Ils mesurent leur résultat par des indicateurs du climat social, le taux d'avancement des phases du projet, le présentéisme, explique Fanchon Ribano.

■ *Les grands défis de la communication RH*

Quand une entreprise n'a pas construit de relation avec ses salariés, soit le contexte est favorable et on augmente les salaires, soit il ne l'est pas et on licencie, analyse Nicolas Bouts. Les enjeux de la DRH s'affichent clairement autour de la relation entre l'entreprise et ses salariés. Or, le contrat moral qui lie l'employeur et son collaborateur est en pleine mutation. La mondialisation et les vagues de changement qui en découlent ont entraîné une perte de confiance envers l'entreprise. À terme, aucun secteur d'activité ne sera à l'abri d'une incertitude économique et sociale. Par ailleurs, les managers sont amenés à devenir des « consommateurs d'emplois », les jeunes diplômés, une génération pressée, l'implication des plus de 45 ans est en perte de vitesse, le *papy-boom* est en marche... L'entreprise est passée d'une approche de proximité sans partage à celle d'une logique de résultats sans âme. Or comment demander aux individus d'adhérer à un univers en mouvance, sans repères, de participer au changement sans le comprendre, de donner sans recevoir... ? Telle est la question...

Les entreprises, si elles veulent survivre, innover et se développer, doivent également se tourner vers la gestion des ressources et des relations humaines pour donner à comprendre, pour susciter l'envie, l'adhésion, la progression et le partage... pour capitaliser sur l'humain. Le défi est à la hauteur du risque. La diversité des individus, leurs croyances, leurs origines, leurs motivations ne pourront se cimenter sans une identité commune, symbole d'une volonté d'être ensemble, de travailler de concert.

Renaud Sainsaulieu parle « *d'une nouvelle entreprise citoyenne et solidaire, qui se situera entre l'entreprise à but social d'inspiration associative, l'entreprise de la sociale démocratie industrielle, et la vieille entreprise paternaliste* » (1).

De nouvelles empreintes sont à créer. Au service des hommes et des idées, des valeurs et des identités, la communication des ressources humaines s'inscrit dans la stratégie des organisations. Elle permet d'apporter des premières réponses dans une logique de gagnant/gagnant en alliant bien-être au travail avec culture de progrès, tout en donnant du sens à l'avenir. Elle contribue à impliquer les salariés autour de la stratégie et du développement de l'entreprise, incite le travail collaboratif et le partage d'information, et offre, par la compréhension des attentes individuelles et collectives, un nouvel art de vivre dans et avec l'entreprise. Un nouvel art de vivre qui devrait séduire les nouveaux entrants, les fidéliser et, avec eux, toutes populations à travers les âges. À condition d'ouvrir les bonnes portes et d'enfoncer quelques clous.

(1) « Sociologie de l'entreprise : organisation, culture et développement », Éditions Science Po et Dalloz, 1995.

Chapitre V

LA CULTURE, FACTEUR DE LIEN DURABLE

« Les entreprises qui réussissent sont celles qui ont une âme. »
Jean-Louis Brault (1)

I. Faire évoluer la culture avec l'entreprise

Respect des hommes et des environnements, transparence, proximité, les entreprises affichent la couleur et leurs valeurs. Issues des transformations de ces dernières années, elles tentent de fixer avec des mots les représentations d'une culture d'entreprise, de son image et de son identité. Propres à chaque organisation, les valeurs sont néanmoins empreintes de sonorités identiques. Il fleure bon communiquer sur ce qui séduit, sur la modernité, sur le durable dans un monde où les repères peinent à exister. Et lorsque les firmes s'offrent jusqu'à dix valeurs, qu'elles soient éthiques ou identitaires (2), nous avons du mal à y adhérer. Ces curriculum vitae un peu trop beaux ne séduisent pas, au contraire, ils provoquent méfiance et confusion. Écrites sans référence et sans lien avec la culture, les valeurs ne prennent alors appui que sur une idée, voire un effet de mode.

Pourtant la culture structure justement les valeurs, mais celles issues, découvertes, développées à partir de l'organisation et des ressources, des

(1) Président du groupe GTM.
(2) Étude 2003 agence Wellcom sur les valeurs exprimées par un échantillon français de 108 grandes entreprises.

« *valeurs qui ont suffisamment bien fonctionné pour être considérées comme opérationnelles* » (1).

La culture représente aussi le point d'ancrage sur lequel s'appuient les organisations pour se transformer et évoluer, en créant le moins de ruptures possible. Et lorsqu'un groupe se dote de nouvelles orientations, elles doivent s'inscrire en concordance avec l'ensemble des représentations internes pour permettre à toutes les strates de l'entreprise de virer de bord. Car il serait vain de raisonner en linéaire avec la culture. Elle se nourrit, jour après jour, au gré de « *ses systèmes de gestion RH, la force de sa marque, ses spécificités métiers, le charisme de son fondateur, ses systèmes de fonctionnement et de reporting, son histoire...* » (2). Introduire de nouvelles valeurs, de nouvelles habitudes de travail, de nouvelles mentalités demande une prise en compte de toutes les facettes d'une culture d'entreprise pour agir à la fois sur les comportements, les environnements, les habitudes. En effet, quelles que soient nos réactions, nous avons tous besoin d'un point de départ et d'une ligne d'arrivée pour avancer et évoluer au sein des univers et des sphères professionnels qui sont les nôtres. Dans un monde international, pluriculturel, du changement des technologies, des hommes, des métiers, des stratégies, des produits, des périmètres, la culture représente aussi le lien indispensable à tout développement durable.

1 – Les différentes représentations de l'entreprise

Mélange de mosaïques interactives, la culture prend sa source dans la vision d'une poignée ou d'un seul homme. Puis elle s'enrichie, au fur et à mesure, des valeurs des individus qui composent l'entreprise, de la représentation des marques et des produits commercialisés, des métiers développés, des influences locales et sectorielles. À trop vouloir la maîtriser, elle nous échappe ou se retourne contre nous. En revanche, en jouant avec toutes ces facettes, en acceptant les différences, en s'appuyant sur ses fondations, elle peut devenir une précieuse alliée. À la fois en termes d'avantage concurrentiel, de performance économique et sociale, de vision commune, de repères et de partage.

(1) « Culture d'entreprise : définition et analyse », www.interef.com
(2) Robert de Backer, « Communication interne et international : constats, questions, orientations caractéristiques de la situation française » *AFCI,* 1999.

■ *La fondation*

Pour le Management Institute of Paris, MIP (1), une société, à sa naissance, ne met pas les deux pieds dans le même sabot. Le premier représente le socle fondateur de son identité, il grandit en fonction des événements passés et de son histoire. Le second construit sur l'avenir, la progression, l'action, les mutations. À tous les âges de l'entreprise, un juste équilibre est nécessaire pour réussir et ne pas trébucher, pour se donner le recul nécessaire. « *Pourquoi ne pas s'asseoir un instant pour mettre à jour ses fondamentaux, ouvrir les placards, farfouiller dans les archives, quitte à envisager à nouveau les échecs passés pour en faire de futurs succès... la source d'une future innovation ?* »

En prenant le temps de construire le futur, au regard du passé, les communicants donnent du sens à l'avenir et enrichissent la valeur des groupes. Toute entreprise, quels que soient son âge, son origine, sa spécificité, a une histoire à raconter. Épopée, saga... on y adhère, on se l'approprie, on se la raconte. Les anecdotes fourmillent au sein des tiroirs. Des années après, elles nous touchent encore, nous sensibilisent aussi et nous permettent de réaliser la longueur du chemin parcouru.

Il était une fois...

C'est parce qu'une petite entreprise d'Auvergne a voulu, il y a bien longtemps, répondre au besoin d'un client, un cycliste de passage à Clermont-Ferrand, et dont le pneu, à l'époque collé à la roue, était crevé, que l'aventure de Michelin a commencé (1).

En 1833, Léon Pavin reprend l'activité familiale acquise en 1749 auprès de la seigneurie Lafarge, site réputé depuis des générations pour la qualité de sa pierre à chaux. Il se lance dans l'exploitation régulière du gisement de pierre calcaire. En 1908, l'entreprise dépose un brevet sur le Ciment Fondu®, obtenu par fusion de calcaire et de bauxite. Ce liant alumineux forge sa réputation comme ciment à durcissement rapide, résistant aux hautes températures et à la corrosion. L'histoire de Lafarge Ciments a traversé les siècles.

(1) Extrait du site Internet michelin.com

(1) « Forward, Pause, Rewind : pour les entreprises pas de futur sans mémoire », décembre 2002, www.mip-paris.com

En 1925, Robert Jeulin, droguiste du quartier latin, crée une entreprise familiale et installe sa boutique de distribution de produits chimiques à destination des enseignants, chez lui, dans le 15e arrondissement de Paris. Sa boutique servait d'exposition et de réception, puis de préparation, de réserve, d'atelier d'emballage. Les expéditions partaient sur un plateau tiré par deux chevaux. La vocation Jeulin était née.

À tout juste 20 ans, Eugène Mercier convainc, en 1858, plusieurs petits négociants de Champagne de s'associer sous sa direction. Son projet est révolutionnaire : offrir au plus large public des champagnes de qualité. En 1889, il achève la construction du plus grand foudre du monde pouvant contenir 215 000 bouteilles. Ce gigantesque tonneau devient l'attraction vedette de l'Exposition Universelle de Paris. Plus de 100 ans après, Monique Mercier est nommée chef de cave de l'entreprise, la première femme à occuper cette fonction en Champagne.

En 1907, Eugène Schueller met au point une formule de synthèse qui permet de teindre les cheveux, baptisée Aurore. Le jeune chimiste français crée ses propres formules, fabrique ses produits et les commercialise auprès des coiffeurs parisiens. Il dépose, deux ans plus tard, les statuts de la Société française de teinture inoffensive pour cheveux, plus connue aujourd'hui sous le nom de L'Oréal (1).

(1) Extrait du site Internet loreal.fr

Les premiers conteurs de l'histoire, les fondateurs puis leurs successeurs apportent ainsi les pierres de l'édifice dans la construction d'une culture d'entreprise. Elle peut prendre parfois des années avant de s'installer au sein des groupes, changer de cap ou de direction en fonction des événements, mais doit toujours s'inscrire dans une logique de continuité. Certaines « vieilles dames » construisent leur parcours en amalgamant leur culture avec leur histoire et se révèlent, comme chez Jeulin, toujours fiables, audacieuses et innovantes. D'autres, à l'exemple de Solvay, ont gardé leurs valeurs premières, l'humanisme et la liberté d'expression pour les conjuguer avec de nouvelles plus axées sur l'entreprise internationale en réseau comme la responsabilisation, l'esprit d'équipe et l'orientation clients à l'interne comme à l'externe. Ce fil conducteur, même s'il n'évite pas l'inquiétude face aux changements, permet de garder le cap et de conserver l'attachement premier à l'entreprise. Et face à une société qui se fractionne de plus en plus, conserver un esprit de corps peut s'avérer un précieux allié. Ce n'est sûrement pas un hasard si les groupes communiquent sur les hommes à l'origine de l'entreprise, souvent des visionnaires et des agitateurs d'idées, au travers de leur site Internet et Intranet, au sein de leurs magazines, et parfois même au sein d'un livre. C'est ainsi que « *62 % des salariés du CCF estiment que l'opération centenaire du CCF a été pour eux l'occasion de prendre conscience de son identité et 72 % de mieux connaître le CCF* » (1).

Cependant, la culture du fondateur, connotée de paternalisme, a parfois mauvaise presse. On parle encore, dans certains groupes, de Madame et de Monsieur pour désigner les présidents, de monarchie de droit divin. Le psychologue américain Rensis Likert (2) désigne cette forme de management comme un mode autoritaire, basé sur le principe de la soumission des salariés et de la toute-puissance de la hiérarchie, seule détentrice du pouvoir et de l'information. Non responsabilisés, les individus sont soit récompensés, soit sanctionnés. D'un autre côté, le paternalisme a aussi introduit une notion de bienveillance en créant un attachement profond à l'entreprise, sur le principe de l'emploi à vie et intergénérationnel. On entrait dans les groupes, de père en fils ou de mère en fille. Les avantages sociaux étaient développés, on connaissait le nom de chaque salarié, on s'enquérait de la santé du petit dernier, on aidait à remplir les feuilles d'impôt… Si la valorisation par le travail était souvent exclue dans ce modèle, en revanche le sentiment d'être reconnu en tant qu'individu pouvait être assimilé à un élément de satisfaction du salarié.

Cette forme de filiation pouvait perdurer dans un monde où tout allait bien, où les informations ne filtraient pas en dehors de l'entreprise, où les plans de sauvegarde de l'emploi et les licenciements, après vingt ans de « boîte », n'existaient pas. Et lorsqu'un salarié perdait son travail, il pouvait, dans le même temps, se retrouver aussi sans logement. Les barrières entre vie professionnelle et vie privée étaient souvent très minces. Mais n'est-ce pas ce qui est en train de se produire depuis quelques années, sous une autre forme ? Combien d'appels professionnels et d'heures travaillées sont aujourd'hui passés depuis les domiciles personnels ? Un juste milieu reste encore à trouver, surtout dans un monde où justement cet équilibre prend toute son importance aux yeux des salariés.

(1) Philippe Détrie et Catherine Broyez, *op. cit.*
(2) Salvatore Maugeri, *Théories de la motivation au travail*, Dunod, septembre 2004, p. 60.

■ *Une culture, des cultures*

Difficile, aujourd'hui, de parler de sentiment d'appartenance surtout dans une logique de consommation d'emploi. Pourtant, plus le socle de la relation sera solide, plus elle pourra devenir pérenne. Mais comme dans toute construction amenée à grandir et à évoluer, la prise en compte de multiples facteurs se révèle indispensable pour obtenir une vision à 360° d'une culture d'entreprise. « *La taille de la société, la structure et l'origine du capital, familial ou non, sa cotation sur le marché, la nationalité de la maison mère, le secteur d'activité, la localisation du poste font partie des facteurs importants et pris en compte par les salariés qu'ils soient présents dans l'entreprise ou en phase d'approche* », analyse Anne Blozheimer. La culture se conjugue toujours au pluriel. Qu'il s'agisse de capitaliser sur une marque, un métier ou encore un territoire, elle possède l'indéniable avantage de perdurer avec le temps.

■ *Entreprendre autour de la marque et du produit*

Mondialement connus, certains labels valorisent les collaborateurs qui, chacun à leur niveau, ont l'occasion de devenir des entrepreneurs et des ambassadeurs de leur marque. Transverse à chacun des métiers, elle décloisonne les équipes et, selon ses représentations mentales, favorise l'adhésion, l'émulation individuelle et collective.

La construction du groupe Suisse Nestlé s'est notamment réalisée à travers ses marques, aujourd'hui porteuses des valeurs internes, très proches des individus, comme l'écoute, l'envie de construire, le respect et la tolérance. Le groupe privilégie les personnes avant les systèmes, le salarié est considéré comme un actif fondamental de l'entreprise. Partout dans le monde, les discours sont souvent les mêmes : « *je me souviens des visages avant de me souvenir des projets* ».

L'attachement à la marque et aux produits influe, en effet, sur le sentiment d'appartenance à l'entreprise, stimule son image sociale et crée un lien informel entre toutes les populations. Dans le milieu des boissons de luxe, comme le champagne, la fierté d'appartenance est omniprésente. Les salariés de Moët-Hennessy-Diageo entretiennent un lien particulier aux produits et aux marques de leur entreprise y compris avec ceux du groupe LVMH.

Parfois, l'effet inverse se produit. Il s'avère nécessaire de créer de nouvelles représentations pour faire évoluer l'image de l'entreprise. Le laboratoire Baxter commercialisait à l'époque des produits à faible valeur ajoutée autour de la perfusion. Il était difficile de vendre l'entreprise en interne et d'attirer du sang neuf. Le DRH a donc travaillé principalement avec ses clients internes sur les bénéfices apportés par les produits. Baxter devient le premier fournisseur des hôpitaux et, de surcroît, un leader dans la prévention des infections nosocomiales. Il construit sa réputation sur des produits à usage unique. L'image plus facilement compréhensible de la part du public permet de recruter facilement 400 salariés en un an et demi.

Néanmoins, certains univers, à l'instar du BTP, se prêtent moins que d'autres à une communication sur leur produit et pourtant, certains groupes ont réussi à évoluer et à se construire une identité forte en interne comme en externe. Spie Batignolles s'offre ainsi une stratégie clairement identifiée, autour de ses marques, *Concertance*, une méthode unique de pilotage et de coréalisation de projet à long terme, placée sous la transparence et la confiance, et *Présance,* des solutions de maintenance du bâtiment en réponse aux engagements de l'entreprise. Cette démarche engage aujourd'hui toutes les ressources humaines et technologiques du groupe. Une première dans l'univers de la construction.

Par ailleurs, dans une culture de marque ou de produit fortement identifiée, subsiste le risque de créer un décalage entre les représentations de l'image externe et celles de l'interne. Les entreprises les plus connues peuvent forger, aux yeux de leur public, des connotations de rêve, d'imaginaire, pas toujours en phase avec la réalité. Certains parlent à l'occasion d'un portrait chinois d'un décalage profond entre le dinosaure subit en interne et la panthère noire transcendée à l'externe. D'autres expriment leur déception, à leur arrivée dans l'entreprise, en constatant la vétusté des locaux et des conditions de travail : « *ma première image ? Les coulisses d'un théâtre avec tous les défauts possibles et inimaginables qui ne correspondaient en aucune façon aux produits vendus et au service client...* ». Beaucoup encore évoquent leur surprise lorsque le monde de rêve auquel ils accèdent se transforme en une succession de contraintes et d'interdits : pas de barbes, de moustaches, de décoloration ou de mèches, port de chaussures et de chaussettes noires obligatoire, taille des ongles, des boucles d'oreilles préformatées...

■ *La fierté du métier*

Certains métiers « phares » constituent une référence solide pour fédérer et créer un fil conducteur. La fierté du travail bien fait joue un rôle catalyseur essentiel surtout après de multiples évolutions au sein de l'entreprise.

Depuis l'invention de l'ingénieur suisse François Borel, qui permit de rendre étanches les câbles électriques en couvrant de plomb le papier bitumé, plus d'un siècle s'est écoulé. Toutefois, de la Société Française des Câbles Électriques, en passant par la CGE et Alcatel, Nexans n'a cessé de développer ses savoir-faire autour de son cœur de métier. Le groupe mise aujourd'hui sur le retour à une culture unique, à une unité de métier, le métier de câbleur. Les salariés possèdent une véritable fierté à exercer leur savoir. Même constat chez Coface qui, en 1945, possède une activité principalement orientée vers l'assurance crédit pour le compte de l'État. La culture est marquée par le sentiment de travailler dans l'intérêt général, d'exercer un travail noble. Puis, l'entreprise développe ses activités compte propre et se tourne, dans les années 1990, vers l'internationalisation suite à un environnement concurrentiel plus marqué. Elle est privatisée et cotée en bourse en 2000. Sa culture reste principalement construite autour de son métier de référence et les valeurs qui lui sont rattachées, mais elle intègre progressivement tous les métiers complémentaires de l'assurance-crédit comme l'information d'entreprise, la notation, le recouvrement et le factoring. Chez Unilog, le métier d'ingénieur prévaut. Son image ? Qualité, sérieux, avec une culture très consensuelle et l'impression d'être mieux géré que dans une autre SSII. En effet, les salariés vivent positivement leurs missions qu'ils jugent intéressantes, l'investissement de leur employeur dans les entretiens annuels d'évaluation, le travail très poussé de la levée des postes et des compétences. « *C'est une entreprise plutôt sympathique et généreuse avec ses managers qui le lui rendent bien* », ajoute Cécile Fougeront.

L'époque des compagnons qui alliaient tradition, transmission de connaissances et de valeurs, n'est pas encore tout à fait révolue même à l'heure de la modernité et des technologies de pointe. Toutefois, les entreprises qui développent une culture métier d'importance s'appuient, en général, sur d'autres attaches pour favoriser l'adhésion, mais aussi et surtout pour développer la transversalité. Car le danger potentiel est de créer un clivage entre les métiers nobles et d'autres, moins valorisants. Ces salariés « minoritaires » se sentent alors oubliés, non considérés, les grands absents de la partie. D'autant plus dans les groupes à forte tendance commerciale, où les administratifs peuvent être assimilés à des fonctions qui ne rapportent rien, jugés comme ne contribuant pas directement au chiffre d'affaires.

■ *Une logique de territoire*

Les rachats, les fusions, l'internationalisation des groupes, les poussent à augmenter leur nombre de salariés et de filiales locales, régionales, européennes. Les individus sont donc souvent contraints de changer de dirigeants, de s'adosser à une culture et des valeurs qu'ils n'ont pas forcément choisies. Pour certains, ces changements ne sont pas toujours vécus à grande échelle, car leur enracinement à l'entreprise tient avant tout à la localisation de l'entité, de la filiale à laquelle ils appartiennent. C'est le cas des salariés de Lafarge Ciments qui ont connu une véritable révolution au sein de leur entreprise : de la maison mère, ils sont devenus la fille. Cet événement a été ressenti comme une perte d'autonomie et par une plus grande distance avec le Siège, mais le sentiment d'appartenance n'a pas bougé.

La culture des Fromageries des Chaumes correspond à l'authenticité du produit comme à celle du terroir. Les fromages sont fabriqués avec amour, avec une image forte de la terre d'origine. Néanmoins, l'évolution des modes de consommation vers le libre-service, et l'arrivée des *hard discounters* obligent la société à adapter son offre. Mais pas question de laisser derrière elle son identité de terroir et son authenticité.

L'attachement à l'entreprise grandit alors à partir d'une culture locale, puissante, d'une fierté de contribuer à l'expansion d'une région. Il existe, en effet, un lien très fort entre le territoire, les hommes et la marque chez DANONE Eaux France. Dans les usines, la fierté des salariés passe par leur marque Badoit, Volvic, Evian, qui est aussi, pour deux d'entre elles le nom de leur ville... on y travaille de génération en génération. Les eaux embouteillées sont issues de la région, il n'y a donc pas de crainte de délocalisation. L'attachement est tel que le respect des marques est primordial pour les salariés, quel que soit leur statut dans l'entreprise. Une implication qui se manifeste également à l'extérieur du groupe. Les collaborateurs de DANONE Eaux France placent en tête de leur consommation les eaux minérales de leur cru. D'ailleurs peu nombreux sont ceux qui consomment d'autres marques que les leurs. Certains ramènent même de leurs vacances passées dans des contrées lointaines de biens curieux souvenirs : des photos de leurs marques ; visuels de bouteilles, de panneaux publicitaires ou... de parasols.

Ce sentiment d'appartenance est aussi lié à la volonté des groupes de ne pas trop marquer les territoires, de laisser une certaine marge de manœuvre et une liberté d'action à leur entité. Car chaque culture peut cohabiter avec les autres, lorsqu'elles s'y prêtent. Le principal étant que chacun s'y retrouve, le salarié comme l'entreprise, pour servir une cause commune, et évoluer sans rupture face aux transformations de l'organisation.

2 – Accompagner l'e-mutation de l'entreprise

« *Le développement de la culture intranet dans les entreprises apparaît comme la première étape des évolutions nécessaires, comme un test déterminant de la capacité d'adaptation de l'économie française. Ces avancées supposent la diffusion préalable d'une culture d'échange et de réutilisation des informations existantes qui n'est guère encore répandue en France* » (1).

Avant de se transformer en organisations apprenantes, les groupes ont encore du chemin à parcourir. Car développer de nouvelles habitudes de travail, responsabiliser, demande du temps, de la patience et de la pédagogie. Or l'arrivée des NTIC a quelquefois été réalisée très (trop) rapidement dans les entreprises. Les salariés et les managers commencent même à développer une aversion pour les outils et n'en voient plus que les effets pervers et les contraintes. La culture des nouvelles technologies n'est pas innée même dans les entreprises les plus aptes à se prêter à l'exercice. Il serait logique de penser qu'une société d'ingénieurs habitués à utiliser les NTIC ne rencontre aucun obstacle sur son chemin. Et pourtant, ce ne sont pas toujours les premiers à utiliser les agendas partagés et à mettre à jour leur information. C'est tout dire des utilisateurs peu familiarisés avec le multimédia. Les entreprises qui souhaitent aujourd'hui rentabiliser leurs outils, informer en temps réel, relier toutes leurs populations, savent qu'elle n'ont pas le choix, elles doivent, d'abord et avant tout, passer par la sensibilisation de leurs utilisateurs.

■ *Donner envie*

Il serait vain de croire que les nouvelles technologies sont amenées à révolutionner l'image et la culture de l'entreprise uniquement du fait de leur présence. Si elles agissent sur l'organisation, elles s'adaptent également à ses évolutions. Combien d'intranets ont ainsi évolué en calquant leur développement sur celui de l'entreprise. Mais c'est, avant tout, la manière dont les outils sont pensés, étudiés, mis en œuvre, compris, au regard de la maturité de l'entreprise et des utilisateurs, qui fera la différence et agira sur la culture. Le défi est de taille car bon nombre d'individus pensent encore « *qu'il suffit de placer les personnes dans un environnement technologique et de les former aux outils pour provoquer des*

(1) « Développer la culture intranet dans les entreprises », www.senat.fr

changements de comportement au travail… il ne faut pas négliger le sentiment de peur, d'incompétence, de négation » (1).

Au-delà de son contenu, l'adhésion à l'outil dépend de multiples facteurs, tels que la compréhension de sa valeur ajoutée, de ses fonctionnalités, mais aussi de son accessibilité. En effet, l'accès aux intranets influence à la fois l'image de l'entreprise mais donne également les premières orientations sur l'outil tel qu'il est perçu par ses futurs utilisateurs : élitiste, partagé ou populaire… Selon leurs métiers, leurs secteurs d'activités, leurs budgets, leurs taux d'équipement, les groupes choisissent de favoriser la connexion, à tout ou partie des individus. Certes, il est parfois difficile de partager les intranets avec l'ensemble des salariés, surtout au sein des usines ou des univers de travail non équipés de micro-informatique. Mais rien ne défend, en revanche, d'expliquer pourquoi une partie de la population est « exclue » de l'outil, et de quelle manière l'entreprise s'engage à y remédier : borne intranet, affichage, réunions d'information managériale…

Offrir un accès partagé est aussi parfois une affaire de volonté, de temps et d'investissement surtout après la mise en place d'un libre-service RH dont la particularité est d'être accessible à tous pour fonctionner à plein régime. France Télécom (2) s'est prêté à l'exercice. Plusieurs solutions ont été trouvées pour pallier au problème d'équipement qui concernait quelque 65 000 personnes sur 150 000 collaborateurs. Les micros ont été banalisés, un salarié peut aujourd'hui mettre à jour ou consulter ses informations à partir de n'importe quel poste de travail. Les établissements se sont tous dotés de un à trois postes en libre-service. La création d'un réseau information propre au groupe a permis d'ouvrir le libre-service RH 7 jours sur 7, 24 heures sur 24 pour les personnes en horaires décalés. Cette action offre aussi à chacun la possibilité de se connecter à domicile. Enfin, en tout dernier recours, les salariés peuvent également enregistrer leurs informations par téléphone.

Certaines sociétés optent pour un déploiement des outils sur plusieurs années. Les salariés sont informés au fur et à mesure du taux de progression de l'équipement. La Mairie d'Ivry (3) a choisi, par exemple, d'installer progressivement des postes informatiques au sein des écoles

(1) Fabien Blanchot, Frédéric Wacheux, *E-GRH : révolution ou évolution ?*, Éditions Liaisons, 2002, p. 34.
(2) Voir chapitre VIII : « La communication RH en pratiques ».
(3) « Inauguration de l'Intranet de la mairie d'Ivry-sur-Seine », dossier de presse, www.elunet.org

ou des équipements sportifs de la ville, même s'ils ne servent pas aux tâches quotidiennes des agents.

Ces attentions, considérées comme des marques de respect, influencent positivement les futurs utilisateurs avant même qu'ils n'utilisent l'outil. L'étape suivante est de montrer, dès les premières heures d'utilisation, la simplicité, l'utilité, les grandes fonctionnalités de la communication électronique. Et si face à la culture des NTIC, tous ne sont pas logés à la même enseigne, il est malgré tout préférable de partir du principe que chaque utilisateur potentiel doit être sensibilisé et accompagné de la même façon. Choix d'un nom, d'un logo, de visuels accrocheurs, effet d'annonce, kits de présentation, de démonstration..., rien n'est superflu pour susciter l'adhésion des salariés dès la mise en ligne et à chaque phase de développement de l'intranet.

Le 21 juin 2005 au matin, les salariés d'Ipsos découvrent en arrivant sur leur lieu de travail d'étranges pattes d'animal apposées sur le sol. Elles marquent les premiers pas du nouveau portail intranet, *ipside* et font référence au *teasing* envoyé depuis quelques semaines : trois visuels de chiens pas comme les autres ! Mise en évidence sur le bureau des collaborateurs, une plaquette leur souhaite la bienvenue sur l'intranet Ipsos France. Si l'objectif est de rendre les informations plus accessibles et de permettre une meilleure collaboration entre filiales et métiers, la société a aussi compris qu'elle devait sensibiliser les utilisateurs pour susciter leur adhésion à l'outil, dès le premier jour. Quoi de neuf ? C'est où ? Qui est-ce ? La plaquette dévoile avec convivialité et un brin d'humour tout ce qu'il faut savoir sur *ipside* :

– La présentation du site par fonction et par zones visuelles.

– Une visite guidée de la page d'accueil.

– Les grands principes de navigation.

– Les contenus par rubrique, par service, un calendrier.

– La newsletter électronique qui reprend, chaque vendredi, les articles mis en ligne pendant la semaine et les nouveautés de l'intranet.

– Les contacts *ipside* à la communication interne, dans les directions opérationnelles et fonctionnelles.

Ipsos fait mouche. Non seulement les 580 collaborateurs se connectent majoritairement dès le premier jour, mais naviguent de page en page et savent désormais où trouver l'information. Des messages de félicitation sont spontanément adressés à la communication interne.

Un accompagnement réussi passe, en effet, par une bonne dose de pédagogie quels que soient l'âge des salariés et leur maturité vis-à-vis des NTIC. Il tient à la fois de l'explicatif et du démonstratif mais aussi du support utilisé. Se contenter d'un mode d'emploi électronique risque de passer inaperçu, mais également de décourager les plus réticents. Parce que le papier possède l'avantage de tenir dans une poche, de se poser sur un bureau, d'être lu et relu autant de fois que nécessaire, ce mode amène les collaborateurs à tirer parti du meilleur du multimédia. La région Ile-de-France n'hésite donc pas à éditer un nouveau mode d'emploi, lorsque son intranet fait peau neuve. L'idée de Laurence Dominic, responsable de la communication interne, est non seulement d'expliquer l'origine de la charte graphique, mais aussi d'attirer l'attention sur la nouvelle organisation du site. La communication profite également de l'occasion pour faire un zoom sur la rubrique petites annonces, peu visible jusqu'alors. Rappeler les principes de base des outils des NTIC à tous et les présenter aux nouveaux entrants, telle est la philosophie de la Région.

Pour inaugurer leur intranet, les sociétés proposent également des initiations à l'usage du Web, mettent en œuvre des cessions de formation aux NTIC, offrent un objet symbolique aux couleurs de leur site, comme un tapis de souris, ou encore ce stylo sur lequel s'inscrit le numéro de téléphone de la hot line intranet. Une bonne occasion de montrer que net et papier restent toujours dans une logique de complémentarité.

Par ailleurs, pour accompagner les évolutions de leur intranet, certains groupes font le choix d'une communication par le biais du multimédia, estimant leur culture électronique arrivée à maturité. En revanche, ils cherchent à accompagner et à faire comprendre les changements amorcés par leur nouvelle interface parfois avec convivialité et humour. *Amalia*, une recrue pas comme les autres, a ainsi guidé, conseillé les 88 000 salariés BNP Paribas autour de leur nouveau portail. Créé sur mesure aux couleurs du groupe, ce petit personnage interactif explique le contenu et les modifications apportées notamment en matière d'authentification individuelle et de changement de résolution d'écran. Ludique, sympathique, clairvoyante... succès garanti pour *Amalia* qui continue aujourd'hui de guider les utilisateurs sur les principes de navigation et la recherche d'information.

Au sein des entreprises qui informent et forment autour de leurs nouveaux outils, on observe également un sentiment de valorisation et d'autonomie progressive des utilisateurs, surtout de la part des ouvriers et des employés, une population souvent mise à l'écart de l'apprentissage. Et les demandes d'utilisation des nouvelles technologies ne cessent alors d'augmenter, une nouvelle culture s'installe progressivement.

■ *Animer dans la durée*

« *Les entreprises ont dépensé beaucoup d'énergie depuis une dizaine d'années pour créer et déployer un outil de communication interne électronique performant, mais semblent moins aptes à le faire vivre* » (1). Combien d'intranets sont aujourd'hui délaissés ou utilisés au dixième de leur capacité ? Combien d'entre eux entraînent une dégradation de la relation à l'intérieur de l'entreprise, alors que leur vocation initiale était bien de favoriser les échanges ? Pour illustration, cet intranet RH tombé en désuétude à peine trois mois après sa mise en ligne. Il accueille aujourd'hui 1800 visiteurs par mois qui restent en moyenne cinq minutes et s'engagent rarement plus loin que la page d'accueil, soit à peine 10 % des salariés. Un des intérêts de l'intranet est de procurer de l'information « chaude », immédiate, réactive, mais encore faut-il qu'elle soit consultée et lue.

Communiquer sur les nouveautés d'un site, faire évoluer les pratiques, développer la complémentarité des outils, représentent donc quelques-uns des enjeux auxquels s'attèlent aujourd'hui beaucoup d'entreprises. Accompagner, c'est aussi faire vivre dans la durée et dans la continuité tout en n'hésitant à se répéter.

Pour informer d'une mise à jour, la solution de facilité consiste à envoyer des mails à grande échelle. Mais cette tendance révèle une lassitude des utilisateurs qui croulent sous les messages électroniques. Ils ne voient pas d'un meilleur œil le développement de ce type de pratiques, ou passent à côté de l'information : « *encore un mail de la communication... poubelle* ». Des chartes ou des Net Etiquettes ont ainsi vu le jour et permettent, avec le temps, de réguler l'usage des mails, d'éviter d'encombrer les messageries tout en développant le respect mutuel. En mettant en exergue les règles et les usages propres à chaque organisation au regard de sa culture et de son environnement, ces codes de bonne conduite permettent une prise de conscience puis une évolution des comportements des émetteurs comme des récepteurs.

Exemple de charte

Avant d'envoyer un message, se demander s'il n'est pas plus convivial et plus rapide de rencontrer la personne ou de lui téléphoner.

(1) Émilie Lévêque, « Intranet, un outil encore difficile à maîtriser » *JDN*, 7 juin 2005.

Se poser la question de la liste des personnes destinataires, sont-elles bien concernées par l'information ? Vont-elles la lire ? Éviter les copies cachées symboles de méfiance et de non-transparence, utiliser les accusés de réception uniquement en cas d'urgence et de priorité.
Choisir un objet résumant le titre du message et donc incitant à son ouverture, urgent ou important ne suffit pas.
Tourner sept fois son doigt autour du clavier avant d'appuyer sur le bouton « envoyer » : se relire en se mettant à la place du destinataire, utiliser les formules de politesse, éviter les abréviations, l'usage intempestif de majuscules, de la couleur, du souligné et du gras qui « polluent » le message, utiliser un correcteur d'orthographe si nécessaire.
Signer chaque mail en n'oubliant pas d'indiquer sa fonction, son service et le numéro de téléphone direct.
Relever les mails et y répondre au fur et à mesure pour éviter qu'ils ne s'accumulent, 90 % des messages ne requièrent qu'un « merci ».

Pour agir sur le comportement, rien ne vaut la mise en avant de la réalité quotidienne des salariés et de l'entreprise, en forçant, parfois à peine, sur le trait :

– « *T'as une drôle de façon de trier tes mails toi !* »

– « *Ben quoi, je fais ça rationnellement, je les imprime tous et après je jette ceux qui sont inutiles !* »

– « *Vous me dites, pas de majuscule pour le mot de passe, c'est bien ça ?* »
– « *Oui c'est exact.* »
– « *Et les chiffres, je les mets en minuscule aussi ?* »

Trapil diffuse, depuis janvier 2005, une campagne de sensibilisation par la bande dessinée sur la consommation de papier en interne et notamment sur l'impression des e-mails. L'idée n'est pas de culpabiliser mais d'attirer l'attention sur les petits détails, anodins à l'échelle du salarié, mais qui, à celle d'une société, prennent une autre dimension. En partant de sa culture de développement durable, l'entreprise réalise d'une pierre deux coups, elle régule l'usage de la messagerie et offre aux collaborateurs de devenir des écocitoyens.

Quant à Jeulin, il n'hésite pas à revenir régulièrement sur les NTIC, au sein de son journal interne, en utilisant les perles de sa hot line et en diffusant des astuces informatiques pour développer la culture interne multimédia.

« *Bonjour, je m'appelle kouriel* ! » Depuis le 17 février 2005, ce petit personnage vient rendre visite aux salariés d'AXA France chaque jeudi, sur leur portail intranet. Il a toujours une bonne idée à proposer pour simplifier l'utilisation de la messagerie électronique. Tous ses conseils sont également regroupés au sein d'une bibliothèque des bonnes pratiques consultables à loisir.

Lentement mais sûrement, les prises de conscience se développent et les comportements évoluent.

Pour communiquer... sur la communication et amener les salariés à utiliser au mieux les NTIC, les magazines internes représentent un bon vecteur pédagogique. Le push d'information sur les postes de travail permet, lui, de diffuser un message urgent qui aura 100 % de chance d'être lu, à partir du moment où le salarié appuie sur le bouton « on » de son ordinateur. C'est aussi une solution alternative à la connexion automatique des intranets dès l'ouverture des postes de travail. Relativement apprécié au sein des entreprises où la culture informatique est fortement implantée, ce système peut être particulièrement mal perçu par les salariés qui ont l'impression qu'on leur force la main.

L'intranet DANONE Eaux France et en particulier la Home Page ou les « pop up » diffusés ponctuellement sont bien appréciés car ces supports sont étudiés en droite ligne avec la culture de l'entreprise. Quelques mots sur trois slides en fondu enchaîné donnent une information « utile » dès l'ouverture des micros. Ces « pense pas bêtes » rapportent un fait d'actualité qui concerne les salariés ou l'entreprise comme, par exemple, le rappel d'une opération particulière ou encore la levée de fonds pour une action de solidarité. Ces messages sont, par ailleurs, diffusés sur tous les tableaux d'affichage des sites, pour que chacun puisse avoir accès à l'information. Et si Bouygues Telecom opte pour une connexion intranet dès l'ouverture des ordinateurs, c'est que l'entreprise mise sur cet outil pour communiquer en cas de crise auprès des managers, avant même l'usage du mail.

Les jeux et les animations apportent également leur pierre à l'édifice. Pour sensibiliser les salariés à l'usage de l'intranet, Kraft Food (1) lance un concours en ligne, avec à la clé des places pour les matches du Stade de France, un des partenaires du groupe agroalimentaire. Il offre par ailleurs à ses salariés la possibilité de suivre la compétition du Tour de France. Deux animations en concordance avec les événements externes de l'entreprise.

La meilleure des récompenses ? Voir les statistiques de connexion grimper en flèche. Mais attention, ils ne dispensent pas d'aller sur le

(1) « Kraft Foods anime sa communication interne » *JDN*, 23 février 2005.

terrain enquêter d'un peu plus près. Car certains résultats peuvent en cacher d'autres, à l'instar de cette entreprise où, à la surprise générale, un département bat tous les records de connections. Curieux et soucieux de comprendre cette forte adhésion, le DRH ne tarde pas à se rendre compte que les salariés ont tous « soudoyés » leur secrétaire pour quelle remplisse les formulaires à leur place, alors que les mots de passe étaient sensés être strictement confidentiels. Mais en matière de comportement, rien n'est jamais acquis...

3 – Fusionner les cultures

Tout, aujourd'hui, tend au mouvement, à la séparation, au rapprochement, à la cohabitation des cultures. Mondialisation des territoires, accroissement significatif de salariés, mariages, divorces, entreprises recomposées... aspirent à bouleverser, à malmener, à transformer les repères initiaux. L'internationalisation implique la gestion d'une diversité grandissante et le croisement de valeurs de populations parfois aux antipodes les unes des autres. Les fusions, engagent tout autant, le mélange et la cohabitation de deux, voir de plusieurs cultures. Il serait vain de croire qu'il suffit de tirer un trait sur le passé pour amalgamer les entreprises et les individus. Les étapes sont semées d'embûches. Créer de nouvelles références, de nouvelles voies constitue certes le chemin le plus difficile, le plus long à suivre, mais il est certainement aussi le plus riche, le plus construit et le plus pérenne. Car il implique, d'abord et avant tout, d'appréhender en amont les valeurs de chacune des parties.

■ *Le fil d'Ariane*

Les expériences montrent que les groupes hésitent entre une culture imposée par la maison mère, dont la nationalité d'origine régit l'ensemble des filiales, et une ligne directrice identifiée par des valeurs communes qui influencent les cultures des établissements internationaux. Pour François Boneu, la culture groupe doit montrer l'exemple, prendre en main la politique éditoriale, les axes principaux car c'est le centre qui bat la mesure et qui donne le ton de l'ensemble des messages de l'entreprise.

Lorsque cette culture n'est ni maîtrisée ni affichée, la communication tourne vite à la cacophonie. Les intranets sauvages, jusqu'à 1 000 dans certaines entreprises, en sont la meilleure illustration. Les messages sont diffusés dans tous les sens, difficile de comprendre la direction donnée aux politiques. L'objectif est donc d'adapter les médias internes aux contextes internationaux pour créer un fil directeur, une voie à suivre tout en préservant les identités culturelles locales. C'est la volonté de Solvay qui a rationalisé ses outils de communication dans une logique plus proche de sa nouvelle organisation tournée majoritairement vers un *business* à l'échelle européenne. Le groupe a ainsi stoppé définitivement, fin 2004, la publication de ses journaux internes de niveau national. Désormais l'ensemble des sites reçoit chaque trimestre un tronc commun de pages d'information de niveau européen ou international – dont deux pages personnalisées « pays » – à charge pour ces sites de les publier dans leur journal interne, complétées de pages d'informations locales. La maquette de tous les journaux locaux est maintenant standardisée au niveau européen. En France, la perte de certaines informations de proximité est compensée par la mise à disposition d'actualités en ligne sur l'intranet France.

Les portails groupes vont dans le même sens. Ils imposent, de par leur structure et leur charte graphique, les lignes directrices de la communication et une cohésion d'ensemble tout en laissant à chaque filiale la possibilité de personnaliser l'outil et le contenu selon ses spécificités. Par ailleurs, ces intranets sur mesure offrent désormais une porte unique d'entrée vers l'ensemble des sites et des applicatifs. Les collaborateurs ont la possibilité d'être constamment rattachés à tous leurs sites d'appartenance : filiale, métier, communauté professionnelle, pays... Un changement positif pour les utilisateurs, mais pas toujours bien ressenti par les webmestres et les filiales pour lesquels cette modification de stratégie crée une rupture importante avec la décentralisation et l'autonomie auxquelles ils étaient habitués.

Lorsque le groupe Air Liquide décide, en 2000, la création d'un portail intranet, il se heurte à de nombreux freins. Géographiques d'abord avec une méfiance des outils en provenance du Siège, managériaux ensuite ; certains patrons ne souhaitent pas que leurs collaborateurs, *via* intranet, perdent leur temps sur Internet ; technologiques enfin, les choix réalisés en interne seront-ils encore d'actualité dans cinq ans ? La performance du matériel et des bandes passantes permettra-t-elle un fonctionnement optimal au sein des 65 pays du groupe ? Malgré les efforts de communication réalisés, les filiales mettent quelques années à comprendre que ce portail leur est destiné, a été conçu pour elles, qu'elles peuvent le personnaliser pour créer leur propre site. Mais avec le temps, Air Liquide construit peu à peu la cohésion de son image groupe. Il travaille aussi sur les évolutions, les améliorations successives de son portail et sa mutualisation. Pour la première fois en 2005, une charte graphique devient obligatoire. Elle ordonne des règles de navigation communes et offre des repères visuels identiques à tous, en laissant une certaine souplesse aux créateurs. Air Liquide établit, par ailleurs, une cartographie complète des intranets existants dans le groupe et des webmestres, pour mieux les identifier et agir plus rapidement.

La rationalisation des intranets s'effectue, en général, étape par étape, avec une montée graduelle des versions à chaque fois qu'elles ont été assimilées par leurs utilisateurs mondiaux. C'est la stratégie adoptée par BNP Paribas pour déployer son nouveau bureau virtuel. Le groupe décide d'ouvrir progressivement la personnalisation du portail aux pays et aux métiers. Il commence par le Siège, puis la banque de détail, une montée en puissance sera ensuite adaptée aux autres métiers, aux filiales et aux territoires. Et pour réussir ce changement culturel d'importance pour ses filiales, des présentations en visioconférence et des visites sur le terrain sont prévues, notamment lors de l'installation du portail pour accompagner les équipes locales. À ce jour, la France est entièrement équipée, ainsi que deux filiales et sept territoires à l'international.

■ *Déjouer les pièges d'une communication internationale*

Communiquer à l'échelle mondiale n'est pas sans danger. Les tentations sont grandes de développer une culture sans chercher à éviter quelques erreurs. Robert de Backer (1) en relève quatre, dans le cadre, d'une communication interculturelle :

1. Interpréter les comportements étrangers en fonction des représentations stéréotypées et des clichés qu'on se fait d'eux.

C'est l'erreur la plus courante. Les clichés ont la vie dure et sont souvent difficiles à contourner, ah le bon vieux béret et la baguette de pain !

2. Postuler que l'autre a les mêmes codes de conduite que soi-même, selon une approche ethnocentrée.

Cette idée pourrait s'appliquer à tous les contextes, qu'ils soient nationaux ou internationaux. Nous possédons tous une tendance naturelle à appliquer aux autres nos propres valeurs et nos références culturelles, mais, à l'international, les erreurs d'interprétation ou de jugement se multiplient à vitesse grand V. Ce DRH en fait l'expérience, en Inde, lors d'un rapprochement avec des développeurs informatiques. Les discussions s'amorcent bien, tout le monde tombe d'accord. Quelques jours après, de retour en France, il doit renégocier tous les termes

(1) « Communication interne et international : constats, questions, orientations, caractéristiques de la situation française », Document issu des conclusions issues de recherches et de réunions organisée par l'AFCI de 1995 à 1999.

de l'accord, car les Indiens, par politesse envers les Français qui ont fait le déplacement, n'osent rien refuser devant eux. Seul l'écrit compte.

Les groupes communiquent donc sur les bonnes pratiques à établir dans le cadre des échanges interculturels. L'idée n'est pas de fournir une recette miracle, mais bien d'expliquer les différences et de livrer quelques clés de compréhension. Le magazine interne des Fromageries des Chaumes consacre, par exemple, deux pages dédiées aux aventures d'un « chaumes » au pays du soleil levant. Le reportage met l'accent sur les différences de comportements : au Japon, par exemple, le oui signifie, « *oui j'ai compris ce que vous venez de me dire* » et non pas « *oui, je suis d'accord avec vous* ». Dans le même esprit, un non révèle en général une période de réflexion de l'interlocuteur. Mieux vaut ne pas se fier non plus à la réponse « *je vais y penser et vous tiendrai au courant* » qui, en réalité, cache la demande d'une nouvelle et meilleure proposition.

3. Croire qu'une culture d'entreprise partagée réussit à gommer les différences nationales ou encore qu'un nouveau type de manager, l'euromanager, apportera la solution à ces problèmes.

Il est en revanche tout à fait possible, d'inverser cette tendance, en mettant en valeur et en respectant la richesse des diversités locales. C'est l'exemple des laboratoires Servier qui portent une attention particulière au respect de l'identité de chaque pays au sein duquel ils sont implantés. Les sites de production marocains ou chinois, par exemple, reflètent parfaitement l'architecture nationale et sont construits en harmonie avec le pays. Une vocation à laquelle les autorités locales et les salariés sont particulièrement sensibles.

4. Minimiser le problème des différences culturelles nationales sous prétexte qu'elles sont un cas particulier des différences régionales déjà bien connues et que l'existence d'une langue commune, l'anglais par exemple, suffit à résoudre le problème.

Elle s'impose pourtant souvent au sein des organisations qui en véhiculent quelquefois plus de quinze (1). Les groupes ont dû s'adapter au fur à mesure de leur expansion. Aujourd'hui, il est usuel pour une entreprise de privilégier le recrutement de collaborateurs bilingues pour éviter, par la suite, des barrières culturelles trop importantes dans les échanges et la compréhension des informations. C'est la condition *sine qua non* pour entrer au sein d'un groupe européen ou international. Certains d'entre eux, à l'instar de Schlumberger (2), ont veillé, dès le

(1) Voir Chapitre I : « Les multiples visages du changement ».
(2) « Travail et mondialisation : le choc des cultures », conférence du 19 avril 2001 à la Cité des sciences.

départ, à créer une culture internationale de référence. Depuis l'embauche, en 1932, de son premier ingénieur américain jusqu'à aujourd'hui avec la mixité de plus de 145 nationalités différentes, la maîtrise de l'anglais est obligatoire, quels que soient son pays ou sa région d'appartenance. « *L'objectif était d'éviter que ne se crée dans la société française une espèce de mafia interne avec le monopole d'une langue dominante, celle de la maison mère. ...l'anglais est une seconde langue, cela évite les circonvolutions, les discussions sans fin. Les gens vont directement au sujet car souvent ils sont limités en termes de vocabulaire.* »

Pour certains, l'anglais est considéré comme un atout, pour d'autres c'est aussi un sujet d'exclusion de nombreuses informations. Les sociétés commencent à étudier de près des solutions qui permettraient d'internationaliser les supports internes, tout en conservant la proximité linguistique de chaque pays. Un portail écrit sur mesure en quelque sorte. Nexans s'est attaqué à cette problématique. L'enquête sur son journal interne rédigé en anglais et diffusé à 12 000 exemplaires montre que peu de monde, en dehors des cadres, ne lit ce support. La direction de la communication a donc décidé de réduire la parution à 2000 magazines destinés aux cadres bilingues du groupe et d'envoyer les articles écrits dans leur langue locale à tous les pays concernés. Charge à eux de les intégrer ensuite, au sein leurs propres newsletters ou outils de communication. La baisse des coûts d'impression devrait permettre à Nexans aujourd'hui d'investir dans la traduction des écrits en treize langues différentes, mais aussi de s'assurer d'un taux de lectorat nettement supérieur au précédent. Quant aux filiales, elles sont aussi parties prenantes d'une information opérationnelle et accessible à tous les collaborateurs, qu'elles diffusent ensuite comme elles le souhaitent.

Au final, en matière de culture internationale, ce sont souvent les utilisateurs qui ont le dernier mot, à condition que l'entreprise sache et ait envie de les entendre. C'est pourquoi certains outils peuvent encore aujourd'hui servir de vitrine à la communication sans aucune autre valeur ajoutée que celle d'offrir de belles images... car les photos, elles au moins, restent universelles.

■ *Le poids des valeurs... le choc des cultures*

« *La première cause de mortalité des fusions provient des différences culturelles* » (1). Seules 5 % des entreprises fusionnées choisissent de

(1) Olivier Soumah-Mis, « Intégration culturelle dans le cadre des fusions/acquisitions » www.interculturalbusiness.com, 5 mars 2004.

prendre en compte le facteur humain. Résultat : trois OPA sur cinq sont vouées à l'échec. Dans un monde où reprises et ventes de société s'accélèrent, les chiffres parlent d'eux-mêmes. La tentation reste grande d'imposer sa culture, d'appliquer, aux autres, ses valeurs dans une logique de dominant/dominé. Les approches polycentrées semblent souvent plus séduisantes, moins contraignantes, plus rapides aussi... dans un premier temps. Certes, le monde des affaires se calque aujourd'hui sur le facteur temps, sur le court terme, sur la rentabilité immédiate, mais à trop se presser les entreprises seront-elles encore capables de franchir la ligne d'arrivée ?

« *Les systèmes que constituent les entreprises qui se rapprochent doivent, soit ne faire qu'un, soit s'harmoniser pour tirer profit des différences* » (1). Dans le cas contraire... Eric Delavallée fait état de la fusion de deux groupes issus du même secteur d'activité à la fin des années 1990. Suite à ce rapprochement, l'acquéreur double le nombre de ses entités mais ne multiplie pas pour autant son chiffre d'affaires. Au final, la question de la compatibilité des cultures ne s'est pas posée en amont du processus de rapprochement, les valeurs de l'acheteur ont servi d'exemple, puis on été naturellement rejetées par les salariés de l'entreprise rachetée, qui se sont regroupés pour faire corps contre la partie adverse. Cet exemple est celui de bon nombre d'entreprises qui imposent, de gré ou de force, leurs valeurs, leur management et leurs outils, dans une logique de dominant/dominé. Et même si les systèmes acquis sont supérieurs et mieux développés, ils finiront à la trappe. Ce cadre se souvient encore, dix ans après, de la disparition de l'organisation et de la culture de son entreprise, et, avec elle, de ses avancées technologiques. À trop vouloir dominer, nous risquons aussi de passer à côté de belles pratiques sous prétexte qu'elles ne sont pas les nôtres.

La première option, après un rapprochement, consiste à faire cohabiter les deux cultures pour plus de richesses et de synergies entre les organisations. En mars 2004, date du 5e anniversaire de l'Alliance entre Renault et Nissan (2), les deux sociétés réaffirment les principes et les valeurs partagés qui les guident : « *...unies pour la performance à travers une stratégie cohérente, des objectifs et des principes communs, des synergies orientées vers le résultat et un partage des meilleures pratiques... pour respecter et renforcer les identités propres et les marques respectives* ». Cet exemple reste relativement atypique et témoigne d'une réelle volonté

(1) Eric Delavallée, Elsa Joly, Anne Yoldjian, *La culture d'entreprise pour manager autrement*, Éditions d'Organisation 2002, p. 20.
(2) Livret alliance Renault-Nissan, septembre 2005, www.renault.com

du respect des cultures propres à chaque pays, le choix du mot Alliance « *pacte entre plusieurs parties ou puissances* » (1) n'y étant pas étranger. Plus courante, la fusion, « *l'union d'éléments distincts en un tout* » (2), exprime d'avantage l'idée d'une nouvelle culture qui pourrait être fondée à partir des valeurs communes des deux parties. En effet, il s'agit de mettre sur la table les corbeilles des deux intéressés avec notamment à la clé la pérennité ou non des systèmes de gestion RH. Les avantages salariaux constituent souvent les premières pierres dans l'édifice d'une culture et d'une identité commune. Trois cas de figure existent :

1. Le statut le plus intéressant se situe chez l'acquéreur, il s'applique à tous. C'est le cas pour les personnels administratifs et les fonctions expertes de Volvic, lors de leur rattachement à DANONE en 1999. L'entreprise s'efforce également de ne prononcer aucun licenciement, et de garder les salariés (ouvriers, employés, techniciens et agents de maîtrise) sur leur lieu de vie et de travail.

2. Les avantages sociaux des salariés rejoignant l'entreprise ou la communauté sont supérieurs à la moyenne, une harmonisation à la hausse s'effectue. La Communauté d'agglomérations de Plaine Commune, suite au transfert des compétences, a constaté que les agents les mieux lotis qui ont rejoint leur périmètre faisaient jouer leur prérogative pour conserver les acquis salariaux de leur commune d'origine. Sur des postes équivalents, les différences de salaires pouvaient être préjudiciables à l'équité. Le barème le plus favorable a été appliqué à tous pour favoriser la cohésion et la mobilité interne.

3. Les avantages sociaux des salariés rejoignant l'entreprise ou la communauté sont supérieurs à la moyenne, une harmonisation à la baisse s'effectue, moyennant parfois un certain nombre de compensations. Lorsque les salariés de cette entreprise rejoignent l'entreprise qui les a rachetés, ils sont, au départ, transférés en tenant compte de leurs avantages, supérieurs à ceux du groupe, mais ils devront abandonner par la suite quelques-unes de leurs prérogatives. Ce troisième exemple ne joue pas en faveur du rapprochement, néanmoins, même si l'exercice est difficile, le groupe en question parviendra à ne pas faire trop de mécontents. Son secret ? Une quinzaine de petits déjeuners pour expliquer les positions de l'acquéreur. Le message passe car la démarche a été transparente, tout le monde joue cartes sur table. Non seulement bon

(1) *Dictionnaire universel de poche*, Livre de poche.
(2) *Idem.*

nombre de freins ont été levés en l'espace de deux heures, mais chacun a appris à connaître l'autre.

La refonte des outils de communication marque une autre symbolique des rapprochements. De nombreux portails intranets voient aujourd'hui le jour, quelques mois après les fusions. Ils symbolisent la mutation de deux ou plusieurs entités en un groupe unique. Les exemples sont légion.

En 2001, après la fusion des différentes entités du groupe, Airbus se lance dans la création de trois portails d'entrée vers ses 400 intranets mondiaux. 100 % des salariés ont accès à leur portail dédié, *Airbus People*. 15 000 intranautes s'y connectent quotidiennement fin 2004 (1). En mai 2003, après le rapprochement, le changement de nom et la nouvelle identité visuelle de Total et Elf, l'intranet subit à son tour un relooking complet. Le nouveau portail interne donne aujourd'hui « *accès à toutes les directions fonctionnelles ainsi qu'aux différentes branches d'activité* » mais aussi « *la même information à tous, en temps réel* ». 64 % des 70 000 collaborateurs répartis dans 100 pays sont aujourd'hui connectés à l'intranet du groupe (2). *Echo Net*, l'intranet de BNP Paribas, sort le premier jour de la fusion, le 24 mai 2000. Il représente le symbole de la nouvelle identité du groupe tout en répondant à un besoin très important d'informations. L'enjeu est d'accompagner le changement et de favoriser l'émergence d'une nouvelle culture. Pour le groupe, informer ses collaborateurs sur la fusion a permis d'amorcer le sentiment d'appartenance, tout en mettant à profit l'existant.

Les intranets sont souvent identifiés comme les supports privilégiés pour véhiculer la nouvelle image de l'entreprise, mais pas toujours pour la construire. Prendre en compte le capital humain dans le cadre d'une fusion signifie aussi comprendre, rencontrer et partager. Et dans ce cadre, rien ne vaut le contact et la proximité physique. En 2004, lorsque UPC devient l'actionnaire majoritaire de Noos, leurs cultures sont différentes : d'un côté une entreprise autonome avec de la liberté et de la créativité, de l'autre un monde plus encadré avec un certain nombre de procédures. La communication s'organise pour accompagner la création d'une culture commune, un challenge difficile mais pas impossible.

Tout est mis en œuvre pour faciliter les rencontres. Des rencontres entre membres du Comité de Direction dans un premier temps, puis des principaux managers de UPC et de Noos, et des groupes de travail

(1) « Airbus : un triple intranet à 30 millions d'euros », *JDN*, 14 décembre 2004.
(2) « Total : un intranet très info pour 110 000 salariés », *JDN*, 27 octobre 2004.

par métier sont créés pour faire en sorte que les collaborateurs d'un même métier se connaissent ! Et enfin, le 10 décembre 2004, la soirée de fin d'année réunit l'ensemble des salariés de UPC-Noos pour établir le passage de relais. L'idée est de marquer la symbolique du rachat. Noossy la mascotte monte sur scène une dernière fois, chaque membre du comité de direction de Noos passe un bâton témoin à son collègue. Les salariés réalisent concrètement que les choses ne seront plus comme avant...

Mais l'objectif majeur consiste aussi à faire en sorte que les personnes se rencontrent, se parlent, se mélangent. Deux grandes fresques à hauteur d'homme sont prédessinées. La première sur le thème « *osons ensemble la convergence* », l'autre sur celui « *du pont et du rapprochement* ». Des artistes sont présents pour aider les salariés à ajouter leur touche personnelle. D'autres animations conviviales et ludiques, comme les jeux en bois, détendent l'atmosphère. La soirée rencontre un franc succès et joue les prolongations jusqu'à trois heures du matin. Chaque collaborateur repart avec un morceau de fresque. Elle est aujourd'hui affichée dans la plupart des bureaux et représente un symbole fort du travail en équipe. Sandrine Richard envisage même de l'utiliser pour la future charte graphique interne.

Parallèlement à ces rencontres, une des actions sera de concrétiser le rapprochement par la création d'un journal commun U-N : le média de la convergence. Le choix du titre franco/anglais n'est pas anodin. Le chiffre UN symbolise la réunion, l'unicité. Les initiales des Nations-Unies mais aussi le U de UPC et le N de Noos. Le pont situé entre le U et le N marque la distance à franchir pour les deux équipes. La signature enfin reprend le zen d'UPC et la magie de Noos.

Même avec la meilleure volonté et les meilleurs outils, on entend encore les salariés dirent quelques années après le rapprochement : « *je suis un ex de...* ». Cela ne traduit pas pour autant un échec de l'accompagnement, mais tout simplement que les sentiments d'appartenance, quoi qu'on en dise, ne disparaissent pas du jour au lendemain. Là encore, la construction se réalise dans le temps et dans l'espace, au travers des comportements et des actions de communication. À l'écoute des différences, elles ont aussi pour mission de bâtir un pont entre les individus et les cultures, pour montrer à la fois le chemin à parcourir et les synergies possibles.

II. LE DÉPLOIEMENT DES VALEURS

Si elle donne son caractère unique à l'entreprise, la culture se compose aussi de non-dit et d'accord tacites. Inscrite au cœur des organisations, elle s'exprime dans et par une multitude de détails (1) : comment s'habille-t-on dans tel ou tel service ? Les portes des bureaux sont-elles ouvertes ou fermées ? Comment s'adresse-t-on à son supérieur hiérarchique ou à ses collègues ? À partir de quel grade a-t-on droit à un fauteuil en cuir, une place de parking, un escompte sur les produits ? Beaucoup de jeunes ou de moins jeunes recrues posent la question des avantages sociaux. Ce futur cadre dirigeant négocie le nombre de ses jours RTT, ces employés se demandent s'ils seront traités avec équité, ce manager s'inquiète de ses conditions de travail… la communication sur les valeurs a de beaux jours devant elle.

Motiver, puis fidéliser passe par une bonne intégration, un suivi régulier par les ressources humaines et la hiérarchie, une communication sur les évolutions possibles, la formation accordée, les conditions de travail, mais aussi sur le rappel régulier des valeurs par les actions.

Vivre les valeurs, dès son arrivée dans l'entreprise et jusqu'au moment de son départ, le salarié est le seul juge et arbitre de la culture. Au contact tous les jours avec son environnement, il subit ou apprécie les comportements managériaux, les règles, l'ambiance qui règne sur l'organisation. Non seulement, ce jugement conditionnera sa motivation et son envie de rester ou non dans l'entreprise, mais agira probablement sur sa performance et sa production. Jean-Marie Peretti fait référence à la théorie du salaire d'efficience de Solow : « *le versement de salaires supérieurs en niveau à ceux du marché accroît l'effort et la productivité des salariés* » (2). Même si cette équation n'a pas été appliquée à toutes les composantes d'une politique RH, on peut supposer, sans prendre trop de risques, qu'un salarié convaincu d'être mieux traité qu'ailleurs en sera d'autant plus motivé. Car une des conséquences du « zapping » de l'emploi est qu'aujourd'hui un cadre de 35 ans possède à son actif trois à quatre références d'employeur. À cette faculté de se comparer dans et hors de l'entreprise, s'ajoute la possibilité de s'informer sur les politiques RH des grands groupes et des PME dans certains médias externes. Non seulement le collaborateur doit se sentir bien dans l'entreprise, mais si possible mieux qu'ailleurs. C'est le type de

(1) Eric Delavallée, Elsa Joly, Anne Yoldjian, *La culture d'entreprise pour manager autrement*, Éditions d'Organisation, 2002, p. 20.
(2) Jean-Marie Peretti, « L'équité comme valeur fondamentale d'une politique RH », www.club-oras.com

promesse sous-jacente des communications RH sur les valeurs humaines et la cohésion sociale à destination des candidats potentiels. Mais il ne suffit plus de vendre pour convaincre. Comme pour tout produit une fois consommé, s'il ne s'avère pas satisfaisant, on n'y reviendra pas.

Après avoir affiché leurs valeurs, les sociétés sont donc, dans la mesure où elles souhaitent fidéliser leurs salariés, contraintes de les traduire au quotidien pour montrer leur adéquation et leur correspondance avec la réalité de l'entreprise. Certaines donnent l'exemple, d'autres s'engagent par écrit aux yeux du monde, toutes multiplient les initiatives pour susciter l'attachement à l'entreprise, s'y sentir bien, même pour quelques mois, pour quelques années, dans un monde où la notion de valeur reste encore plus souvent rattachée aux bénéfices qu'à la qualité de vie au travail.

1 – Les chefs d'orchestre

Incarner les valeurs, suivre un exemple, une référence. Le premier concerné à battre la mesure, celui à qui on pardonnera difficilement ses erreurs de conduite, c'est bien le PDG, et avec lui son équipe de direction. Situé en haut de la pyramide, le maillon originel d'une chaîne suscite le respect, donne envie, impulse les lignes directrices comportementales plus ou moins suivies par les managers, plus ou moins subies par les salariés. Un seul élément se dégrade et c'est tout ou partie de l'entreprise qui en pâtit.

■ *La vertu de l'exemple*

Le PDG porte l'image de l'entreprise. C'est lui qui donne le ton, définit les valeurs de sa société et les fait appliquer, à commencer par lui-même. Mais dans les faits, ce n'est pas toujours si simple. Sébastien Point (1), de l'IAE de Besançon, révèle, dans une étude des rapports annuels des grands groupes français, que les présidents restent avares de compliments sur leurs collaborateurs. En analysant pour la première fois 97 messages de PDG, le chercheur comptabilise 268 citations des mots « clients », « clientèle », « consommateur », 199 identifications des mots « actionnaires, investisseur » et 125 représentations des mots

(1) Pascal Junghans, « Les salariés brillent par leur absence dans les discours des PDG » *La Tribune*, 21 mars 2005, p. 32.

« salarié », « employé », « personnel », « cadre », « collaborateurs ». « *Les discours sont très révélateurs à la fois de l'état d'esprit des dirigeants et du stade de développement de l'entreprise* », souligne Sébastien Point. Et pour cause, seuls trois présidents remercient leurs collaborateurs à la fin de leur message. Une situation aux antipodes des discours actuels présents sur les sites Internet et issus des politiques RH. Si les groupes s'attachent à mettre en avant leur capital humain, ils n'en sont pas pour autant prêts à lui laisser prendre une place de choix, et encore moins la première, devant les actionnaires et les clients externes. À ce premier paradoxe s'en ajoute un second. Le discours de certains PDG qui demandent à leurs salariés de s'investir dans le temps, alors qu'eux-mêmes ne resteront parfois que deux à trois ans dans l'entreprise.

Dès leur arrivée, les PDG doivent donc s'attacher à communiquer au plus vite sur leur intentions, car ils gagneront la confiance de leurs collaborateurs dans les actes et non plus sur des discours qui n'ajouteront rien à ceux de leurs prédécesseurs (1).

Bon nombre d'exemples mettent en évidence le manque d'adéquation entre les messages sur les économies, le *cost killer* et le train de vie de certains managers. Combien d'entreprises demandent à chacun de leurs départements de rogner leurs dépenses et affichent encore des avantages liés aux statuts des dirigeants ? Lorsque ce cadre supérieur s'envole en concorde alors que les salariés voyagent en seconde, l'anecdote fait le tour des bureaux. Le problème ne se situe pas tant au niveau du coût pour l'entreprise mais de l'image au regard des salariés. En l'occurrence, le voyage en concorde avait coûté le même prix qu'une business classe. Mais les managers sont-ils prêts à renoncer à leurs prérogatives pour donner l'exemple ? Patrick Leleu se dit disposé à rendre sa voiture de fonction au loueur quand l'entreprise est en crise financière.

D'autres s'attachent à incarner les valeurs de proximité et de convivialité en montrant sur le terrain qu'ils sont aussi là pour écouter et comprendre. Chez Systra et Effia, Michel Cornil prouve qu'il « déchiffre » ses entreprises en dehors des rapports de son comité de direction. « *Comment voulez-vous comprendre une société autrement qu'en allant voir les gens ?* », questionne le PDG. Chez Systra, il effectue trois à quatre voyages par an à l'étranger avec ses ingénieurs et visite un parking, une gare une fois toutes les six semaines. Chez Effia, il reçoit tous les jours la liste des appels d'offres qui paraissent dans son domaine d'activité. « *En tant que Président c'est à moi d'impulser l'histoire, c'est ensuite aux cadres*

(1) Voir Chapitre VI : « Des salariés acteurs de la stratégie ».

de l'illustrer sur le terrain. » Tout le monde aujourd'hui sait que Michel Cornil connaît aussi la réalité de ses entreprises, ce qui lui permet en contrepartie de développer des échanges sur des bases saines. À Coface, le DG joue carte blanche sur la valeur de la transparence, et rencontre les salariés, plusieurs fois par an, pour échanger sur tous les sujets même les plus « *touchy* ». Ces réunions se tiennent, à sa demande ou à celles des collaborateurs, notamment lorsque ces derniers sont en attente d'information sur un sujet d'actualité. Pour Philippe Guericolas, cela contribue à faire de l'entreprise une « maison de verre ».

Pour les patrons issus de l'autre côté des frontières, le défi est encore plus important. Hubert Landier explique la visite de ce DG japonais dans cette usine de mécanique française. Il tombe sur un ouvrier qui a un problème de machine. À la surprise générale, le chef d'entreprise retrousse ses manches et... répare lui-même le moteur. Les réactions ne se font pas attendre : « *il n'est pas fier le patron, il connaît la mécanique, il sait mettre les mains dans le cambouis !* ».

Les futurs PDG ont-ils de la valeur ?

L'enquête Secor Conseil/Enjeux les Échos (1) lève le voile sur la vision des jeunes dirigeants, amenés pour certains à encadrer les plus grandes entreprises françaises. Honnêteté, responsabilité sociale, plaisir, développement des talents, équilibre vie privée/vie professionnelle... telles sont les principales valeurs de nos futurs PDG, qu'ils placent, à ce qu'ils disent, avant même le pouvoir et l'argent. Des envies somme toute pas très éloignées de celles de leurs collaborateurs. Autre bonne nouvelle, « *s'ils passent en moyenne douze heures par jour au bureau, et pour certains travaillent le soir chez eux, ils essaient de se fixer des règles de vie et de s'y tenir* ». Dans les faits, cela se traduit par une quasi-absence de travail le week-end et la prise d'au moins cinq semaines de congés payés par an. La qualité de vie au travail serait-elle la valeur de l'entreprise de demain ?

(1) Anne Feitz, « Patrons de demain : pourquoi ils se lèvent le matin », *Enjeux*, avril 2005, p. 60-61.

Les DRH prennent aussi conscience que l'évolution de la culture passera par eux et par l'exemplarité de leur comportement. Pour bousculer le BHV qui n'a pas évolué dans son management depuis de nombreuses années, Luc Taclet compte bien s'appuyer sur ce qui fait sa force, son âme, son esprit maison tout en y ajoutant sa touche personnelle. Pour implanter une culture d'initiative et de prise de risques, il lui arrive souvent, lors des comités de direction, d'arriver avec un produit de la concurrence ou une idée, en demandant : pourquoi est-ce que ce n'est pas fait au BHV ? « *Au départ ils m'ont tous regardé comme un extra-terrestre en se disant que ce n'était pas le rôle du DRH de tenir ce type de discours. Au contraire, le changement de culture ne passera que si tout le monde, dans l'entreprise, donne l'exemple, à commencer par moi.* »

D'autres renouent le dialogue auprès de populations « délaissées », soit parce qu'elles n'occupent pas une position dite « stratégique » dans l'entreprise, soit parce qu'elles se situent sur des territoires trop éloignés des maisons mères. Ils s'attachent à serrer les mains, connaître les noms, les métiers, poser des questions... Chez GL Trade, Laurent Friction se rend régulièrement sur le terrain rencontrer les équipes RH même situées en dehors du territoire français. Il met en place des meetings réguliers sur le terrain, tous les trois mois avec Londres, tous les semestres avec Tokyo. Bernard Merck lui s'entretient avec les lignards de France Télécom dans le cadre de la mise en place de l'intranet RH. Leur première réaction sur l'outil mis à leur service : *enfin de la considération !* Et même si le verdict était attendu au départ sur un registre technique, c'est le psychologique voire l'émotionnel qui a pris le dessus. Un sentiment renforcé par la présence du DRH sur le terrain et le dialogue avec ce dernier.

Pas de doute, les « petites actions » font souvent les grands hommes. Peu coûteuses, riches de sens, elles contribuent au sentiment de respect, de valorisation et de reconnaissance des salariés. De très bons points marqués dès la construction de la relation.

2 – Le développement durable, axe de cohésion sociale ?

Le développement durable correspond à une des valeurs montantes déployées dans les entreprises. Plus souvent décliné à l'externe autour des environnements et de leur sauvegarde, il se tourne depuis peu vers les hommes et vers la responsabilité sociale. Du volet environnemental jusqu'aux luttes contre l'exclusion et la discrimination, chacun adapte, selon sa culture et sa stratégie, sa démarche développement durable. Pourtant seuls 26 % des grands groupes français ont publié un rapport annuel sur le développement durable (1), même si 63 % d'entre eux en parlent dans leur rapport financier. La principale raison évoquée se situe autour de la difficulté à collecter l'information et à mobiliser les contributeurs. De plus, la transversalité et l'étendue des territoires posent le

(1) Étude Enablon 2005.

problème de l'établissement d'un référentiel commun, de la vérification des données comme du partage et de l'identification des bonnes pratiques.

Si les paroles s'envolent, les écrits restent. Avec les rapports et les chartes sur le développement durable, pas question de notes d'intention ni de grandes promesses verbales, place aux engagements, aux indicateurs de progrès qui se vérifient, qui se communiquent, qui se comparent. Car derrière le développement durable se cache aussi la notion de responsabilité sociale, une responsabilité transparente, accessible et... pérenne.

■ *Les premiers accords internationaux*

Ils sont français, multinationaux, et n'hésitent pas à afficher, aux yeux du monde, leurs principes et leurs valeurs en matière de développement durable. Ces grands groupes ont non seulement défini des standards sociaux internationaux pour chacune de leurs entités, mais ils ont aussi pris l'engagement, par écrit, de les faire respecter.

Après avoir adhéré au pacte mondial en 2001, Renault (1) signe, le 12 octobre 2004, une charte mondiale des droits sociaux avec la Fédération internationale des travailleurs de la métallurgie. Cet accord impacte non seulement l'ensemble des salariés dans le monde mais aussi ceux des fournisseurs du groupe. En prise directe avec les normes de l'Organisation mondiale du travail et plus particulièrement les droits de l'Homme, Renault s'engage à « *respecter et à faire progresser partout dans le monde les femmes et les hommes qui travaillent dans l'entreprise, à valoriser un esprit de liberté, à assurer la transparence de l'information, à pratiquer l'équité...* ». La charte aborde les grands thèmes liés aux conditions de travail dont notamment :

– la prévention des risques professionnels liés à la santé y compris à la protection contre le sida et l'usage de drogues dans les pays les plus concernés ;

– l'interdiction du travail des enfants et du travail forcé ;

– l'égalité des chances pour tous ;

– le droit à la formation ;

– un aménagement du temps de travail conforme dans « toute la mesure du possible » aux aspirations des salariés.

(1) « Déclaration relative aux droits sociaux fondamentaux du groupe Renault », 12 octobre 2004.

Cet accord a été diffusé à l'ensemble des salariés des entités Renault qui peuvent, s'ils le souhaitent, dénoncer tout comportement non conforme aux engagements signés. Un premier bilan devrait être instauré avec les signataires de l'accord, fin 2006.

Trois mois plus tard, le groupe Rhodia signait un accord mondial de responsabilité sociale, avec l'ICEM, la Fédération internationale des syndicats de travailleurs de la Chimie, de l'Énergie, des Mines et des industries diverses. Le 1er février 2005, le groupe s'engage donc à appliquer, partout dans le monde, des standards sociaux internationaux dans les domaines de la santé et de la sécurité au travail, de la maîtrise des risques liés aux métiers et au respect de l'environnement, à rejeter toute forme de discrimination, à poursuivre un dialogue social riche et équilibré. Chaque année, un état des lieux sera établi par les signataires sur les conditions de l'application de l'accord. « *Il est ancré dans la culture de dialogue que Rhodia développe avec ses salariés et leurs représentants* », déclare Jean-Pierre Clamadieu, Directeur Général du groupe Rhodia (1). Le groupe met en œuvre, par ailleurs, un process mondial sur la motivation de ses salariés. Chaque pays, chaque site est invité à établir un diagnostic, en fonction de sa culture locale, sur la définition de capteurs les plus expressifs de la motivation des équipes (2).

Ces premiers accords internationaux demandent un retour d'expérience dont pourraient bénéficier les autres groupes français pour développer de telles initiatives. En attendant, des chartes éthiques et des actions citoyennes et solidaires continuent de germer au sein des entreprises nationales et internationales pour tendre vers une plus grande responsabilité envers les hommes dans les faits et dans les gestes de l'entreprise.

■ *L'entreprise citoyenne et équitable*

Entre plans de sauvegarde de l'emploi, réductions budgétaires et résultats cadencés, l'éthique peine à se faire une place. Et pourtant, c'est aussi une des facettes du développement durable et un des paradoxes de notre société. D'un côté de la rentabilité à court terme, l'entreprise profitable, de l'autre l'épanouissement de tous les collaborateurs, l'entreprise équitable. Par ailleurs, valeur phare des années 2000, l'éthique prend aujourd'hui sa place dans les démarches de fidélisation des clients externes, et s'adapte progressivement aux politiques RH internes. Après

(1) « Rhodia signe avec l'ICEM un accord mondial de responsabilité sociale, une première dans l'industrie chimique mondiale », 1er février 2005, www.rhodia.com
(2) « Développer l'autonomie et la responsabilisation de chacun », www.rhodia.com

avoir adopté leur responsabilité économique et environnementale, les entreprises s'attachent désormais à déployer leur responsabilité sociale auprès de tous ceux qui interviennent dans l'entreprise, un vaste chantier qui reste encore à défricher.

Le programme européen Equal (1)

Equal a pour objectif la promotion des pratiques innovantes et expérimentales pour prévenir et lutter contre toutes les formes de discrimination sur le marché de l'emploi. Il encourage l'émergence et la mise en œuvre du dispositif de gestion des ressources humaines favorisant le maintien en activité et/ou le développement de l'employabilité des travailleurs fragilisés dans leur emploi malgré une longue expérience professionnelle. Equal s'attache tout particulièrement à la gestion des âges et au maintien dans l'emploi des salariés seniors. Un projet Equal peut être financé par le Fond Social Européen.

(1) « Programme Equal et le FSE », www.ceforalp.com

Le 8 mars 1982, la France officialise la journée de la femme. Dans le monde de l'entreprise, conférences, mises en situation, réseaux partagés... s'efforcent de rester à l'écoute de leurs préoccupations et cherchent à apporter des solutions pour favoriser les carrières, réduire les écarts de rémunérations, ou encore développer le travail à temps partiel.

La Région Ile-de-France dénonce, par exemple, les situations machistes dans le monde du travail. Une troupe de théâtre joue une première fois sur scène, puis une seconde représentation incite les collaborateurs à intervenir et à changer les répliques. Une initiative saluée par les salariées, nombreuses à se déplacer, mais sans les hommes, pourtant concernés au premier degré. Chez IBM (1) France, le réseau interne « Elles » regroupe une centaine de femmes. Son objectif est d'identifier et d'apporter des solutions à leurs préoccupations communes. Un accord avec la FEPEM (Fédération des particuliers employeurs) prévoit, notamment, le support administratif et juridique nécessaire au recrutement d'employés familiaux. Dans le même esprit, le cercle InterElles réunit 250 femmes occupant des postes de direction dans des entreprises technologiques, et met en commun les meilleures

(1) Extrait de la brochure IBM 2002 sur l'innovation sociale, www-5.ibm.com

pratiques pour favoriser la mixité à tous les niveaux de l'organisation. Pour promouvoir l'égalité professionnelle, La Poste s'engage dans l'accord social majoritaire du 4 avril 2005 sur la garantie de l'égalité des chances entre les femmes et les hommes, à toutes les étapes de la vie professionnelle (maternité, mobilité...), sur la facilitation de l'articulation entre la vie professionnelle et la vie personnelle et sur l'évolution des mentalités. Un engagement largement relayé par la communication (1).

Toujours dans une logique de parité sociale, les groupes examinent de plus près les clivages possibles entre leurs différentes politiques sociales. Le BHV a ainsi harmonisé les qualifications, les salaires, les systèmes de rémunération entre Paris et la province. L'entreprise a également limité les différences en matière d'avantages sociaux et de comportements existant entre les cadres et les employés. Dans les magasins, par exemple, seuls les achats des employés étaient contrôlés. Le BHV a décidé de favoriser la confiance et d'exempter tout salarié de contrôle systématique. De façon analogue, l'entreprise possède une « mutuelle » identique pour tous, quel que soit le statut du collaborateur.

La responsabilité sociale de l'entreprise s'applique également à employer ou à maintenir dans l'emploi des populations « différentes », défavorisées ou exclues, comme les travailleurs handicapés et les jeunes sans qualification. Ce type d'initiatives va même très probablement se développer dans les années à venir, en réponse à la citoyenneté comme aux pénuries de main-d'œuvre dans certains secteurs. Au 22 octobre 2004, 40 dirigeants se sont déjà engagés à refléter la diversité ethnique et culturelle de la société française en signant une charte initiée par le plan gouvernemental de cohésion sociale. Ils s'exhortent notamment à (2) :

1. Sensibiliser et former les dirigeants et collaborateurs impliqués dans le recrutement, la formation et la gestion des carrières aux enjeux de la non-discrimination et de la diversité.

2. Respecter et promouvoir l'application du principe de non-discrimination sous toutes ses formes et dans toutes les étapes de gestion des ressources humaines que sont notamment l'embauche, la formation, l'avancement ou la promotion professionnelle des collaborateurs.

(1) Voir chapitre VIII : « La communication RH en pratiques ».
(2) Extrait de la charte de la diversité dans l'entreprise, www.social.gouv.fr

3. Chercher à refléter la diversité de la société française et notamment sa diversité culturelle et ethnique dans l'effectif, aux différents niveaux de qualification.

4. Communiquer auprès de l'ensemble des collaborateurs leur engagement en faveur de la non-discrimination et de la diversité, et informer sur les résultats pratiques de cet engagement.

5. Faire de l'élaboration et de la mise en œuvre de la politique de diversité un objet de dialogue avec les représentants des personnels.

6. Inclure dans le rapport annuel un chapitre descriptif de leur engagement de non-discrimination et de diversité : actions mises en œuvre, pratiques et résultats.

« *Ni quotas rigides et discriminatoires ni simple " bonne volonté " vouée à l'échec, la charte de la diversité est la première étape vers une démocratie pluraliste, attachée à la lettre, mais plus encore à l'esprit de notre héritage républicain* », signent Claude Bébéar et Yazid Sabeg.

Cette charte marque en effet une avancée de taille sur la diversité sociale dans l'entreprise. Chez Noos, elle se traduit chaque année depuis 2003, par l'intégration et la formation en alternance sur 12 mois, de 30 jeunes « conseillers client » dans le programme de l'École de Vente. La sélection des candidats se base sur les potentiels de chacun (adaptabilité, énergie, écoute/empathie, sociabilité) et leur motivation. Le manque de diplôme ou d'expérience n'est pas éliminatoire. Dans le cadre de la première promotion, pour crédibiliser la démarche, valoriser les jeunes et faciliter leur apprentissage, Noos demande aux membres du Comité de direction et aux managers de les parrainer. Ces rencontres s'effectuent de manière informelle, sous la forme d'un café ou d'un petit déjeuner. Dans le même temps, un plan de communication interne explique à tous les collaborateurs l'arrivée de cette 1re promotion de l'École de Vente. Résultat : intégrés, valorisés et accompagnés, 60 % des jeunes issus de la première promotion ont décidé de rester chez Noos et ont été recrutés. Ils obtiennent aujourd'hui des résultats parfois supérieurs à ceux de leurs aînés !

Au-delà de sa vocation sociale, cette approche représente un gage de réussite indiscutable tant pour les jeunes que pour l'entreprise. Elle nécessite en revanche de communiquer régulièrement en amont et pendant la démarche pour éviter que les situations d'exclusion vécues en dehors de l'entreprise ne se reproduisent à l'intérieur. C'est aussi le travail auquel souhaite s'atteler le BHV, en collaboration avec l'Agefiph (1) pour favoriser l'intégration des travailleurs handicapés dans les magasins. Des actions de sensibilisation sont développées auprès des collaborateurs pour que chacun comprenne la démarche et accompagne au mieux les nouveaux arrivants. Certains managers ont par exemple été formés au langage des signes, lorsqu'un salarié handicapé, déficient auditif, a intégré l'entreprise. L'emploi de personnes invalides demande en effet une meilleure connaissance du handicap et du milieu dans lequel elles évoluent. Si la démarche semble au départ difficile, elle s'avère payante car les sociétés constatent que ces salariés, une fois adaptés, sont souvent plus « stables » et tout aussi performants que les autres. Les groupes commencent à réagir et montent donc des missions handicaps pour accompagner l'emploi dans l'entreprise. Air France (2) double ainsi la proportion de salariés invalides dans son organisation : moins de 3 % en 1991 à 6,2 % en 2004. Mais la marge est encore grande en France et pour preuve, en 2004, les contributions à l'Agefiph des entreprises n'ayant atteint leur quota de 6 % de collaborateurs handicapés se montaient encore à 404 millions d'euros !

La responsabilité sociale consiste, par ailleurs, à contribuer à l'essor des économies locales, des régions au sein desquelles les entreprises sont implantées. Par leurs actions citoyennes, certaines favorisent l'emploi de proximité tout en impliquant leurs salariés dans leur démarche. DANONE Eaux France a choisi de concilier l'insertion des jeunes avec le développement du Léman-Chablais dans le cadre de son programme ITEL, Implication Territoriale dans l'Economie Locale. La mobilisation de l'entreprise et des salariés a ainsi permis de créer, entre 2000 et 2005, 465 emplois locaux par des actions de formation et d'insertion. De nouvelles vocations ont aussi vu le jour : des salariés devenus tuteurs ont pris le goût du management et des jeunes femmes se sont initiées à des métiers jusque-là réservés aux hommes.

Dans le même mouvement, ce groupe privilégie les industries locales avec des valeurs environnementales présentes dans la culture et dans les gènes de l'entreprise. Sa charte graphique décline les couleurs du bleu et du vert, la feuille personnifie la nature. Au-delà de cet emblème, le groupe travaille, à chaque fois que possible, avec des apprentis, des personnes en alternance, et privilégie les industries locales, comme les agences d'intérim ou de communication, sur chacun de ses chantiers.

(1) Association de Gestion du Fonds pour l'Insertion Professionnelle des Personnes Handicapées.
(2) « La France paralysée face au handicap », *Le Journal du Management*, 2 septembre 2005.

■ *L'entreprise solidaire et humanitaire*

Face aux développements économiques mondiaux, les dysfonctionnements, les crises, les catastrophes naturelles souvent hors de nos frontières ne laissent personne indifférent. Et si la cohésion sociale représentait aussi le moyen d'offrir à chacun la possibilité d'agir en tant que citoyen responsable et engagé dans une cause petite ou grande ? L'humanitaire a toujours eu bonne presse auprès du grand public et des salariés, même si certaines ONG ont quelque peu terni la réputation de la solidarité internationale. Toutefois, agir, réagir, ne se résume pas toujours à mettre la main au portefeuille. Des idées existent, elles peuvent être appliquées au bénéfice des moins favorisés. Car injustices, épidémies, cataclysmes et autres épiphénomènes ne sont malheureusement pas près de s'arrêter. En agissant dans le cadre de sa société, le salarié arrive à se sentir comme le maillon d'une chaîne humaine, palpable et proche de lui. Non seulement il participe, mais il connaît aussi les résultats de son action, communiqués régulièrement. Et derrière chaque initiative, on sent souvent poindre une réelle fierté d'appartenance.

La France est marquée en 2004 et en 2005 par les images du Tsunami en Asie. Nombreux sont les salariés à se mobiliser autour du drame. Les Fromageries des Chaumes sont passées d'une idée généreuse, venir au secours des victimes, à sa mise en application sur le terrain. Le CE et le CHSCT placent des urnes sur les trois sites industriels. Mais la question du bénéficiaire se pose rapidement. Un voyage d'entreprise en Thaïlande est prévu au printemps 2005, pourquoi ne pas en profiter pour parrainer un orphelinat et remettre directement l'argent aux bénéficiaires ? Le 15 mai, une poignée de salariés est reçue par la direction de l'orphelinat de garçons de Nakonratchasima. Près de 6000 euros seront remis au bénéfice des enfants qui offriront, à la délégation du CE, un spectacle plein d'émotions. Une page entière et la première de couverture de CHAUM'infos consacrées à l'événement permettront aux 650 salariés de partager le dénouement de l'histoire.

Au BHV, un salarié a perdu 20 proches à la suite du même événement. Plutôt que d'envoyer des dons anonymes, l'entreprise a cherché à comprendre les besoins urgents des populations locales et a ainsi acheté et fait parvenir *via* ce salarié de quoi purifier plus de 100 000 litres d'eau.

Le bénévolat à l'extérieur de l'entreprise progresse peu à peu. Certains collaborateurs font même découvrir à leur employeur la possibilité de financer un ou plusieurs voyages humanitaires, dans le cadre de congés solidaires. Entre 2000 et 2003, 350 salariés français ont en effet consacré leurs vacances RTT et congés payés à des missions de deux semaines dans le cadre de partenariat avec leur entreprise et des associations humanitaires. « *Les missions proposées répondent à trois axes : la formation pour les adultes (comptabilité, gestion, cuisine...), l'aide à la création de microstructures (missions experts, ressources humaines, appui technique) et l'animation socio-éducative en faveur des jeunes (culturelle et sportive)* » (1). Les collaborateurs de Wanadoo (2) ont, dans ce cadre, contribué à l'installation d'un centre Internet au Mali, en sensibilisant et en formant la population locale aux outils informatiques et aux techniques Internet. Ces actions solidaires représentent une aventure humaine fédératrice et un facteur de motivation interne.

Mais la solidarité commence par balayer devant sa porte. De nombreuses initiatives voient le jour pour accompagner et développer des actions humanitaires en France. DANONE, pour exemple, soutient régulièrement ses salariés dans leur mobilisation auprès des enfants. Les meilleures idées sont déployées sur le terrain, avec leur auteur. Chaque année, une quarantaine d'actions est ainsi réalisée dans le groupe. Chez DANONE Eaux France, des dizaines de collaborateurs du site de Rungis sont ainsi venus bénévolement, un dimanche du printemps 2005, jouer les animateurs et emmener au cirque des enfants de banlieues défavorisées. Depuis 2001, Monoprix récompense les initiatives de ses magasins en faveur de l'animation sociale des quartiers : le Monop'Grand Prix du Centre-ville. En 2004, sont notamment salués : le magasin de Soissons pour son partenariat avec la compagnie « bout de nez » qui propose des visites et des animations de clown à l'hôpital et le magasin de Dragon qui participe au financement du dressage de chiens destinés à accompagner les personnes à mobilité réduite.

La grande percée du développement durable se situe, par ailleurs, au cœur de l'entreprise. Dans leurs rapports d'activité pour le développement durable, les sociétés parlent de chantiers de progrès sociaux et notamment de leur aptitude à « *mieux concilier vie professionnelle et vie privée, développer la capacité de l'entreprise à attirer, retenir et fidéliser, permettre à chaque manager de révéler son potentiel, mettre en œuvre une relation au quotidien entre entreprise, management et collaborateurs* » (3). Conjuguée avec la création et le suivi d'indicateurs pertinents et viables, cette nouvelle forme de communication pourrait symboliser une des voies vers un meilleur bien-être au travail et dans l'entreprise.

---

(1) « De l'humanitaire pendant les congés payés », *Le journal du Management*, octobre 2003.
(2) « Soutenir les initiatives des collaborateurs », francetelecom.com
(3) « Quatre questions à Claude Sendowski », Monoprix/Notre rapport d'activité pour un développement durable, p. 3.

3 – L'entreprise où il fait bon vivre... la culture

« *L'entreprise devient dépendante de la qualité de l'engagement humain, d'où sa sensibilisation nouvelle aux conditions de travail* », François Hubault, ergonome (1).

Convivialité, proximité, aménagement des bureaux, des horaires, sécurité des personnes... représentent autant de valeurs qui gagnent à se décliner à plus ou moins grande échelle au sein des organisations. Les salariés des entreprises où il fait bon vivre en témoignent, la qualité de vie au travail devient un facteur essentiel dans leur motivation et conditionne leur envie de rester chez leur employeur. Mieux encore, ils n'hésiteraient pas à le recommander à leur entourage. Le cadre et les conditions de travail sont désormais au centre des priorités. Mais une entreprise où il fait bon vivre, ce n'est pas toujours une recette qui se décrète, c'est avant tout la conséquence d'un ensemble de signes qui montrent que la société se crée et avance, à l'écoute du bien-être de ses collaborateurs.

■ *Planter le décor*

La presse externe commence à se faire écho de nouveaux locaux pensés, relookés aux couleurs et à l'image de l'entreprise. Car si un cadre de travail agréable joue sur le bien-être du salarié, il influe également sur l'opinion des clients, amenés de plus en plus souvent à visiter leur partenaire ou leur fournisseur. Le *journal du management* (2) consacre, en octobre 2003, un dossier sur l'aménagement des bureaux au sein des entreprises françaises. Pour Jean-Claude Bendrell, les entreprises devraient même être amenées à changer de plus en plus souvent l'agencement de leur territoire, au regard de leur organisation, de leur management, de leur charte graphique ou encore de l'évolution des nouvelles technologies. Par ailleurs, le spécialiste en architecture, en ergonomie et en sociologie des comportements explique l'interaction entre le salarié et son cadre de travail sans négliger le moindre détail : « *on peut, par exemple, baisser le rythme cardiaque d'un employé en jouant sur de multiples combinaisons de couleurs, d'aspects et de volumes* ». La grande tendance est aussi à l'*open space*, une architecture qui permet de gagner en

(1) Sandrine L'Herminier, « Quand les décideurs se préoccupent du mal être des salariés » *La Tribune*, mars 2005.
(2) « Aménager ses bureaux : montre-moi tes locaux, je te dirai qui tu es », octobre 2003, www.management.journaldunet.com

mètres carrés mais aussi de mieux coller à l'esprit du travail en équipe. Un travail qui s'avère, pour les salariés, quelquefois plus bruyant et moins intime que prévu. Pour la convivialité et le partage, repli oblige vers des salles de réunion plus adaptées aux échanges.

Les déménagements sont souvent l'occasion de repenser les aménagements, voire de créer des environnements sur mesure. Chez Ipsos (1), c'est un architecte renommé qui conçoit le futur habitacle des salariés franciliens et du siège mondial. Si le choix du site et des bureaux partagés, *open space*, ne remporte pas, au départ, tous les suffrages, les collaborateurs, accompagnés au fur et à mesure de leur déménagement, deviennent fiers de leurs locaux et se rassemblent autour de leur entreprise. Air France (2) saisit également l'occasion de revoir en totalité l'aménagement de son cadre de travail lors de l'installation de son nouveau siège social. Le projet TEAM, « Tous Ensemble A Montreuil », est mené de main de maître : responsable de la communication, médecin du travail ergonome, responsable des ressources humaines, architectes et bureaux d'étude participent à l'élaboration du cahier des charges. Le gris et le blanc, les couleurs de la compagnie aérienne sont de rigueur, les postes équipés d'écrans plats, de graveurs de CD. Une terrasse, deux cafétérias, une salle de gym permettent à chacun de se détendre. Chez DANONE (3), l'équité est de rigueur. Le siège mondial du boulevard Haussmann a été pensé pour correspondre aux valeurs du groupe : un hall aux courbes du logo, chaleur et sobriété pour la décoration, salons détente, disparition de l'étage réservé au Comité Exécutif, jusqu'aux plateaux des bureaux conçus « comme à la maison », y compris celui du PDG. Le souhait de Franck Riboud étant que chacun puisse travailler sur un mobilier qu'il aimerait avoir chez lui. Une décision qui devrait faire des émules et servir d'exemple pour l'aménagement des sièges et des autres pôles du groupe.

■ *Mieux vaut prévenir...*

La prolongation de l'âge de la retraite amène une réflexion naturelle sur l'aménagement des postes de travail. Des initiatives commencent à poindre envers les seniors et les quinquas, à l'instar de Saunier Duval (4) récompensé par l'Anact, l'Agence Nationale pour l'Amélioration des

(1) Voir chapitre VIII : « La communication RH en pratiques ».
(2) « Aménager ses bureaux : des locaux sur mesure », octobre 2003, www.management.journaldunet.com
(3) « Bien dans mon bureau : Danone met les formes », *Newzy*, n° 11, avril 2005, p. 44 à 47.
(4) Eva Emeyriat, « Saunier Duval écoute ses seniors », *Courrier Cadres*, n° 1583, 19 mai 2005, p. 11.

Conditions de Travail, pour son action envers la qualité de vie au travail. En recevant ce trophée dans la catégorie « gestion des âges », l'entreprise est citée en exemple pour « *la mobilité, la polyvalence et l'ergonomie des postes. Le nombre de postes doux est ainsi passé de 58, fin 2003, à 82 un an plus tard* ».

Mais permettre aux salariés de conserver leur emploi dans des conditions de santé et d'efficacité économique optimales n'est pas uniquement réservé aux plus âgés. L'amélioration des environnements et la prise en compte de la charge de travail devraient être aujourd'hui bénéfiques à tous. L'Anact (1) explique, en effet, qu'il vaut mieux éviter de se tromper de cible principale, « *l'adéquation entre le travail et les personnes passera davantage par l'abaissement général de la pénibilité que par des postes dédiés aux personnes âgées* ».

Le management de la sécurité devrait aussi monter en puissance dans les années à venir même si parler des accidents semble moins médiatique que d'évoquer des aménagements de poste au travail. Gérard Jayet (2) évoque les statistiques de l'INRS, l'Institut National de Recherche et de Sécurité en France. « *Le taux de fréquence (Tf) moyen est de 25 accidents avec arrêt pour une usine de 600 personnes avec des variations importantes selon le secteur : de 60 pour le BTP à 8 pour l'activité de service...* » Il explique également tout l'enjeu humain et financier de la sécurité au travail : « *si l'entreprise n'enregistre, au cours des ces trois dernières années, aucun coût accident ou maladie professionnelle, elle acquittera 0,95 % de sa masse salariale. Dans le cas contraire, elle devra payer des montants non plafonnés atteignant fréquemment 2 à 8 % de la masse salariale* ». Plus important encore, 98 % des accidents du travail ont pour cause une défaillance humaine, de quoi faire réfléchir sur l'importance de la communication sur le sujet.

Chez Spie Batignolles, le zéro accident sur chacun de ses chantiers est un défi majeur en cours d'être relevé. À la fin décembre 2004, deux tiers des entités n'ont pas eu d'accident avec arrêt de travail depuis plus de six mois, et 40 % depuis plus d'un an. Maurice Neyme explique que la démarche est lourde mais indispensable. Il s'agit de faire comprendre que l'accident provient d'un dysfonctionnement, et qu'en maîtrisant les dysfonctionnements, on agit sur les accidents. C'est un des objectifs des *Minutes chantier*, des réunions hebdomadaires pendant le temps de travail et sur le lieu de travail. Chaque manager gère ces réunions à son

(1) Véronique Smée, « Adapter le travail aux seniors, et non l'inverse », 25 février 2004, novethic.fr
(2) Gérard Jayet, expert technique en Transformation, « Le management de la sécurité », 2 décembre 2003, cerg.efpg.inpg.fr

rythme entre une demi-heure et une heure, toutes les semaines ou tous les quinze jours. On y parle de prévention bien sûr mais aussi de logistique, de modes opératoires, de qualité pour le client. Le taux de fréquence des accidents se situe en 2005 à 15,27. Soit quatre fois moins que la moyenne réalisée par la profession. En cinq ans, l'entreprise a ainsi divisé par deux le nombre total d'accidents.

Et pour mieux comprendre l'importance de la sécurité des hommes, il est indispensable de revenir sur le sujet, de parler vrai, non seulement avec les managers, mais aussi et surtout avec ceux qui la vivent tous les jours. La vidéo, par exemple, peut servir de catalyseur pour évoquer une situation risquée et en analyser les causes. C'est l'expérience qu'Alain Feytie, chez DANONE Eaux France, a voulu mener à partir de scénarios d'accidents survenus à l'usine de Volvic. Les collaborateurs, de par leurs témoignages, montrent que la prévention des risques est l'affaire de tous. Le film va recréer les circonstances de l'accident, si possible, avec la personne concernée. Elle est aussi interviewée sur les moyens d'éviter qu'une telle situation ne se reproduise. L'objectif n'est pas de culpabiliser le salarié mais bien de se situer dans la réalité du terrain, ce qui demande également une certaine remise en question sur l'organisation, les équipements et les comportements. Pour atténuer la gravité du sujet, Alain Feytie n'hésite pas, à la fin des films vidéo, à terminer par un bêtiser qui dédramatise la situation.

Cette forme de communication plus conviviale vient, en règle générale, renforcer l'impact des messages corporate. Lafarge Ciments conjugue ce mélange de stratégie formelle et de communication de proximité. En 2002, toute l'entreprise se tourne vers sa valeur et sa priorité n°1 : « *la sécurité, c'est ma priorité* ». Pour Noël Le Floch, l'objectif est de créer une véritable rupture en matière de prévention des accidents, et de montrer que l'entreprise veut vraiment progresser. Réunion de lancement, supports vidéo et électronique, magazine interne, campagne d'affichage, témoignages de l'ensemble des acteurs, jeux concours, bande dessinée... les messages sont relayés et partagés à tous les niveaux de la société. Symbole des *Incontournables* de la sécurité et de la communication du groupe Lafarge Ciments, DD (1) a fait son apparition en novembre 2002. Ce héros d'une bande dessinée pas comme les autres évolue et apprend, avec les salariés, les consignes à maîtriser et les comportements à acquérir en matière de sécurité. Plus terre à terre, les premières pages du journal interne *Perspective* consacrent, tous les deux

(1) Voir Chapitre VIII : « La communication RH en pratiques ».

mois, un tableau des accidents vécus sur le terrain, et dressent ainsi le bilan de la situation. Entorses, chutes, éclats métalliques dans les yeux, doigts écrasés... cet inventaire sans complaisance et fidèle à la réalité doit permettre à chacun de prendre conscience des risques potentiels. Des dossiers spécifiques viennent aussi régulièrement enrichir la communication mais également partager toutes les bonnes pratiques. En 2003, à Contes, l'usine reste trois ans de suite sans accidents. L'investissement constant des salariés est notamment lié au changement dans la manière de communiquer en bannissant la langue de bois. Deux journées sont par ailleurs consacrées au rappel des consignes et à l'explication des règles de prudence.

Du lancement d'une politique groupe à sa mise en application dans les filiales, Lafarge Ciments a progressé dans le domaine de la santé et de la sécurité au travail puisqu'elle divise par deux le nombre de Tf dans l'entreprise. « *Nous sommes passés d'un taux de fréquence de 12 à 6 mais nous devons aller jusqu'à 1 pour nous situer au niveau des meilleures entreprises* », explique Noël Le Floch. DD n'est pas encore prêt à tirer sa révérence. Et ce n'est sûrement pas par hasard que 90 % des salariés se déclarent fiers d'appartenir à Lafarge Ciments, tout comme 88 % considèrent qu'il s'agit d'une entreprise où il fait bon travailler.

Stressé, moi ? Solvay consacre du temps et de l'énergie à communiquer et à traiter les facteurs de stress au travail. Pour l'entreprise, en effet, ces derniers ont des effets négatifs sur la santé, sur les performances individuelles, sur le travail collectif, et sont susceptibles de provoquer des accidents. Depuis 2002, un plan d'action a été lancé par la Direction Nationale France qui souhaite aborder cette thématique sans dramatisation ni tabou. Des ateliers de relaxation, de gestion de la pensée, des formations de développement personnel ou de gestion du temps, sont proposés à tous. Une cellule individuelle d'écoute composée d'un médecin, d'une infirmière et d'un consultant expert en management a été créée pour lutter contre ce fléau du XXIe siècle. Dans le même esprit, Solvay développe une action continue en matière de prévention des risques et des accidents. L'effort est porté sur les comportements humains à l'origine des accidents et implique l'ensemble des collaborateurs d'un même site. Par ailleurs, l'entreprise développe une démarche moins habituelle mais qui touche un problème tout aussi important pour ses collaborateurs : la prévention du risque automobile. Ce qui a permis de diviser par deux le coût des accidents de la route en 2003 dans les filiales françaises. Ces accidents sont aujourd'hui de moindre gravité et le nombre de collaborateurs blessés a également diminué. Une charte commune, des formations, des ateliers ouverts à tous, un guide du conducteur et l'envoi régulier de bulletins de sensibilisation et d'information ont contribué à améliorer la situation.

■ *Garçon, s'il vous plaît ! Une politique RH à la carte*

L'argent ne fait pas le bonheur... mais il contribue sans aucun doute à la motivation. La rémunération reste un des premiers sujets de préoccupation des salariés et des DRH. Mais à en juger par les différentes études dont celle de la Cegos en novembre 2004, les augmentations générales de salaires des cadres sont à la baisse, « *pour l'année 2005/2006 elles ne devraient concerner que 24 % des arbitrages sociaux, contre 38% en 2001* » (1). En effet, contextes d'insécurité et de crise économique obligent, les ressources humaines se tournent majoritairement sur les éléments variables, individuels et différés auxquels se rajoutent, dès que possible, des avantages en nature ou sociaux. À chaque DRH de doser judicieusement chaque ingrédient de sa politique pour la communiquer à bon escient, et montrer à chacun que l'entreprise est aux petits soins.

La rétribution « cafétéria » est une des premières à sortir son épingle du jeu des sujets de communication RH. Elle permet de compenser un fixe peu évolutif en offrant, selon les intérêts de chacun, des options à la carte. Chez Vivendi Net, Jean-Noël Thiollier propose un salaire de base, des variables et des options selon les pays. Ce qui fait la différence auprès des salariés c'est aussi la politique du temps choisi. Ils sont jeunes et préfèrent travailler comme bon leur semble, parfois de 14 heures jusqu'à minuit. « *Tous nos concurrents avaient 30 % de turnover, nous 3 %.* » Certains rivalisent d'ingéniosité pour proposer des variables autour du bien-être des salariés, au-delà des conditions de travail. Rien n'est trop beau pour faciliter la vie des individus et leur permettre de régler, sur leur lieu professionnel, une grande partie de leurs problématiques personnelles ou de se ressourcer. Les offres de bien-être dans et en dehors de l'entreprise se multiplient : pressing, salle de gymnastique, crèche, piscine, massage et acuponcture, nettoyage de voitures, agence de voyage, courses, coiffeur, renouvellement de la carte grise, navettes gratuite vers le centre-ville, etc. Ces sociétés partent du postulat « *qu'un salarié satisfait, libéré mentalement des soucis et des corvées quotidiennes, sera plus disponible et plus performant* » (2).

(1) « Une progression stable des salaires cadres pour 2005 », *Le Journal du Management*, 8 décembre 2004.
(2) Philippe Détrie, « Votre corps social a-t-il une âme ? » *les Cahiers de l'AFCI*, n° 11, septembre 2002, p. 9.

Toutefois ce type d'avantage possède aussi ses limites. Tout dépend de l'intention, de la cible mais également de l'intérêt réel ou non manifesté aux collaborateurs. Certaines offres de service peuvent créer des clivages à l'intérieur de l'entreprise car elles concernent une seule catégorie de salariés, les cadres et les managers, au pouvoir d'achat plus important. Ensuite, elles ne correspondent pas toujours à l'objectif recherché. Maurice Ricome évoque l'étude qu'il a réalisée sur l'éventuelle mise en place d'une crèche aux Galeries Lafayette pour les vendeuses et les employées du boulevard Haussmann. Premièrement, ce type de service demande un investissement important comme un maximum d'espace. Il faut compter 40 enfants pour une crèche et pratiquement autant d'accompagnatrices, soit, au regard du nombre de bénéficiaires potentielles, 40 heureuses pour 960 mécontentes ! De plus, l'avantage d'une crèche d'entreprise dépend aussi de la localisation géographique des salariés. Parfois elle implique, pour un bébé, de voyager près de deux heures par jour. Beaucoup de vendeuses ne se voyaient pas faire le trajet. Au final, la cible principale aurait été les cadres parisiens, ce qui ne correspondait pas à l'enjeu initial.

Il existe, par ailleurs, des moyens très simples d'agir sur la satisfaction immédiate du salarié, comme les chèques cadeaux, une mutuelle intéressante, des aides au logement, des voyages à prix réduits ou encore le bon vieux ticket restaurant, toujours d'actualité. Et pour concilier la flexibilité entre vie professionnelle et personnelle, sans que l'entreprise ne s'invite au passage chez son collaborateur, d'autres solutions existent. IBM (1) a créé, depuis 2001, des bureaux de proximité pour réduire notamment le temps de trajet domicile/travail. Trois jours par semaine, 1 600 salariés situés en banlieue parisienne près de Viroflay, du Pecq à Antony ou encore de Saint-Maur ont ainsi la possibilité de travailler près de chez eux. D'autres mettent en place des navettes de ramassage entre les domiciles et le bureau. Quelques-uns commencent à introduire le titre emploi service, un moyen pratique de financer les services à domicile. Les collaborateurs les utilisent tout aussi bien pour l'aide à la scolarité, à la garde d'enfant, aux travaux ménagers... « *Exonérés de charge, leur mise en œuvre et leur gestion sont aussi souples que celles des titres repas* » (2), explique Arnaud Erulin, directeur marketing chez Accor Service. La Région Ile-de-France propose, depuis 2003, 100 titres emploi service par personne et par an, d'une valeur nominale

(1) Interview de Dominique Calmant, DRH IBM France, par Fabien Claire, Emploi center, 11 février 2002.
(2) Arnaud Erulin, « Augmenter le bien-être des salariés », www.visionpme.com

de 13 euros. Cette initiative entre dans le cadre plus global d'une implication de la collectivité et de sa volonté d'améliorer la vie professionnelle et familiale des agents. Elle communique en interne sur les conditions de travail mises en place, la qualité de vie et l'amélioration des conditions sociales. Le guide de l'action sociale présente ainsi l'ensemble des avantages instaurés auprès des agents : prestations familiales, chèques vacances, prêt, logement, prévoyance, prime de départ à la retraite, mutuelle et même une consultation juridique gratuite. La dernière enquête interne réalisée en 2003 montre un taux d'adhésion de 70 % à la collectivité, malgré un faible taux d'ancienneté. Ici, contrairement à beaucoup d'entreprises, moins l'antériorité est importante, plus la satisfaction des individus devient grande. De nombreux agents, en effet, arrivent d'autres communes et sont agréablement surpris par la politique RH menée en Ile-de-France y compris par les 52 jours de congés annuels et de RTT.

Le temps de travail, la formation et la mobilité représentent autant de valeurs, de sujets de communication dans l'entreprise dans un contexte où elle ne peut faire jouer sa politique salariale comme levier de motivation et de fidélisation. La communication sur les 35 heures a, par exemple, permis à bon nombre de DRH de faire adhérer leurs salariés malgré des résistances syndicales. L'enjeu était de taille puisque certaines entreprises devaient faire valider leur accord par référendum pour bénéficier de l'allégement de charges, et faire une opération blanche, des 35 heures payées 39. Les Galeries Lafayette sortent l'artillerie lourde pour remporter la victoire. Après chaque négociation avec les syndicats, les comptes rendus sont systématiquement affichés le lendemain matin dans l'ensemble des 60 magasins. Un journal « *Où en est-on des 35 heures ?* » est diffusé à 15 000 exemplaires. Il explique dans le détail les principes de l'accord et n'hésite pas utiliser l'humour pour mieux se faire comprendre. Le numéro d'une hot line d'information est communiqué à tous. Des réunions sont organisées avec les cadres supérieurs qui présentent ensuite l'accord aux équipes à l'aide de slides et d'une brochure. Sur le principe un homme = une voix, près de 1000 réunions de deux heures sont ainsi organisées par les directeurs de magasin en l'espace d'un petit mois. Le jour du référendum, 80 % des salariés se présenteront devant les urnes. Les Galeries Lafayette obtiendront une moyenne pondérée de 65 % de oui. Pour Maurice Ricome, ce qui a fait la différence : la préparation des outils, la mobilisation du comité de direction, le suivi des réunions, heure par heure, jour après jour, l'implication du management. Une communication très en amont qui a contribué à mobiliser tout le monde sur le sujet.

L'aménagement du temps de travail a aussi donné naissance à de nouveaux services proposés aux salariés, à l'instar de Bouygues Telecom qui offre à ses salariés de profiter de leur jours de RTT pour participer à 60 ateliers gratuits répartis en 4 familles : « Je me cultive », « Je développe mes connaissances », « Je révèle mes talents créatifs », « J'améliore ma vie quotidienne ». L'objectif est de développer les connaissances personnelles, d'améliorer la vie quotidienne ou encore révéler les talents créatifs. 323 ateliers ont ainsi été réalisés en 2004, soit une activité annuelle de plus de 9 000 heures. Cet Esp@ce Ressources reçoit, le 12 juin 2003, le Trophée Social des Télécoms.

Autre sujet RH d'importance, et à forte valeur ajoutée pour les salariés, le DIF commence à prendre son essor. Il s'agit d'expliquer les choix d'arbitrage d'un développement des compétences propre à chaque salarié mais aussi en rapport avec l'activité de l'entreprise. C'est également aider chacun à faire ses démarches, à construire son dossier et à l'instruire sur les formations les mieux adaptées. C'est enfin donner des exemples, laisser la parole à ceux qui ont déjà eu recours au DIF, pour comprendre les avantages et les limites du système. Car même si la formation devient accessible à tous, rien n'interdit à l'entreprise de communiquer sur sa traduction dans l'organisation et les compétences qu'elle permet d'acquérir.

Dans le même temps, il s'agit de valoriser les initiatives réalisées en faveur de la mobilité (1). De plus en plus de groupes mettent ainsi en avant et traduisent leur valeur autour de leurs filières, de leurs passerelles de carrière horizontales ou verticales. Car il est aujourd'hui en France plus facile de changer de métier à l'intérieur de l'entreprise. Un argument de poids pour fidéliser, à condition que ces évolutions soient accessibles à tous et non pas réservées à une poignée d'élus. La Poste, dans son mensuel d'information interne, n'hésite pas à revenir régulièrement sur le sujet en donnant notamment la parole aux collaborateurs sous forme de questions/réponses. L'un d'entre eux explique son incompréhension face à son déroulement de carrière et notamment les avancements de grades après 26 ans de « bons et loyaux » services. Le directeur du département « Règles et statuts » intervient pour lui expliquer les différentes possibilités de promotion qui s'offrent à lui et pourquoi sa dernière candidature n'a pas pu être retenue. Beaucoup, comme GL Trade, communiquent régulièrement sur la priorité voire l'exclusi-

(1) Voir chapitre VI : « Des salariés acteurs de la stratégie ».

vité donnée à l'interne dans leurs postes à pouvoir, certaines annonces ne passant même jamais à l'externe.

De plus, la possibilité de travailler à l'international peut également s'avérer un atout significatif pour le collaborateur, voire se transformer en facteur de motivation chez les quinquas et les seniors. Pour Philippe Guericolas, l'expatriation concerne plutôt, pour des responsabilités de management, les plus de 45 ans. En effet les jeunes entrant à Coface ne possèdent pas assez d'expertise métier au départ. Après quelques années, certains partent à l'étranger, mais la plupart préfèrent gérer leur carrière en France. C'est peut-être ça aussi le revers de la médaille d'une politique de fidélisation réussie.

Mais communiquer sur la mobilité se révèle inutile si tous ne jouent pas le jeu. Les entreprises s'attachent donc à réaliser un travail de fond auprès de leur manager pour les inciter développer l'employabilité de leurs collaborateurs, y compris les plus compétents. Dans ce groupe, par exemple, le salarié a la possibilité de « *ne mettre sa hiérarchie au courant de sa démarche qu'au terme du premier entretien d'embauche* ». Chez DANONE, « *environ 10 % du bonus annuel d'un directeur sont liés au développement d'un membre de son équipe, lui permettant de réaliser, le cas échéant, une mobilité interne* ». 80 % des postes sont ainsi pourvus en interne (1). Et pour accompagner la mobilité géographique de leurs salariés, certains groupes engagent des actions afin de les aider dans la recherche d'un nouveau logement et faciliter leur démarche. Le programme de Monoprix « muter, loger » a ainsi obtenu 91 % de satisfaction en 2003.

Autre sujet d'importance et d'actualité, la retraite et les dispositifs d'épargne salariale qui devraient également constituer un des axes majeurs de la rémunération différée. Les quinquas et les seniors représentent en effet une cible de choix pour les plans d'épargne retraite collectifs, les régimes de retraite par capitalisation ou encore les bilans de carrières et les bilans retraite. Il s'agit avant tout de mieux préparer les départs ou de faire en sorte que la prolongation du travail dans l'entreprise se passe le mieux possible. Chez BRGM (2), bureau de recherches géologiques et minières, les collaborateurs de plus de 55 ans bénéficient ainsi d'un bilan retraite. L'objectif est de dresser un « *inventaire et la synthèse des droits acquis par les salariés auprès de l'ensemble des régimes*

(1) Vincent de Longueville, « Mobilité interne : les efforts des entreprises » *Enjeux*, mars 2005, p. 30.
(2) « Un bilan retraite pour ses salariés », management.journaldunet.com, 24 novembre 2004.

existants » et « *d'établir pour chacun l'âge optimum pour le départ à la retraite et l'estimation des futures pensions* ». Par ailleurs, lorsque l'entreprise organise une conférence sur les conséquences de la loi Fillon, elle fait « salle comble ». PSA (1) estime qu'un plan retraite complémentaire pour les cadres s'avère un élément différenciant à l'embauche. Depuis quelques années, le groupe développe donc différents régimes qu'il abonde en fonction de ses résultats.

Mais au-delà de cette phase préparatoire, il s'agit aussi de communiquer sur des bilans à mi-carrière, la validation des acquis de l'expérience, tout ce qui peut constituer une nouvelle route intéressante et motivante après 45 ans. Les laboratoires Boiron (2) agissent depuis 1976 pour préparer la retraite de leurs salariés. Un accord d'entreprise leur offre, six ans avant leur départ, de bénéficier d'une réduction progressive de leur temps de travail, avec le maintien de leur salaire à temps plein. Ce dispositif permet « *un meilleur équilibre entre les périodes travaillées et les périodes de repos en fonction de la pénibilité des postes et de l'âge des salariés* ». Boiron communique également activement auprès de ses seniors : histoire d'un nouveau retraité, réunion d'information et remise des médailles du travail. Bien préparé, cet événement interne permet aussi la mixité dans l'entreprise et la reconnaissance de la carrière des plus anciens. Car pour évoquer la mémoire de l'entreprise, les seniors sont souvent les mieux placés. Chez Axa France la retraite est loin d'être un sujet tabou. Non seulement le groupe commercialise bon nombre de produits destinés aux quinquas, mais il communique également régulièrement et donne la parole à ses retraités au sein de sa presse interne. Une amicale des retraités, ARAXA, permet à tous de se retrouver et d'échanger souvenirs et projets d'avenir. De plus, des documents d'information notamment sur le Plan d'Épargne retraite Entreprise, PERE, le Plan d'Épargne pour la Retraite collectif, PERCO, permettent à chaque collaborateur de mieux comprendre et de mieux préparer son départ. Le portail intranet explique également les différentes conditions d'alimentation des dispositifs de l'entreprise. « *Je suis parti avec l'esprit libre... côté démarches administratives, j'ai été bien accompagné par le service retraite... je vais déjeuner régulièrement avec mes anciens collègues...* » Tous ces témoignages concourent à montrer aux futurs retraités que les départs bien accompagnés permettent de couper le cordon de l'entreprise tout en douceur...

(1) Patrick de Vanssay, PSA, « Une façon d'attirer les meilleurs candidats à l'embauche », management.journaldunet.com, avril 2004.
(2) Renée Husson, DRH Laboratoires Boiron, « Le Monsieur te demande de rester !... », ujjef.com

Les seniors interviennent également pour parler de l'histoire et de la culture à l'intérieur comme à l'extérieur de l'entreprise. Certains managers deviennent ainsi de véritables ambassadeurs dans les écoles en prise avec le réel, ce qui leur donne une bouffée d'oxygène sur le quotidien et permettrait de développer la marque employeur. Chez France 3 (1), les seniors valorisent leur expérience. Ils ont un rôle de formateur, de tuteur et ont même accès à des missions humanitaires. Tout a été mis en œuvre pour éviter le sentiment de fin de carrière.

Chacun œuvre donc en fonction de ses priorités, de son environnement, de sa cible en essayant d'agir en correspondance avec sa culture. Mais toute la difficulté réside dans la multiplication des petits détails qui peuvent quelquefois passer inaperçus. Ce DRH explique qu'il travaille au quotidien pour faire avancer les choses mais qu'au final les faits sont encore mal connus par les salariés. Une des solutions déjà évoquées consiste à utiliser l'ensemble des supports de communication de l'entreprise et ne pas hésiter à répéter les messages. Une autre pourrait bien s'incarner dans les bilans sociaux individuels et les rapports d'activité sur le développement durable. Deux moyens de regrouper au sein d'un même outil l'ensemble des engagements sociaux de l'entreprise envers ses collaborateurs. Le fait de placer ses engagements par écrit constitue déjà une preuve tangible, vérifiable par tous. Quant aux indicateurs sociaux du développement durable, on sait qu'ils seront vérifiés par un organisme neutre, indépendant, qui jugera en toute bonne foi du comportement responsable ou non de l'entreprise et identifiera les zones d'amélioration et les axes de progrès. Des rendez-vous attendus par tous.

■ *Atmosphère, atmosphère... partager les valeurs*

Bonjour l'ambiance... qui n'a jamais lancé ce type de qualificatif pour décrire une atmosphère pesante, lourde, démotivante. Elle touche parfois certains services, un siège dans sa totalité voire plusieurs entités. Virus contagieux, il suffit d'un élément pour perturber en chaîne tous les autres. Elle est fonction bien sûr des individus qui composent l'entreprise, et si le PDG bat la mesure, ce sont les managers et les salariés qui jouent la partition. Critère majeur de la fidélisation, de la mesure de l'investissement, de la motivation, l'ambiance permet souvent de faire la différence d'une entreprise à une autre. Si la communi-

(1) Mathieu Dubois, « France 3 : tout pour éviter le sentiment de fin de carrière », 11 juillet 2005, seniorscopie.com

cation n'a pas pour vocation de maîtriser l'ambiance, elle peut malgré tout y contribuer en privilégiant les contacts humains, les occasions de rencontres, l'interactivité, la convivialité par le biais de multiples événements (1).

L'isolement, la méconnaissance de l'autre, l'éloignement aussi peuvent devenir des facteurs influant sur l'ambiance de l'entreprise. Même au sein d'un siège de 200 personnes, il devient possible de ne pas se voir, de ne pas se connaître. De plus, ces fonctions dites supports sont souvent déconnectées du terrain et pas toujours associées aux événements ou challenges commerciaux.

La sortie d'un nouveau produit représente une bonne occasion pour changer l'image d'une maison mère, partager et mieux participer à la vie de l'entreprise. Des initiatives simples, peu coûteuses et qui peuvent rapporter gros. Le « Brand Day », la journée de la marque de Moët Hennessy Diageo, concerne l'ensemble des salariés du groupe dont la moyenne d'âge est de 38 ans. En mai 2005 par exemple, les « Twisteades » ont été créées à l'occasion de la sortie d'une nouvelle gamme de boisson alcoolisée aromatisée. Trois équipes aux couleurs des trois parfums de la marque sont constituées et participent de 8h00 à 16h45 à un certain nombre d'épreuves. Petit déjeuner d'accueil, lancer d'anneaux, concours de Hoola Hop, dégustation, épreuves de connaissance et de rapidité, l'ensemble est placé sous le signe de la convivialité. Entretenir un lien, un sentiment d'appartenance par la mise en valeur et en avant des salariés et des marques, est en effet un des objectifs majeurs de MHD qui le lui rend bien : l'entreprise entretient un taux de démission inférieur à 2 %. Même philosophie chez UPC-Noos qui lance, à chaque fois qu'il se passe quelque chose dans l'entreprise, un café de... Le principe est de relayer un événement externe autour d'un café, d'un croissant, d'une animation. Le café de la téléphonie par exemple fait écho au lancement de l'offre UPC-Noos du lundi 16 mai 2005. Des téléphones sont exposés partout, des affiches expliquent le principe de la technologie jusqu'au branchement, un jeu avec tirage au sort permet de gagner des téléphones, lecteur MP3, chaîne hi-fi... Les salariés prennent d'assaut la salle d'exposition, comme à chacune de ces manifestations. Ils se sentent associés, respectés, traités en client interne.

La demande des collaborateurs se place souvent autour du contact encore et encore... ce sont eux, leurs réactions spontanées qui vont aussi influer sur le succès d'une manifestation. Mais lorsqu'il s'agit de relier,

(1) Voir chapitre VI : « Des salariés acteurs de la stratégie ».

de faire participer l'ensemble des salariés issus de différentes entités d'un groupe, l'exercice devient plus difficile. De plus en plus d'entreprises commencent à se tourner vers les Olympiades pour partager leurs valeurs et les faire vivre par le plus grand nombre. Universelle, solidaire, la fédération par le sport permet de conjuguer toutes les diversités culturelles, toutes les représentations et développe l'esprit d'équipe. Du football le plus populaire, à la pétanque le plus local, rien n'est à jeter quand il s'agit de faire tomber les barrières, de regarder l'entreprise autrement. Un terrain de jeu universel dans tous les sens du terme.

Tous les deux ans, toutes les entreprises du groupe DANONE se mobilisent autour de la DANONE World Cup (1), une compétition amicale de football avec un tournoi masculin et un autre féminin. Les salariés viennent de chaque coin du monde, de la Nouvelle Zélande à la Chine en passant par le Canada ou l'Argentine... Les finales mondiales se sont déroulées jusqu'à présent à Paris ou en Espagne. La dernière a été organisée à Marbella, sur deux jours. Chaque équipe défend les couleurs de sa filiale tout en découvrant les autres. Chez DANONE Eaux France, la fédération autour de la DANONE World Cup est telle que les salariés se renseignent un an et demi à l'avance pour connaître les modalités de l'édition suivante. Nul n'ignore aujourd'hui pourquoi les valeurs du groupe sont partagées par ses 90 000 collaborateurs.

Dans le même esprit, la filiale marocaine de Nexans a créé un challenge sportif avec la constitution d'une équipe de football benjamine composée des enfants du personnel, une autre formule pour créer du lien, celui du cœur et du sang. Véronique Guillot Pelpel pourrait aussi s'en inspirer pour organiser une Olympiade aux couleurs du groupe Nexans.

Ces manifestations offrent aux salariés des quatre coins du monde l'occasion de se rencontrer et de partager leur passion autour d'un événement. C'est un des objectifs de challenge de l'Amorcup (2), qui hisse les voiles et les couleurs de France Télécom et offre, chaque année, aux collaborateurs de découvrir les différentes facettes de leur groupe. « *Ce challenge s'est inscrit au fil des années dans les valeurs mêmes de l'entreprise... les courses ont un impact très positif sur la motivation et l'implication des collaborateurs.* » Dans d'autres entreprises, comme chez Jeulin, le sport fédère, élimine les clivages entre les statuts, les fonctions et donne une image différente, plus proche et plus humaine. Après le foot-

(1) Voir chapitre VIII : « La communication RH en pratiques ».
(2) « La voile fédère les entreprises », *Le journal du Management*, 6 avril 2005.

ball, la société met le cap sur la pétanque plus accessible et passe de 30 à 110 participants, commerciaux, ingénieurs, techniciens et même le comité de direction. La coupe est remise en jeu chaque année, car un des défis est aussi de battre la direction générale. En découvrant leur manager autrement, certains se sont dit « *on était bien tous ensemble* » et découvrent que l'esprit d'équipe est aussi un facteur de réussite. Dans ce même esprit, Jeulin a mis en œuvre une formation de deux jours sur le travail en équipe, dispensée à l'ensemble du personnel. Ce séminaire, par groupe de 30 personnes, reposait sur une pédagogie alliant l'escrime, l'individualité au service du collectif, et une analyse des dysfonctionnements, ceux-ci pouvant être réglés par le groupe.

En s'appuyant sur des exemples, des faits, des actions qui illustrent les valeurs, la communication montre comment la culture se vit dans l'entreprise. Nul besoin de mettre des mots sur les actes, ce sont les salariés qui logiquement devraient spontanément déduire les valeurs de l'entreprise des faits et des comportements constatés au quotidien. Aussi est-ce à l'occasion d'« ateliers pratiques » que le groupe Solvay, après avoir défini ses valeurs en 2003, a invité l'ensemble de ses cadres à les partager et à les transformer en réalité vécue. Tous les cadres y ont participé à l'échelle mondiale et ces ateliers seront généralisés à l'ensemble des salariés en 2006. Il s'agit d'inspirer l'activité journalière des hommes et des femmes de l'entreprise et de faire en sorte que, sur le terrain, les valeurs ne soient pas vécues comme une incantation abstraite.

4 – Agir dès l'intégration

« *L'important en GRH est aussi lié à la difficulté de faire les bons choix, de trouver la bonne mesure entre l'investissement réalisé et le retour attendu. Certains ne sont pas négociables, l'intégration en fait partie* », Sophie Marquaire.

Le collaborateur en intégrant l'entreprise va immédiatement confronter, avec la réalité du terrain, les valeurs écrites ou orales communiquées au cours de ses différents entretiens ou décrites dans les outils de communication. Les premières jours, les premières semaines représentent donc des moments clés pour donner des repères, se situer dans l'organisation et dans l'environnement, être reconnu dans l'entreprise. « *Choisir le bon candidat est capital, encore faut-il lui prouver que nous sommes la bonne entreprise* », analyse la chargée de gestion des ressources humaines d'Expérian (1). Les politiques d'intégration servent donc souvent plusieurs objectifs. Il s'agit notamment de faire connaître et de faire assimiler l'entreprise pour appréhender au mieux l'organisation, le rôle de chacun, et créer du lien. Pour vivre et découvrir la culture, rien ne vaut les échanges et le vécu du terrain. Les outils classiques comme le livret d'accueil ont certes leur utilité puisqu'ils formalisent les droits et les devoirs du salarié, les démarches à suivre, les contacts à prendre et les valeurs... mais ils ne peuvent traduire le ressenti et le partage par le biais des rencontres. Enfin, c'est aussi par la valorisation immédiate de l'individu, et en le traitant dès son arrivée comme un client interne, que les entreprises pourront faire jouer leur carte de la reconnaissance du capital humain.

Intégrer par les valeurs, c'est avant tout prendre et donner du temps. Pour Servier, ce temps représente un investissement pour l'avenir, pour les collaborateurs il se traduit comme un gage de confiance. Un partage, dès les premières heures, du contrat social qui perdure dans l'entreprise depuis 50 ans. Le groupe n'hésite donc pas à consacrer, entre 1 et 3 mois, au parcours d'intégration d'un salarié. Cette action est d'autant plus cruciale que la majorité des nouveaux arrivants sont avant tout des promotionnels, qui ne seront par la suite plus physiquement présents dans l'entreprise. Octroyer du temps se traduit aussi par la mise en œuvre de journées d'accueil régulières et continues pendant toute l'année, même avec un petit nombre de collaborateurs. De plus, en intégrant à chaque cession l'ensemble des nouveaux embauchés, CDD, stagiaires, temps partiels, intérimaires, certaines entreprises affirment, dans leurs actes, leur sens de l'équité et de la cohésion sociale. Enfin, la présence d'un ou de plusieurs membres de la direction générale à l'une des étapes clés de l'intégration montre également une réelle volonté donnée à l'importance du capital humain. Des présidents se libèrent donc quelques heures, chaque mois ou chaque année, pour accueillir personnellement les nouveaux entrants. Lorsque cette jeune stagiaire rencontre l'un des DG d'Ipsos, elle ne cache pas sa surprise et sa satisfaction. En effet, douze fois par an, la Direction Générale accueille, avec la directrice de la communication interne, les nouveaux salariés, quels que soient leur métier, leur structure d'appartenance, leur statut, leur contrat ou leur durée de travail. Cette attitude influe très favorablement sur le sentiment d'appartenance, et donne le sentiment dès le départ d'être traité en *persona grata*. Même résultat lorsque la SNCF rassemble

(1) « L'enjeu de l'intégration est de fidéliser les collaborateurs et les talents », apec.fr

tous les jeunes cadres arrivés dans l'année, et fait intervenir pendant deux heures le président du groupe. Ces salariés se sentent reconnus, « *le comité exécutif s'intéresse à ce qu'on fait, à qui l'on est* », et immédiatement intégrés.

Si l'objectif de ces cessions d'intégration est de parler de la stratégie, des organisations, elles ont également pour but de permettre aux personnes de mieux se connaître et de valoriser les collaborateurs déjà en place en leur faisant parler de leur métier et de leur entreprise. Mettre le nouveau venu en contact avec le plus de personnes possible lui permettra également de construire rapidement son propre réseau. Il sera ainsi amené à partager sa vision, son savoir-faire et sa capacité d'étonnement. Le SINE, le Séminaire d'Intégration des Nouveaux Entrants destiné aux responsables de secteur de la filiale commerciale des Fromageries des Chaumes, présente l'avantage de les réunir, tout en leur expliquant ce que l'entreprise attend d'eux. En complément, les cadres effectuent, un an après leur arrivée, un stage d'intégration chez Bongrain, la maison mère. On les informe sur l'histoire du groupe et ses valeurs, une étape importante pour mieux comprendre la mobilité et favoriser le sentiment d'appartenance.

Pour animer les trois modules destinés aux nouveaux cadres du groupe (« découverte », « client » et « ressources »), la SNCF fait appel à ses patrons opérationnels et aux responsables des fonctions supports. Ces derniers font comprendre l'organisation de l'entreprise, son jargon, les directives européennes, sensibilisent à la déontologie et l'éthique (les systèmes d'information et les fuites éventuelles), font partager la notion du service client, les facteurs humains... Des représentants du personnel sont également présents pour parler du paysage syndical de l'entreprise. Un des objectifs de ces sessions est de créer des liens entre les nouveaux arrivants et avec les orateurs. Dans un souci de progression, chacune d'entre elles est évaluée par les jeunes cadres. Au fil des années, les présentations deviennent de plus en plus vivantes et se déclinent majoritairement sous la forme de questions/réponses qui viennent soutenir les exposés théoriques.

Parler vrai, jouer cartes sur table permet aussi de clarifier et de situer, dès le départ, la position de l'entreprise, même si elle peut surprendre. Chez Lactalis, les nouveaux collaborateurs le savent bien : Patrick Van Honacker leur explique, en effet, que la politique de gestion des ressources humaines du groupe est basée sur 5 logiques : **la mobilisation** qui invite chacun à gérer son parcours professionnel ; **l'anticipation** de ses besoins, de ses aspirations, de ses centres d'intérêt, de ses plaisirs... dans la construction de son projet professionnel ; **l'adaptation** face aux environnements technologique, économique, sociétal... très changeants et la nécessité de rester employable ; **la personnalisation** qui part du principe que chacun évoluera à son rythme, en fonction de ses aspirations, ses compétences et aussi son investissement personnel ; et enfin **le partage** de ce projet professionnel dans un contrat triangulaire entre les collaborateurs, les managers, et les RH. L'homme se plaît donc à dire lorsqu'il s'adresse aux jeunes recrues : « *Je ne gère qu'un seul parcours professionnel, le mien, et mon rôle c'est de vous aider à construire le vôtre, pas à le construire à votre place.* » Chacun aura compris qu'une des valeurs phares de Lactalis est liée à la responsabilisation. Son image est celle d'une entreprise exigeante et humaine avec un langage direct. Et ces phrases pragmatiques et concrètes font mouche car elles traduisent la réalité sans complaisance. Et les jeunes diplômés de réagir : « *enfin un discours RH que je comprends, il faut qu'on se bouge si on veut progresser* ».

Aller sur le terrain, dialoguer avec les salariés, partager les impressions, certains ont également fait le choix de plonger, au plus vite, les nouveaux arrivants dans le bain, soit par le biais de stages, soit en instaurant un système de tutorat. Renault (1) développe, depuis de nombreuses années, des stages en usine et au sein des concessions du groupe. Ces actions offrent la possibilité, au-delà des mots, de découvrir les process de fabrication, d'expérimenter le travail en équipe, de constituer un premier contact avec le produit et avec ceux qui le fabriquent. Ils permettent, par ailleurs, de mieux connaître les clients et la manière dont sont présentés et vendus les produits et services. L'enthousiasme des intéressés parle de lui-même : « *J'ai découvert un environnement à part : on vit le travail quotidien des personnes qui fabriquent les véhicules... Une expérience à renouveler ! Vendre des voitures, ce n'est pas facile ! J'ai eu le temps d'apprendre à connaître les ouvriers avec lesquels je travaillais. Ils avaient à cœur de m'expliquer leur travail...* »

Le tutorat représente le double avantage d'accompagner le nouveau collaborateur dans son environnement professionnel tout en sensibilisant et valorisant les plus anciens. Chaque groupe possède, en effet, un vivier de compétences très important à faire valoir et qui pourrait, par la même occasion, agir sur la marque employeur en interne. C'est aussi un bon moyen pour briser la glace, montrer la complémentarité des salariés, éviter l'isolement dès les premières semaines. Si elles en parlent volontiers comme d'une solution d'avenir, toutes les entreprises n'utilisent pas actuellement ce système qui nécessite une réelle réflexion en amont. Devenir tuteur demande, en effet, une information préalable

(1) Extrait du site Internet renault.com

sur le rôle à remplir mais aussi des capacités pédagogiques, un bon relationnel, une motivation certaine et de la disponibilité. Il ne s'agit pas non plus d'empiéter sur le rôle du manager. L'entreprise doit être capable de laisser du temps au tuteur pour exercer sa mission. Les groupes qui ont adopté un système de parrainage depuis plusieurs années s'efforcent de mettre en avant ces salariés volontaires, à l'écoute, qui prennent sous leurs ailes un à plusieurs filleuls ; car, paraît-il, une fois qu'on a commencé, difficile de pouvoir s'arrêter. Il s'agit aussi d'une très belle expérience humaine. Les agents de la mairie d'Aubervilliers qui transmettent leur savoir-faire et leur expérience auprès des apprentis trouvent en effet que le jeu en vaut largement la chandelle : « *nous discutons beaucoup avec elles... elles sont jeunes, elles ont le droit à l'erreur... on nous fait confiance, ça fait plaisir, on voit qu'on existe* ». Avec l'allongement de la vie professionnelle, il faut s'attendre à ce que les entreprises se tournent beaucoup plus vers ce type d'intégration, qui permet à la fois de partager, de se comprendre et d'introduire les actes de cohésion sociale à tous les niveaux.

Quand fait-on réellement partie de l'entreprise ? À quel moment cesse-t-on d'être considéré comme un nouveau ? Bien souvent la fin de la période d'essai passe inaperçue, alors qu'il s'agit d'une étape clé dans l'intégration d'un collaborateur. Pour « marquer le coup », comme aux Fromageries des Chaumes par exemple, le directeur du site reçoit le collaborateur, le félicite et lui explique qu'il est désormais des leurs, à la fois en termes de valeur, de comportement, de qualité, de droits et de devoirs. D'autres comme La Poste développent des systèmes bien à elles pour valoriser et marquer l'intégration des agents dans l'entreprise. La prestation de serment est une cérémonie officielle couronnée par une attestation, un mois environ après l'arrivée du postier. Au départ, une obligation légale de l'administration, aujourd'hui c'est une tradition très appréciée comme outil d'intégration et de reconnaissance. Pour la mise en œuvre, les managers disposent d'une mallette très complète leur indiquant la procédure à suivre, les engagements et les sanctions encourues, la scénarisation précise de la cérémonie, la formule du serment, un exemplaire de l'attestation. Les conjoints des postiers qui prêtent serment sont invités, le N+2 est présent ainsi qu'un grand témoin, un élu local, le maire ou le commissaire de Police. Il arrive aussi à Jean-Claude Bailly de participer à la cérémonie. Chaque prestation de serment est signée par le postier qui en reçoit une attestation officielle, l'original étant conservé dans son dossier du personnel.

Si l'entreprise, par définition, n'a pas d'âme, elle n'en est pas moins humaine de par les parties prenantes qui la composent. Et à en juger par le nombre croissant de groupes qui affichent leur valeur, tous en prennent conscience. Les codes de conduite, les règles, les comportements se transmettent à travers les âges et les différentes mutations des organisations et du corps social. Les expériences montrent que partout où les valeurs sont vécues, illustrées en concordance avec les objectifs stratégiques et la réalité du terrain, le sentiment de reconnaissance se développe, et, avec lui, celui des entreprises où il fait bon vivre. Car, si ces dernières souhaitent demain davantage d'adhésion, de cohésion, de participation et d'engagement, elles se doivent, d'abord et avant tout, de donner l'exemple et de répondre aux attentes de chacun des collaborateurs pour essayer de tendre, dans les faits, vers l'entreprise idéale.

Chapitre VI

DES SALARIÉS ACTEURS DE LA STRATÉGIE

« La différence entre le succès et l'échec est la capacité à communiquer clairement et efficacement. »

Aram Bakshian (1)

I. Donner du sens à l'avenir

Toutes les entreprises cherchent à se développer, à conquérir des parts de marchés, à se confronter à leurs challengers et leurs concurrents, à innover, à saisir de nombreuses opportunités... Pour y parvenir, elles s'appuient sur leur organisation pour construire les bases d'un devenir commun. Car si les stratégies sont issues de la réflexion d'une poignée d'individus, leur matérialisation et leur devenir résultent du fruit d'une mobilisation collective. Les groupes les plus performants le savent bien ; leurs résultats dépendent aussi de l'engagement, de la motivation des personnes, du partage des savoir-faire, des comportements, d'une vision clairement affichée et identifiée. On adhère à un homme, à un projet, à partir du moment où on le comprend, on s'y intéresse à partir de l'instant où chacun peut agir, quel que soit son niveau, et contribuer à sa réalisation. Tout acteur, pour jouer pleinement son rôle, ne doit-il pas connaître le scénario, les rôles principaux, les différents interprètes, l'intrigue, les rebondissements éventuels et la chute envisagée ? Et si l'improvisation reste de mise, elle doit se situer dans un cadre parfaitement organisé. Car, au même titre que l'entre-

(1) 1944 – Écrivain et critique américain, rédacteur en chef de l'Américain Speaker.

prise, le salarié souhaite construire son avenir et accroître ses compétences professionnelles sur des bases réalistes, solides, connues. C'est aussi tout l'enjeu du déploiement de la communication sur la stratégie de l'entreprise qui doit donner à comprendre, intéresser à chaque marche de progrès pour montrer qu'il n'existe pas un projet d'un côté et des salariés de l'autre. Partager c'est également inspirer la confiance, donner envie, susciter l'adhésion. Et pour y parvenir, la communication doit adopter la carte de la proximité et de la transparence. Parler vrai, montrer le travail de tous dans les avancées stratégiques, encourager les contacts directs, les questionnements, les découvertes et les remontées d'information... c'est par les hommes que les entreprises auront toutes les chances de voir leur projet grandir, s'enrichir, s'adapter à toute la diversité de leur population.

1 – Une vision cohérente et lisible

Le changement s'inscrit dans les gènes de l'entreprise, il l'oblige à évoluer, à se dépasser parfois, pour se différencier sur des marchés de plus en plus concurrentiels. Source anxiogène et de mutation, il contraint également à donner du sens et de la cohérence pour continuer à mobiliser et à impliquer les collaborateurs. Connaître l'environnement des sociétés, leurs enjeux, défis et résultats prévisionnels, représente autant de points de repères indispensables pour se situer dans l'organisation. La vision stratégique (1) correspond à « *l'élément explicité du système d'actions par lequel l'entreprise se donne une visibilité, pour elle-même, et vis-à-vis de son environnement... élaborée, formulée et impulsée par la Direction* », elle s'incarne la plupart du temps sous la forme du projet d'entreprise. Elle se transmet également lors des projets d'actionnariat de salariés, de LBO (2) ou encore dans toute démarche majeure de changement comme un rapprochement, une fusion pour fixer les repères indispensables à toute adaptation.

■ *Le projet d'entreprise*

Spécifique à chaque organisation, le projet d'entreprise, s'il matérialise avant tout une vision managériale de la stratégie, s'élabore également au regard de son histoire, de son environnement, de son

(1) Christian Mahieu, « L'intelligence stratégique : contribution à une sociologie de l'action stratégique », CNRS Lille, 1997.
(2) *Leverage Buy Out.*

organisation, de ses acteurs. Il trouve ses origines dans la nature du changement et des contextes auxquels l'entreprise est confrontée, formalise les enjeux, les problématiques à résoudre et les résultats attendus. Pour être crédible, il doit répondre aux questions : D'où vient-on ? Où va-t-on ? Et comment y arriver ? Il donne du sens, de la crédibilité aux actions de l'entreprise, se partage avec tous. Et même s'il adapte et anticipe les évolutions possibles des marchés, il possède une durée de vie limitée à trois, quatre ans maximum, à peine le temps d'être validé, compris et de faire ses preuves.

Quatre entreprises : une vision

Défis 2005, le projet de Lafarge Ciments prend en compte, pour les années 2001/2005, les évolutions de son environnement – ouverture des frontières européennes, mondialisation, nouvelles composantes des gammes de produit, exigences accrues des clients, impératifs économiques – et détermine les trois axes stratégiques majeurs pour y répondre. Le premier consiste à différencier l'offre pour fidéliser les clients et consolider le premium ; le second à renforcer la compétitivité et le professionnalisme opérationnel ; le troisième, enfin, à agir et à réagir plus vite pour devancer les évolutions de l'environnement. À ces défis majeurs, s'ajoute une ambition : se positionner comme un cimentier de référence dans et au-delà du groupe, devenir le partenaire du développement des clients et renforcer une culture où les femmes et les hommes peuvent se développer en contribuant aux performances de l'entreprise. Les grands défis de 2010 orienteront encore davantage le groupe autour du client et de la sécurité de l'entreprise et des hommes.

Gagner la préférence, telle est l'ambition du groupe AXA pour les années 2006 et les suivantes. Après avoir fêté ses 20 ans, il saisit cette opportunité pour lancer un projet d'entreprise placé sur l'innovation et la confiance. Son objectif ? Se placer comme l'assureur préféré des Français. Et pour réussir ce pari, AXA mise sur quatre engagements : *Grandir en toute confiance* auprès et avec les collaborateurs en développant l'autonomie professionnelle et en créant une ambiance de travail agréable et motivante ; *Se dépasser pour que chaque client se sente unique* en devenant le partenaire le plus proche de son besoin ; *Choisir la performance au-delà des objectifs des actionnaires* ; *S'impliquer durablement au cœur de la cité*.

Solvay affiche son dynamisme par la signature de *l'entreprise en mouvement* et la matérialisation de cinq enjeux. La *Compétitivité* en poursuivant les efforts engagés pour conserver ses positions de leader et conquérir de nouveaux marchés ; la *Sécurité* des personnes et des installations sur tous les sites ; la réalité et la vie de ses *Valeurs* pour être choisie par ses clients et ses collaborateurs ; le développement de toutes les *Compétences* pour accroître la compétitivité ; la *Communication,* en établissant des relations de confiance avec toutes ses parties prenantes et en contribuant à une meilleure image collective de la Chimie auprès de l'opinion publique.

À La Poste, le projet d'entreprise prend ses racines dans le contrat de plan signé avec l'État. Celui de 1998 possède un projet décliné autour des cinq C : *Croissance* (CA), *Culture* (image et valeurs), *Confiance* (avec les postiers), *Compétitivité* (par rapport au marché et à la concurrence) et *Client.* L'actuel, intitulé contrat de *Performances et de Convergences,* signé le 13 janvier 2004, fixe les grandes orientations à l'horizon 2007. Cette fois, c'est autour de quatre engagements que s'organise le projet d'entreprise : *Améliorer la qualité*, enrichir l'offre et développer l'esprit de service aux clients ; *Accroître la compétitivité* pour demeurer un opérateur postal de premier plan en Europe ; *Améliorer l'attractivité* du réseau des bureaux de poste, en adaptant sa présence, ses horaires et son offre aux besoins des clients ; *Accroître la modernité* sociale et renforcer la cohésion.

Ces projets se rejoignent dans leur essence et leur philosophie. Le client se place au cœur des démarches ; les environnements, la concurrence incitent à davantage de compétitivité ; les ambitions tournent autour de la préférence, de la singularité mais aussi de la confiance et de la performance des collaborateurs. Trois axes, quatre engagements, cinq enjeux, en offrant des points de repères simples, en ordonnant leur priorité, les démarches projet concourent à offrir de la lisibilité et à simplifier les messages. Un travail indispensable compte tenu de la nature des changements introduits. Chez Nestlé par exemple, le projet d'entreprise destiné à améliorer l'efficacité globale impacte autant l'organisation que le périmètre de travail de chacun. Pour Pascal Moisy, il s'agit d'expliquer la teneur de ces mutations en communiquant sur les bénéfices qui en découleront sur un plan collectif tout en répondant par la pédagogie aux freins liés pour la plupart d'entre eux à l'individu. L'enjeu pour les ressources humaines est non seulement de donner du sens et de faire partager cette vision sur le terrain, mais aussi de formuler son business plan en tournant toute l'organisation vers des compétences, une mobilité, un savoir-faire et un savoir être au plus proche des orientations stratégiques. Les valeurs et la culture apportent, de plus, une abscisse indispensable au projet : une certaine humanisation de la stratégie.

■ *L'épargne salariale en actions*

L'épargne salariale ne s'est jamais aussi bien portée en France (1) : « *8,5 millions de personnes bénéficiaient au 31 décembre 2004 d'un plan d'épargne salariale, pour un montant total d'encours qui atteignait 57 milliards d'euros, Au premier semestre 2005, les fonds communs de placement en entreprise (FCPE) ont signé leur meilleure performance depuis 1999* ». Toutefois, ces chiffres prometteurs ne traduisent pas pour autant un regain de confiance envers l'entreprise, sa stratégie et son avenir. Chacun voit « chaussure à son pied » en fonction de ses attentes.

Les différentes formules d'épargne salariale, actionnariat, RES (2), PEG (3) impliquent l'investissement d'une partie du capital personnel du salarié, même si une part du risque encouru peut être réduite en fonction de l'offre d'abondement de l'entreprise. Pour certains, le choix d'investir dans les actions de leur entreprise témoigne plus de l'intention de réaliser une bonne affaire que d'un réel attachement à l'employeur. Parmi les motifs de décision (4), « *78 % souhaitent bénéficier d'un placement avantageux, 49 % montrent leur confiance dans l'avenir du titre, 38 % leur attachement... 17 % leur désir de devenir propriétaire de l'entreprise* ». Des comportements pas toujours dans la droite ligne des objectifs initiaux de l'employeur et de l'actionnaire majoritaire.

Et pourtant, les expériences montrent souvent un changement de comportement des individus et des sociétés pendant et/ou après la mise en œuvre d'une opération d'épargne salariale. Les salariés s'avèrent « *plus attentifs aux résultats, au cours de l'action... se renseignent sur les marchés financiers, sont plus vigilants à la bonne gestion de leur service* ». L'entreprise, quant à elle, estime qu'elle « *échange davantage sur sa stratégie avec les différentes entités en France et à l'étranger, que le climat au sein de l'entreprise s'est amélioré* » (5). Toutefois, la mise en œuvre d'un PEG ne donnera sa pleine valeur à l'entreprise que si cette dernière se fixe les bons objectifs, à savoir, intéresser, partager et impliquer les salariés dans la stratégie, et non pas uniquement se doter d'une meilleure image auprès des acteurs de la bourse. En effet, les raisons et les objectifs donnés par l'employeur restent encore flous. Selon la dernière enquête

---

(1) « Bon premier semestre 2005 pour l'épargne salariale en France », La rédaction Web des *Échos*, 10 août 2005.
(2) Rachat de l'Entreprise par ses Salariés.
(3) Plan d'Epargne de Groupe.
(4) Enquête réalisée auprès de 1500 actionnaires salariés, menée entre avril et août 2002 par Luc Chandesris, *Cahiers AFCI*, n° 14, février 2004.
(5) *Idem*.

annuelle réalisée par BNP Paribas et Altedia en juin 2005 (1), une majorité des salariés se disent mal informés sur l'actionnariat. Car si un effort est réalisé avant et au moment de la souscription, par la suite, peu d'actions sont mises en œuvre. Combien de salariés ayant souscrit à un PEG sont aujourd'hui destinataires d'une lettre aux actionnaires ou du rapport annuel de leur entreprise ? Personne n'est dupe, c'est la volonté affichée par l'entreprise pour considérer le salarié, le traiter comme les autres actionnaires, comme un véritable client interne, qui fera réellement la différence. Car il ne suffit pas d'obtenir de très beaux taux de participation et d'engagement, encore faut-il prouver à tous qu'ils ont réalisé le bon choix.

Les votes de confiance des salariés de Spie Batignolles illustrent à deux reprises la réelle volonté de la société de concilier leurs intérêts, et de les associer à la croissance, à la pérennité comme à la sauvegarde de leur emploi. En 1998, le Rachat de l'Entreprise par ses Salariés avec l'appui du groupe BTP Britannique AMEC permet de garantir la survie du groupe Spie, dont Spie Batignolles est la filiale de construction, après le désengagement de Schneider. La société communique sur ses difficultés, sa vie économique, ses marchés, ses business plans, ses perspectives d'avenir, en toute transparence. Les salariés savent que des activités risquent de fermer avec des licenciements à la clé. L'objectif est de rester à la fois incitatif, crédible tout en gardant une certaine distance. Car même si des facilitées sont offertes à ceux qui souhaitaient faire des emprunts, les sommes en jeu sont importantes : un peu plus d'un mois de salaire pour un ouvrier, deux mois pour les cadres, cinq mois pour les membres des comités de direction. Pour accompagner le RES, les DRH des trois divisions collaborent en étroite concertation et des dizaines de réunions sont organisées avec les managers. Dans un premier temps, Spie Batignolles demande aux intéressés s'ils ont l'intention de souscrire et à quelle hauteur, puis passe à l'action. Au final, 75 % des collaborateurs détiendront près de 60 % du capital de l'entreprise. « *Le sentiment qui prédomine ? Celui d'avoir fait son devoir pour sauver son entreprise et son emploi. La motivation ? Avant tout l'attachement à l'entreprise, l'intérêt et le gain apparaissant secondaires* » (2). L'histoire leur donne raison, la stratégie se révèle très efficace, Spie se développe, la rentabilité se restaure et, lorsqu'en 2003, AMEC rachète les parts des salariés à la

(1) Guillaume Le Nagard, « L'épargne d'entreprise plébiscitée... par des salariés peu informés » *Entreprise & Carrières*, juin 2005, p. 8.
(2) Jean-Baptiste Jacquin, « Spie Batignolles, l'entreprise aux 12 000 salariés-capitalistes », *L'Expansion*, 6 mars 1997.

sortie du RES, elles ont été multipliées par cinq ! L'année suivante Spie Batignolles propose un Plan d'Epargne Groupe, les salariés récidivent, 60 % d'entre eux souscrivent au fond d'actionnariat. Maurice Neyme explique que l'ensemble des comités d'entreprise et des structures de représentation du personnel consulté ont donné un avis favorable à l'unanimité sur cette opération.

L'intérêt des salariés pour la stratégie et les résultats de leur entreprise, dans le cadre d'un actionnariat, est donc fonction des motivations affichées par l'employeur. Certains se prennent au jeu et se transforment même en de véritables « boursicoteurs » n'hésitant pas à prendre quelques cours pour mieux se tenir informés. La communication, la pédagogie et le ton employé avant et au moment de la souscription permettent ainsi de faire la différence. Ce groupe, qui obtient plus de 60 % de souscription au cours du lancement de son premier actionnariat des salariés, n'a pas hésité à informer sur ses axes stratégiques, ses perspectives d'avenir, à donner des clés pour mieux comprendre les résultats, le CA, les comptes consolidés, se familiariser avec la bourse, les actions. Il propose également un abondement de 50 % du montant de la souscription pour une meilleure sécurité des placements. À cette clarté de l'offre et des comptes de l'entreprise s'ajoute l'engagement des relais spécifiques et des managers au plus proche des salariés. Et pour répondre aux questions en toute confidentialité, un numéro vert d'information permet à chacun de s'informer depuis son domicile pendant toute la durée de la souscription.

BioMérieux, à l'occasion de son entrée en bourse en 2004, réalise de nombreuses réunions d'information ouvertes à tous pour expliquer la stratégie et le devenir de l'entreprise aux salariés auxquels il est proposé d'acquérir des actions. 50 % des collaborateurs deviennent ainsi actionnaires en France. « *Je crois beaucoup à une association avec les salariés pour donner du sens. Les messages doivent se réitérer dans le temps* », précise Frédérique Saint Olive.

Toutefois, l'intérêt durable des salariés pour la stratégie de leur entreprise et, par là même leur engagement, se mesure durablement après la souscription. Pour donner une réelle valeur ajoutée à leur opération, les groupes placent la cotation de l'action en tête d'affiche de leur intranet, créent des sites dédiés aux résultats, relient la stratégie au chiffre d'affaires. Mais ils restent encore peu nombreux à personnaliser des invitations à l'encontre de leurs petits actionnaires, à diffuser une lettre spécifique et à informer régulièrement des évolutions de leur fond de souscription, des modifications de loi de Finances et ses conséquences sur les avoirs fiscaux. Pourtant, c'est aussi à ce prix que les bénéfices seront récoltés par tous.

2 – Oser la sincérité, mais faut-il tout dire ?

Placer les individus au cœur de la stratégie, en leur offrant la possibilité d'investir dans leur entreprise financièrement et humainement, nécessite l'établissement d'une meilleure visibilité des actions passées, présentes et à venir. Pour y parvenir, les groupes s'efforcent d'établir un diagnostic à la fois incitateur, sincère et réel... un véritable exercice de style, car si toute vérité n'est pas bonne à dire, la rétention d'information représente bien des effets pervers. Pourtant l'entreprise n'a plus grand-chose à cacher et encore moins à y gagner. « *On peut à peu près tout dire en interne, à part bien sûr les préparations d'OPA ou de plan social, les brevets, les fichiers clients, les salaires... cela représente moins de 1 % du volume d'information !* » (1). Pour adhérer à une démarche, et encore plus à un projet d'entreprise, il est avant tout nécessaire de les crédibiliser. Bien souvent, les salariés reprochent à leur employeur un manque de sincérité, alors que beaucoup considèrent qu'ils sont en mesure de tout comprendre, à partir du moment où on les traite en adultes. Les sociétés qui obtiennent les meilleurs résultats partent donc du principe qu'un collaborateur averti en vaut deux, et qu'il leur faut désormais parler des progressions, des réussites, rassurer autant que faire ce peut mais aussi communiquer sur les risques, les échecs et le chemin restant à parcourir, dans une logique de continuité et de confiance.

« *Les salariés ne sont pas rétifs au changement mais aux réponses toutes faites, imposées d'en haut par des managers qui ne se remettent eux-mêmes jamais en question* » (2). Exposer un projet, une réorganisation, des orientations stratégiques implique de considérer les récepteurs comme des individus responsables et capables d'entendre un certain nombre de vérités, même les plus difficiles. Car quoi qu'il arrive, en cas de situation économique de crise, les médias externes se chargeront, eux, de relayer les problématiques. Les messages en interne même anxiogènes sont acceptés, à partir du moment où ils sont incarnés par des présidents, se fondent sur une réalité indiscutable, expliquent point par point les alternatives possibles. Lorsque La Poste présente ses orientations stratégiques, le discours du président est sans appel : d'ici la fin de la décennie, le groupe risque de disparaître. Seuls deux scénarios sont envisagés : le premier, la cessation progressive de l'activité, le second, les quatre engagements à prendre pour sauver l'entreprise et préserver les emplois. Les phrases sont simples, franches : « *Je ne sais pas où nous*

(1) Philippe Détrie et Catherine Broyez, *op. cit.*
(2) Étienne Gless, « Gérer le changement en interne » *L'entreprise*, n° 188, mai 2001.

allons mais je sais ce qu'il faut faire pour éviter d'aller dans le mur, en revanche c'est à vous d'en trouver les moyens. » Depuis 2004 l'entreprise connaît des évolutions sans précédents qui autrefois auraient rencontré une opposition farouche du corps social. Ce n'est plus le cas aujourd'hui où chacun à La Poste est conscient de la situation et des enjeux liés à la modernisation de l'entreprise face à l'ouverture progressive des marchés à la concurrence.

Même volonté chez Servier, lorsque l'ensemble du secteur est touché en 2003 par une crise d'envergure. Le chiffre d'affaires n'est pas à la hauteur des attentes, l'entreprise prend la parole et affirme aux salariés qu'elle ne touchera pas aux emplois. En revanche, les augmentations resteront bloquées pendant un an. Ce discours génère certes de l'inquiétude mais peu de mécontentement. Les promesses sont tenues, les deux années suivantes, les augmentations montent à 4 puis 3 %.

Chez Noos, Patrick Leleu n'a pas le choix, l'entreprise confrontée à plusieurs crises doit se séparer d'une partie de sa masse salariale. Le PDG refuse toutefois d'opter pour des licenciements massifs, il prend le pari d'un plan de départ volontaire avec la perspective d'une refondation ultérieure de l'organisation sur la base des talents de ceux qui vont rester. Une fois encore le message est direct : « *Soit vous restez avec nous mais cela ne sera pas une partie de plaisir, soit vous partez car vous n'avez plus confiance en l'entreprise et vous avez un beau projet à l'extérieur.* » La moitié de l'effectif est resté... Parfois, il est préférable de laisser partir quelques bons éléments qui ne croient plus dans la capacité de succès de l'entreprise pour construire un avenir plus solide avec ceux qui restent. Michel Cornil explique, en effet, qu'une entreprise ne se construit pas avec les meilleurs individus aux meilleurs postes. Elle cherche en revanche à progresser et à s'améliorer avec les plus motivés d'entre eux.

Difficile de passer sous silence une conjoncture difficile ; grande aussi est la tentation de s'y retrancher. Il s'agit de trouver le juste milieu. Parler vrai, c'est dire ce qui ne va pas tout en s'appuyant sur les atouts et les capacités de changement permettant de faire face à un environnement en pleine mutation. En un mot, rassurer. En 2005, le marché de l'agroalimentaire traverse une période difficile, les produits de marque sont fortement concurrencés par ceux des distributeurs, par la croissance des *hard discounters*, par une concurrence de plus en plus marquée. Le DG des Fromageries des Chaumes n'hésite pas à évoquer, en mai 2005, « *des victoires difficiles à aller chercher* » et des résultats qui « *pourraient s'en voir affectés* » tout en mettant en avant la puissance de ses marques, la qualité de ses produits et le savoir-faire des femmes et des hommes de l'entreprise. La stratégie est clarifiée, notamment sur la commercialisation des fromages auprès des *hard discounters*, une obligation pour s'adapter aux exigences du marché tout en restant vigilant sur la qualité attendue par tous.

Même enjeu, chez Moët Hennessy Diageo lorsque le milieu des spiritueux se « diabolise ». La santé publique et routière se concentre sur des discours incitant à baisser fortement les consommations d'alcool, ce qui inquiète certains des collaborateurs. L'entreprise communique donc régulièrement sur les évolutions du marché et apaise les esprits en informant des nouvelles habitudes de consommation qui évoluent vers les premiums, le luxe et le très haut de gamme... donc les marchés de l'entreprise.

Un des enjeux consiste ainsi à expliquer comment les groupes comptent poursuivre leur progression, tout en gardant leurs valeurs et en affrontant un monde toujours plus global. Le président du comité exécutif de Solvay n'hésite pas à prendre la parole en interne pour expliquer à tous les défis à relever dans le cadre de sa stratégie de croissance en conciliant les valeurs historiques du groupe et ses ambitions de leader. Il s'appuie sur des exemples réalistes vécus dans le groupe comme la construction de cette usine en Asie en moins d'un an, grâce à la rapidité des prises de décision. Ce qui fera pour lui la différence ? L'audace, l'initiative et l'esprit critique à chaque coin du monde.

La transparence se place donc d'abord et avant tout autour de la confiance, envers les mots, envers les faits, envers les hommes, puis envers les actes pour établir un pacte moral entre l'entreprise et ses salariés. Mais le parler vrai et les changements de cap demandent beaucoup de doigté de la part des communicants. Et pour mieux percevoir la réalité des choses ou tout simplement « faire passer la pilule », certains utilisent l'humour. S'il ne s'agit pas de rire de tout, cette autre forme de communication permet de pointer du doigt les difficultés, de dédramatiser, « *de prendre du recul... de réintroduire de la souplesse, de la flexibilité, de l'humain... et de marquer les esprits de façon durable* » (1). Coface en fait l'expérience en symbolisant son plan stratégique 2005-2007 autour de la vache : à l'origine, une confusion linguistique, la Cow Face entendue par les Anglais, à l'arrivée, un animal solidement ancré sur des 4 pattes, les 4 axes susceptibles d'apporter du bon lait aux actionnaires de la gestion du poste client correspondant aux besoins de toutes les entreprises (information, assurance-crédit). Universelle, paisible, sécurisante, la vache peut aussi réagir très rapidement quand on l'agresse. Coface décide de ne pas se prendre trop au sérieux tout en communi-

(1) Aude-Claire de Parcevaux, « Le rire est bon pour l'entreprise » *L'Entreprise*, n° 187, avril 2001.

quant sur ses forces, ses faiblesses, ses performances, ses objectifs à 3 ans et ses ambitions à 10 ans. La brochure, pour la première fois traduite dans les 22 langues du groupe, est distribuée au domicile de chacun des 4600 collaborateurs. Le lendemain, certains arrivent avec une boîte à vache ! L'activité est considérée comme noble, et au départ l'animal en a surpris, voire choqué plus d'un. En revanche, la stratégie est aujourd'hui connue et comprise par tous. La vache a réussi à mobiliser et à intéresser les salariés aux orientations de l'entreprise. Et au moment de les présenter au pôle poste client, Coface affiche complet à chacune de ses séances.

Utilisé avec précaution, sans esprit de manipulation, l'humour serait-il une des armes pour mieux faire adhérer au changement ? Accompagner le lancement d'un projet d'entreprise représente, en effet, une étape clé pour permettre l'appropriation de chaque ligne hiérarchique, comité opérationnel, managers, terrain. Une phase qui se joue en plusieurs manches et se doit d'être correctement réalisée à toutes les marches de la communication, sous peine de perdre beaucoup de temps et d'énergie en efficacité. Car pour rendre les salariés acteurs, il ne suffit plus de formaliser, de partager les orientations stratégiques mais bien de montrer comment chacun pourra agir, quel que soit son niveau, pour contribuer à l'accomplissement des projets.

Petite explication de texte... (1)

Un chercheur américain réalise en 2002 une étude sur les comportements des salariés dans un environnement difficile. Deux sociétés annoncent une baisse de 15 % des salaires pendant trois mois. Dans l'entreprise A, le PDG explique à l'ensemble des collaborateurs les raisons de sa décision et les efforts déployés pour sauvegarder les emplois. Dans l'entreprise B, les salariés constatent la diminution de leur salaire à la lecture de leur fiche de paie. Un inventaire complet sur le matériel interne, du trombone aux ordinateurs est réalisé avant et après l'annonce de la décision. Dans l'entreprise A, la situation reste stable, les comportements ne changent pas. Dans la seconde, les salariés compensent leur frustration sur le matériel mis à leur disposition. La démarque inconnue augmente de 100 %.
La confiance engendre la confiance...

(1) « De l'équité au travail », www.cadremploi.fr, 1er août 2005.

II. OCCUPER LE TERRAIN

Née d'une démarche *Top down*, une vision stratégique ne prendra son plein effet qu'à partir du moment où elle est déclinée par tous les établissements. Sa réussite se joue au niveau local grâce à une communication directe, de face-à-face, qui trouve les bons mots et les messages appropriés. Il s'agit à la fois de bien distribuer les rôles, de partager les responsabilités et d'associer chacun à la stratégie en lui donnant la possibilité de s'exprimer, de jouer un morceau de la partition. Si un projet d'entreprise peut créer du rêve, de l'enthousiasme, il doit d'abord et avant tout se situer dans un cadre suffisamment accessible pour ne pas rester à l'état d'intention. En se plaçant dans le quotidien des équipes, la communication s'appuie sur les actes et les comportements des managers. Mais encore faut-il que ces derniers soient réellement impliqués, accompagnés et outillés pour se placer au cœur des orientations stratégiques et prendre la pleine mesure de la valeur ajoutée de la communication ; alors que cette dernière les place parfois en simples figurants.

1 – Instaurer une relation privilégiée

Pour relayer leur stratégie, beaucoup se tournent vers une communication instrumentale, en cascade. Mais l'information passe rarement partout au même moment, avec la même intensité, le même ressenti. Pire, elle met parfois six semaines pour atteindre certains services quand elle ne reste pas dans les tiroirs. À ce premier constat s'ajoute le fait que beaucoup de salariés ne savent pas à qui s'adresser pour obtenir de l'information ni même où la trouver.

La place des managers dans la communication a longtemps été discutée ces dernières années. Souvent considérés comme de simples relais, ils deviennent désormais des pièces maîtresses sur l'échiquier de l'entreprise en réseau. En effet, ces femmes et ces hommes représentent des alliés incontournables de l'organisation. « *Ce sont les seuls à porter quotidiennement et concrètement les projets de l'entreprise, les seuls aussi à pouvoir créer le lien social nécessaire...* » (1). Par ailleurs, grand nombre d'organisations, quoi qu'on en dise, sont encore tournées vers le « respect » de la hiérarchie. L'information monte alors en puissance en fonction du statut de son émetteur. Si le manager ne porte pas la démarche,

(1) Pierre Labasse, « L'encadrement intermédiaire au cœur des contradictions » *cahiers AFCI,* n° 13, septembre 2003.

il y a de fortes chances pour que le salarié la rejette également. Pour motiver et associer toute la ligne hiérarchique, il devient donc nécessaire de l'impliquer très en amont du projet, et de l'y associer.

Le comportement du manager sera aussi fonction de la ligne de conduite adoptée par la direction générale, du choix judicieux des outils, de la réactivité et de la pertinence des informations comme de la reconnaissance de la valeur ajoutée de chacun. Car « *si l'image peut se fabriquer, la coopération, elle, se mérite. Ce sont les managers qui la construisent jour après jour* » (1) ; à l'entreprise de leur fournir le ciment et tout autre ingrédient nécessaire à son accomplissement.

■ *Agir sur les comportements*

Le manager « *passe ses journées à mettre de l'huile dans les rouages de l'organisation pour qu'elle fonctionne... à faire avancer les choses qui n'avancent pas* ». Pour Eric Delavallée (2), le manager idéal n'existe pas. Il met en exergue les dérives des normes comportementales inscrites au cœur des chartes de management et des formations « prêtes à penser » qui « préparent les managers à faire des choses qu'ils ne feront jamais ». Pour agir avec efficacité sur les lignes de conduite, il est nécessaire de se situer dans la réalité de l'organisation, qui diffère selon les individus, les entreprises, les codes et les valeurs. Inutile donc d'imposer des normes comportementales tout droit sorties du chapeau des systèmes idéologiques. En s'appuyant sur l'existant, en faisant travailler les principaux intéressés sur les attitudes à adopter au regard de la culture et de la stratégie, les entreprises bâtissent des référentiels, parfois difficiles à adapter, mais qui ont l'avantage de se situer au croisement d'une volonté et d'un consensus mutuel. C'est le pari réussi par la SNCF lors de la création de sa charte du management (3). Le groupe ferroviaire souhaite en effet obtenir la concertation, la validation et l'acceptation des intéressés. De multiples groupes de travail voient ainsi le jour et révèlent un consensus autour des comportements existants et de ceux à encourager. Parmi ces *best attitudes* : encourager l'innovation participative, expliquer le lien entre la stratégie et les objectifs pour donner du sens à l'action, débattre des orientations de l'entreprise et les relayer, faire remonter les perceptions des équipes. Le courage managérial est aussi mis en avant au regard de la capacité à donner son avis, à reconnaître les compétences de ses meilleurs collaborateurs. Enfin, tous choi-

(1) Pierre Labasse, *op. cit.*
(2) Eric Delavallée, *Le manager idéal n'existe pas !*, Éditions d'Organisation, 2005.
(3) Voir Chapitre VII : « Entreprendre... l'innovation de proximité ».

sissent le principe de l'exemplarité, à savoir, appliquer à soi-même l'exigence que l'on a pour les autres (et non pas l'inverse !). Ces lignes de conduite ont l'avantage de donner une direction pour que le manager, quel que soit son pays d'appartenance, puisse informer selon les mêmes critères. La communication tente donc d'insuffler des messages identiques en Chine, en France ou en Afrique du Nord pour encourager un esprit maison, pour faire bouger l'entreprise en même temps, dans le même sens. Toutefois, des disparités sont encore fortes par manque de volonté, d'intérêt, de temps, de moyens… Certaines directions, certains pays, certains managers communiquent mieux que d'autres. Cette communication orale de proximité, réalisée le plus souvent sous la forme de réunions, se place donc au centre des préoccupations. Il s'agit de convaincre, de montrer, de démontrer, d'accompagner.

Des guides concrets, adaptés à la situation voire à la complexité de certaines organisations, permettent d'associer les managers au changement et à la stratégie en introduisant un cadre de référence. Les chartes des réunions en sont une illustration. La Poste crée deux livrets suite à la mise en place de ses Espace Temps Communication, moments d'échanges privilégiés d'une heure chaque mois entre managers et postiers. Ces documents pédagogiques offrent des conseils pour optimiser les temps de parole, d'écoute, pour organiser et animer les réunions :

Qui est concerné et pourquoi ?

Des exemples de sujets à aborder pour donner du sens à la stratégie.

Le temps de la préparation : ordre du jour, choix de l'animateur, du lieu, du moment.

Le déroulé de la réunion : questions d'actualité, dossier de fond, questions diverses, supports de présentation, suivi.

Le groupe met aussi en exergue la consommation de temps et la difficulté de rassembler certaines populations de l'entreprise en fonction des contraintes de l'organisation, un des principaux freins au bon déroulement des réunions. En donnant des exemples concrets, recueillis sur le terrain pour communiquer au bon moment — auprès des agents des guichets, de la distribution, du tri de jour ou nuit — La Poste lève du même coup bon nombre de réticences.

Chez DANONE, les *teams breafings*, sortes de présentation « PowerPoint » récapitulant l'actualité de l'entreprise et les résultats, permettent aux managers d'animer et de nourrir leurs réunions. Une *dead line* d'un mois est généralement préconisée pour diffuser et expliquer l'information.

Au sein des structures de taille moyenne ou des TPE, le comité de direction sert de point de départ pour diffuser de l'information en cascade, par palier. Chez Jeulin, l'après-midi suivant la réunion du comité de direction, les chefs de service reçoivent en direct le compte rendu et les messages clés. 24 heures après, ils rassemblent à leur tour leurs équipes. Il n'y a pas de durée délimitée, en général entre une heure et trois heures. Ces réunions d'équipe sont l'occasion d'échanger les informations et de les transmettre à l'ensemble de l'entreprise, développant ainsi la transversalité. Le DRH vérifie régulièrement leur bonne tenue, en allant sur le terrain interroger les collaborateurs.

Certains n'hésitent pas à « entretenir » la motivation des managers en plaçant les réunions d'information comme indicateur entrant en compte dans le calcul de l'intéressement de l'entreprise, à l'instar de Trapil qui souhaite élever le pourcentage de réunions effectuées à 90 % au minimum. D'autres évaluent annuellement leurs lignes hiérarchiques sur leur capacité d'écoute, leur aptitude à faire circuler les informations. Une partie des objectifs et donc la part variable du salaire des managers est, dans ce cas, liée en fonction des résultats obtenus. Cette attitude porte ses fruits, mais risque en revanche de faire vivre la communication comme une contrainte. Convaincre demande du temps, de la pédagogie. Cela nécessite de dérouler les actions dans la continuité pour qu'elles prennent toute leur efficacité. Bon nombre de managers ont suivi des formations ou ont reçu des kits de communication sans jamais les appliquer. En revanche, quand l'entreprise et les cadres prennent acte ensemble des comportements, travaillent et s'engagent sur des plans d'actions pour les modifier ou les adapter, tous ont ensuite la possibilité de débriefer régulièrement sur les progrès réalisés ou non, et pourquoi. Chacun s'accorde aujourd'hui à dire que, pour avancer, l'idée n'est pas de modifier les personnalités ni de cloner les comportements, mais bien de s'accorder sur les ressentis de chacun. Le lien entre manager, stratégie et communication se construit étape par étape. Il nécessite aussi de prendre en compte le point de vue du manager comme de préciser le rôle qu'il aura à jouer : porter une stratégie, l'expliquer, la défendre...

■ *Renforcer la proximité avec la DG*

À l'arrivée des intranets, certains managers ont eu l'impression de perdre leur rôle de communicant. Et les entreprises se sont donné bonne conscience en mettant en ligne une information accessible à tous, au même moment. Mais la communication ne s'arrête pas à la mise à disposition des données. Pour véhiculer la vision stratégique, la mettre à la portée des équipes, répondre à leurs interrogations, le manager doit connaître et comprendre les projets, leurs orientations à court, moyen et long terme. Soutenu, respecté par la direction de l'entreprise, il doit se sentir le destinataire prioritaire des informations. Et pour lui donner ou lui redonner la main, les groupes recadrent leurs actions pour développer les relations de proximité. Il s'agit souvent de créer des rendez-vous réguliers, au cours de conventions ou de manifestations internes pour associer les managers au comité de direction, au plus proche de la stratégie. Une des clés de réussite passe par la présence du président ou du directeur général pour montrer toute l'attention et le respect porté aux managers.

Pour déployer sa stratégie, le PDG de BioMérieux se déplace dans tous les pays du groupe et organise des réunions avec tous les acteurs concernés. De plus, un travail important de fond comme de forme est réalisé au cours de ces « grandes ou petites messes » pour une communication plus réactive, dynamique et interactive, des thèmes qui collent mieux à l'actualité.

Depuis 1998, les deux PDG du groupe La Poste qui se sont succédés n'hésitent pas à agir dans la continuité pour rencontrer, chaque année, les 12 000 managers, soit une base de dix conventions par an. Elles se construisent autour des thèmes comme la qualité et le client avec un référentiel de management commun à tous. Un membre du comité exécutif y est systématiquement associé. Il ouvre la manifestation et réalise durant la journée des mises en perspective stratégiques des thèmes abordés avec des dirigeants locaux, comme la synergie entre les métiers ou les managers. La présence du PDG renforce et crédibilise le discours. Présent l'après-midi, il commente l'actualité avant d'échanger avec la salle. La journée est animée par un journaliste dans le rôle de « monsieur loyal ». Chaque séquence est étudiée pour avoir un rythme rapide, aux couleurs du changement. La salle est également invitée à répondre à des questions à l'aide de boîtiers électroniques. Cela peut concerner les résultats par exemple, ou le changement... Les réponses sont ensuite commentées immédiatement par un des dirigeants de La Poste.

Toutefois, les conventions d'entreprise ne sont pas toujours régulières, faute de budget et de temps nécessaires pour les préparer, mais aussi au regard de la taille et de la complexité de l'organisation. Pourtant, elles se révèlent indispensables pour faire passer une information stratégique et dynamiser les foules. Ponctuellement, le DG de DANONE Eaux France anime des réunions auprès de l'ensemble des collaborateurs du siège et des encadrants des sites de production pour faire un bilan, présenter les projets de l'année en cours ou à venir, ou encore expliquer une évolution de stratégie.

Parfois, les managers demandent à rencontrer la direction générale en exprimant un malaise sur leur rôle de communicant. Issus majoritairement de la promotion interne, les encadrants GL Trade connaissent bien leur entreprise mais ne trouvent pas toujours les bons mots ni le bon moment pour communiquer ou retransmettre les messages de manière appropriée. La direction générale réagit rapidement. En juin 2005, un meeting monde est créé : une journée et demie de séminaire avec une présentation de la stratégie par le président et un *work shop* le lendemain. Même réflexe chez Moët Hennessy Diageo, qui décide de réunir ses managers trois à quatre fois par an pour renforcer la proximité avec les cadres dirigeants et leur permettre de mieux comprendre la stratégie et les politiques de l'entreprise par un partage approfondi de l'information. Elle souhaite également renforcer et consolider cette relation en les associant davantage à la politique de l'entreprise et en les distinguant des autres collaborateurs.

Nombreuses sont aujourd'hui les conventions, les TOP 50, 100, 200, qui réunissent les forces vives, mais combien d'entre elles parviennent à entretenir le dynamisme et la motivation sur le long terme ? Si elles représentent le point de départ indispensable à toute adhésion, elles ne se suffisent pas à elles-mêmes. Pour assurer dans la continuité, les groupes s'attachent donc à informer leur manager toute l'année, à leur diffuser une information plus exhaustive, confidentielle, des argumentaires, des Q&R... Beaucoup n'hésitent plus aujourd'hui à diffuser les comptes rendus des comités stratégiques, les résultats, le bilan social en avant première sous la forme par exemple d'une lettre interne papier ou électronique.

Celle de Bouygues Telecom vulgarise d'emblée l'information pour une meilleure communication auprès des équipes et éviter l'utilisation d'un jargon non accessible au plus grand nombre. Toute photocopie de la lettre managers envers les collaborateurs est déconseillée, son contenu et les commentaires qui s'y rattachent doivent être commentés en réunion.

La lettre des Cadres de La Poste relaie la stratégie et offre des fiches pratiques et prédécoupées à conserver sur les produits, la culture du groupe... Par ailleurs, un fil d'actualité est mis en ligne en accès réservé aux managers. *Poste Scriptum,* ouvert aux 11 000 cadres supérieurs, diffuse une dépêche et une seule par jour. Un dirigeant s'exprime sur un sujet d'actualité. Le chapeau indique le thème abordé, le sujet est ensuite développé sous la forme de deux à quatre questions/réponses avec la possibilité de télécharger des documents complémentaires. Un contact mail permet d'obtenir des renseignements supplémentaires. Les deux outils, papier et net, cohabitent en parfaite harmonie, pas question de supprimer l'un ou l'autre sous peine de provoquer un tollé de la part de leurs destinataires. Des actes qui non seulement sont perçus comme une réelle volonté de l'entreprise de conforter les salariés dans leur rôle de manager, mais qui leur évitent aussi de se trouver démunis lorsque les équipes demandent davantage d'explication.

La communication s'attache également à adapter ses informations en fonction des besoins spécifiques des différents managers de l'entreprise. Des revues de presse journalières sont diffusées selon les besoins. Les journaux, les intranets relaient, au plus près, les résultats économiques, le positionnement stratégique, les données concurrentielles et les évolutions du marché. Des réunions de coordination entre communication externe, financière, interne et RH sont instaurées pour le plus grand bénéfice des collaborateurs. Il s'agit aussi d'accorder la plus grande vigilance à la cohérence entre les informations internes et externes. La Société Générale (1), pour exemple, relaye sur intranet « *son environnement immédiat : salon, événements, actualité du secteur, mouvement de la concurrence... ces informations alimentent, à tous les niveaux du groupe, la réflexion stratégique et donnent des orientations pour se positionner* ».

2 – Mieux distribuer les rôles

Associer les équipes à la stratégie de leur entreprise n'est pas dévolu aux seuls managers. Car si l'entreprise souhaite que chacun occupe sa place dans la mise en œuvre et la compréhension des actions, elle se doit de multiplier les initiatives pour intéresser à l'organisation : des discours de preuve pour montrer les évolutions des projets, encourager les témoignages à tous les niveaux, amener chacun à développer sa propre vision.

■ *Intéresser à l'entreprise*

Garder l'œil rivé sur le chiffre d'affaires n'est plus aujourd'hui l'apanage du dirigeant. Les salariés observent de très près la courbe des actions de l'entreprise lorsqu'ils en deviennent « propriétaires ». Dans le même esprit, la participation et l'intéressement deviennent l'affaire de tous. En partageant et en redistribuant une partie de leurs bénéfices, les groupes ont compris qu'ils agissaient, non seulement, sur le sentiment d'appartenance, la motivation et la fidélisation de leur salarié mais aussi

(1) « Société Générale fait de la veille électronique », *Journal du Net*, 23 février 2005.

sur leur intérêt envers les orientations stratégiques et les business plans. DANONE ne se définit pas comme une ONG, loin de là, mais les ouvriers savent que l'intéressement peut représenter jusqu'à quatre mois de salaire en plus de leur 13e mois. Alors, lorsque les commerciaux viennent faire le tour d'une usine au cours de leur stage d'intégration, ils n'hésitent pas à les encourager sur leurs résultats à venir.

Un accord d'intéressement prend en effet toute sa valeur quand il permet à chacun d'apporter sa contribution. L'idéal est de le décliner en croisant l'individuel avec le collectif : une première prime liée aux bénéfices de l'entreprise, une deuxième qui se rapporte aux fruits du travail du site ou la communauté de travail, une troisième enfin en fonction des résultats de l'atelier ou du service.

Par ailleurs, intéresser les salariés aux bénéfices implique également de leur rendre des comptes sur les résultats. Ce n'est pas par hasard si les Fromageries des Chaumes ont créé un accord d'intéressement trimestriel. Après chaque échéance de prime, la société commente les résultats. Et comme l'ensemble des salariés est partie prenante, leur intérêt s'en révèle d'autant plus grand. De plus, pour se rapprocher du terrain, l'entreprise n'hésite pas à utiliser des leviers concrets de performance qui « parlent aux équipes ». L'hygiène, la qualité, la consommation d'énergie se placent donc au plus proche des entités de travail dans lesquelles chacun se reconnaît et peut agir en conséquence. Les collaborateurs prennent également conscience qu'ils ne travaillent pas uniquement pour leur entité, mais aussi pour une collectivité plus large, grâce à des critères communs à tout un site voire à l'ensemble de la société.

Rendre des comptes, c'est en effet discourir sur les progressions, les réussites, le chemin restant à parcourir pour donner envie à chacun de continuer même en cas d'obstacle, voire d'échec. Pour gagner en crédibilité, les discours s'adossent sur des faits, des preuves, une réalité... des messages portés par la direction, par le manager mais aussi, ce qui est plus rare, par les salariés eux-mêmes. Pourtant, lorsque le témoignage vient du terrain, son impact se multiplie par deux, car le langage est le même, la proximité est à son maximum.

Chez DANONE Eaux France, quand un directeur fait le point sur l'année écoulée et sur les projets à venir, il arrive qu'il arrête toute l'usine pour construire des réunions par équipe matin, midi, après-midi et nuit. Quelques jours avant, Alain Feytie quadrille les ateliers caméra au point pour demander aux ouvriers ce qu'ils ont retenu des douze derniers mois et collecter des commentaires. Une trentaine d'interviews est ainsi montée et diffusée au cours des réunions. Le fait de voir un des salariés de l'usine dire avec un petit sourire en coin « *2005 ça ne va pas être triste, il y a du boulot sur la planche* », produit davantage d'effet qu'un long discours magistral. En revanche, le directeur profite des témoignages pour rebondir sur les commentaires visualisés, pour ouvrir le dialogue avec ses collaborateurs. Pour Alain Feytie, la vidéo de type amateur est une des meilleures manières de faire passer et de faire s'approprier un message. Il ne s'agit pas de jouer les pros, car la comparaison avec les reportages TV serait alors inévitable et défavorable, mais bien de réaliser des choses simples, spontanées, vraies, « reconnaissables », crédibles, filmées avec les salariés, sur le terrain.

Lafarge Ciments s'efforce également de favoriser autant que faire ce peut les témoignages du terrain. Lorsque le groupe fait le point sur son projet stratégique, ce sont les équipes qui prennent la parole et qui expliquent le sens de leur action devant la direction générale. Le journaliste qui anime cette manifestation interne déclare même que c'est la première fois qu'il voit autant de salariés de tous niveaux hiérarchiques monter sur scène. Toutefois, Noël Le Floch avoue que ce type de comportement nécessite une préparation importante et demande un accompagnement en amont pour que chacun se sente le plus à l'aise possible pour effectuer ses débuts sur les planches. Mais le cimentier ne s'arrête pas en si bon chemin, il prend également le pari de faire monter en puissance et en compétence ses employés en les conviant, au même titre que ses cadres, à ses conventions internes. Une année sur deux, pendant deux jours et demi, Lafarge Ciments réunit donc un prorata de 350 salariés cadres, agents de maîtrise et ouvriers choisis par chaque patron de site. Le fait de sélectionner une partie de la population de l'entreprise n'est pas facile à gérer, ce choix peut créer des jalousies et des rivalités. L'entreprise communique donc largement sur son action et notamment sur le fait que les salariés sélectionnés ne sont jamais les mêmes à chaque convention. Par ailleurs, chacun doit aussi en contrepartie s'engager à restituer ces journées auprès de ses collègues, quel que soit son statut. L'intranet met à leur disposition les supports vidéo, les slides pour animer les réunions. Le journal interne relaye largement l'opération. Des actions qui non seulement responsabilisent, mais valorisent aussi des salariés d'autant plus réceptifs.

Chez BioMérieux, les collaborateurs sont conviés, s'ils le souhaitent, à des réunions sur la stratégie. De plus, en gage d'efficacité, les intervenants s'attachent à répéter avant ces manifestations internes. Résultats : une communication plus fluide, plus professionnelle. Pour Frédérique Saint Olive, l'envie est à l'origine de tout développement humain. À l'entreprise de trouver les bons moteurs pour la provoquer. Tous s'accordent en effet à dire que, pour adhérer, il vaut mieux être associé à une démarche active que passive.

Chez UPC-Noos, juin 2005 se place autour de l'action. L'entreprise organise un programme de formation interne de grande envergure : 1 400 collaborateurs à former sur 7 sites en France en 8 semaines. Objectif de ces 80 sessions de formation : tout d'abord, en présence d'un membre du Comité de Direction, expliquer la stratégie du groupe au niveau mondial, européen et français et présenter les grands projets d'intégration pour créer une vision dans un monde instable et donner des repères. La deuxième partie de chacune des sessions visait à impliquer les collaborateurs dans les changements nécessaires à tout rapprochement de 2 entreprises. 4 jeux de cartes (business, client, comportement collectif, comportement hiérarchique) montrent aux salariés qu'ils interagissent sur tout, qu'ils ont une utilité sur le CA, quel que soit leur rôle dans l'entreprise. De chaque groupe sortent des tendances, des comportements gagnants qui devraient être appliqués au début 2006.

■ *À la découverte du client*

Le client se situe au centre de toutes les démarches, de toutes les visions, de toutes les stratégies. Il n'est plus le domaine réservé des commerciaux. Les groupes se placent dans l'optique que chaque collaborateur, quel que soit son métier, doit apporter sa contribution aux bénéfices et à la satisfaction client. « *Beaucoup d'entreprises parlent trop d'elles-mêmes dans leur communication… il faut mettre en exergue le client et ses attentes pour montrer à chacun en quoi il est capable, à son niveau, de répondre à ses attentes* » (1).

La communication s'attache donc à mieux situer le client, à le faire témoigner au sein de ses journaux internes ou sur ses sites intranet. *Perspectives*, le magazine du groupe Axa France, développe une rubrique « Nos clients et nous » qui permet à tous de s'informer sur les problématiques des clients. Il met notamment en relief les clients salariés ou professionnels, les évolutions du marché, donne la parole aux associations d'épargnants… Le *Shaker*, la lettre d'information mensuelle de Moët Hennessy Diageo, zoome elle en première de couverture sur son marché, les évolutions du chiffre d'affaires…

(1) Isabelle Condou, « Faire partager les résultats par tous » *Action Commerciale*, n° 207 *bis*, p. 17.

Mais pour beaucoup de salariés, le client reste encore cet oiseau rare, un peu mystérieux, dont ils entendent parler mais qu'ils ne voient jamais. Pour remédier à la situation, les entreprises réfléchissent à des occasions de rencontre entre les non-commerciaux et les clients pour montrer l'impact de chacun sur la relation et la fidélisation. En conviant leurs clients à certaines manifestations internes, groupes de travail, présentations des résultats, comités de rédaction internes et externes, certains groupes souhaitent dévoiler en quoi la satisfaction du client dépend de tous et les encourage à parler de ce qui va et de ce qui ne va pas. D'autres se tournent vers des actions terrain et offrent à chacun d'aller à la rencontre du client.

DANONE Eaux France a proposé ainsi, en 2004, à des salariés volontaires du siège et des usines de réaliser des animations dans les grandes surfaces pour mieux connaître les consommateurs et la concurrence. Plus de 500 ouvriers, employés, managers répondent présent, soit 70 % de volontaires supplémentaires au regard de l'objectif initial fixé par l'entreprise. Après deux heures de formation et d'information, chacun, revêtu d'un tee-shirt aux couleurs de DANONE Eaux France, est allé, dans un point de vente, offrir des bons de réduction aux consommateurs et échanger sur les produits et sur les marques. Certains clients sont surpris puis intéressés de voir des salariés de tous les métiers de l'entreprise, des ouvriers aux managers, réaliser une animation en magasin, et découvrent les métiers. Les salariés, eux, sont toujours présents à l'heure de la fermeture des magasins, même si tous ont déjà écoulé leurs offres promotionnelles. Un ticket gagnant pour DANONE qui transmet une autre image tant auprès des collaborateurs que des interlocuteurs des points de vente et des consommateurs, tout en contribuant à les rapprocher.

Permettre à deux mondes *a priori* non prédestinés à se comprendre est aussi l'objectif de Noos lorsqu'il lance l'opération *Vis ma Vie*, née de la refonte de la marque en mars 2004, et d'une organisation davantage tournée vers le service et le client. Un des objectifs est de vivre, sur le terrain, un métier tourné vers le client, mais aussi d'offrir aux salariés du siège de sortir de leur bureau. L'entreprise entend encore : « *moi, en 7 ans de maison, je ne sais toujours pas ce que l'on vend !* ». Un tiers du siège participe à l'opération qui totalise 130 sorties terrain. Résultat : des salariés et des clients mieux armés pour comprendre l'offre Noos, une méthode jugée dynamique, active, participative. De plus, les enjeux et les process sont mieux compris, le niveau de service remonte progressivement dans l'entreprise. Visiter un client, c'est changer sa vision...

Lafarge Ciments développe pareillement des initiatives autour de la rencontre. Ingénieurs, techniciens de laboratoire découvrent les attentes des clients vis-à-vis du produit. Les états d'esprit changent, les salariés prennent conscience que l'usine, le laboratoire de recherche doivent travailler de concert avec le service commercial pour proposer au plus vite des solutions aux clients. Les visions métier s'élargissent.

Intéresser à la vie de l'entreprise passe donc par une phase d'information, d'explication, puis de participation. Des bases indispensables pour aller plus loin dans la transversalité et au-delà de la connaissance du client, s'attacher à celle de l'autre, apprendre à travailler ensemble, à échanger ses savoirs, à partager son expertise... pour contribuer aussi à rendre les salariés acteurs de la performance.

III. Partager les savoirs ou savoir partager

La mutualisation des compétences permet de mieux positionner l'entreprise sur ses marchés, d'optimiser ses ressources, ses coûts de production, de transférer sa valeur ajoutée, sa capacité à innover sur d'autres entités, d'autres filiales, d'autres pays. Dans un contexte de globalisation, les groupes ont en effet tout intérêt à tisser de nouvelles passerelles entre les individus, qu'elles soient virtuelles ou physiques en leur permettrant de se connaître, de se comprendre, de travailler ensemble malgré leur différence. De même, en obtenant des bénéfices des expériences d'autrui, les salariés peuvent s'inscrire dans cette logique de partage, devenir acteurs à leur tour, puis avec une connaissance accrue de l'entreprise, changer de métier.

Les départs à la retraite, le turnover non maîtrisé sous entendent par ailleurs une possible perte des savoirs. Chacun s'attache donc à trouver la bonne recette avec les meilleurs ingrédients et les meilleurs outils pour éviter que le capital de l'entreprise ne s'envole avec le temps. Mais peut-on figer des connaissances, les mettre en boîte ? Si aujourd'hui les groupes disposent du matériel et des technologies nécessaires, c'est avant tout la dimension humaine qui fera une nouvelle fois la différence. La proximité, le partage passent par des échanges avec et entre tous, quel que soit leur niveau, et par la faculté de rassembler toutes les énergies pour répondre aux évolutions du marché et des stratégies adoptées.

1 – Des passerelles visuelles, géographiques et virtuelles

Donner du sens à la stratégie offre les meilleures bases pour permettre aux individus de travailler ensemble, de rassembler leurs ressentis, leurs savoirs. Mais encore faut-il que chacun ait envie de s'inscrire dans une logique communautaire au sein d'organisations aux défis parfois paradoxaux. « *La relation individuelle est privilégiée parce que ressentie comme plus contrôlable, or le travail prend une dimension plus collective... les salariés ont besoin d'énoncer, d'expliquer, de se coordonner, de communiquer entre eux pour atteindre les objectifs de production et répondre dans les meilleurs délais aux exigences des clients* » (1).

Certaines entreprises ont en effet tendance à miser sur tous les fronts. Elles incitent à l'individualité par des augmentations au mérite, par une gestion personnalisée des carrières tout en prônant le travail collaboratif. Or cette coopération n'est pas innée, une méfiance naturelle envers l'autre s'impose assez naturellement : « *Va-t-il récolter les bénéfices à ma place ? Qui est-il, que peut-il m'apporter ? Et surtout qu'est-ce que ce partage va me procurer comme bénéfice ?* » Si l'architecte bâtit des ponts, la communication RH, elle, encourage et développe les initiatives permettant de faire fonctionner l'entreprise en réseau. En créant des synergies autour de la stratégie et des métiers, elle s'attache à mettre en évidence puis à accompagner les différentes mutations des entités.

■ *Apprendre à se connaître*

Les entreprises s'élargissent, se transforment, s'accroissent. Les femmes et les hommes se renouvellent, les individus se connaissent de moins en moins, qu'ils travaillent sur un lieu identique ou non. Or, pour construire ensemble, il faut se découvrir, se situer et positionner les autres dans l'organisation. Le partage des valeurs, d'une culture commune, contribue largement à favoriser les liens entre les individus, à offrir des occasions de rencontres conviviales incitant à l'esprit d'équipe (2). Mais pour rassembler autour de la stratégie et de savoir-faire communs, d'autres initiatives prennent forme.

Les organigrammes, trombinoscopes, annuaires se développent. Les pages intérieures des journaux internes s'enrichissent de nouvelles rubriques : connaissance des métiers, 24 heures avec, Itinéraires... Ces témoignages du terrain visent à valoriser et à lever le voile sur les femmes, les hommes et les métiers. Il s'agit non seulement de montrer qui fait quoi, mais aussi de développer la proximité en expliquant le parcours, les centres d'intérêt. À son arrivée, le directeur de la commu-

(1) Patrick Conjard et Bernard Devin, *Formation-organisation : une démarche pour construire une organisation apprenante*, Éditions Anact, juillet 2004.
(2) Voir Chapitre V : « La culture, facteur de lien durable ».

nication du Conseil régional d'Île-de-France explique qu'il est issu de la PQR puis qu'il a été successivement reporter, chroniqueur à la radio et enfin spécialiste des NTIC en tant que rédacteur en chef au sein de la presse spécialisée. L'homme parle aussi de la communication comme d'un vrai métier. Ces quelques lignes contribuent non seulement à mettre un visage sur un nom mais aussi à rendre l'individu plus accessible. « Tirer le portrait » d'un salarié permet de susciter des réactions spontanées, d'être abordé au détour d'un couloir pour échanger sur les propos tenus.

L'objectif de ces reportages terrain est également de démystifier certains métiers jugés souvent comme « bureaucratiques », à l'instar des Fromageries des Chaumes qui montrent que la « compta » et la « tréso » représentent des fonctions tout aussi performantes que les autres et qu'elles n'ont rien de monotone. Certains dévoilent les coulisses d'un métier connu ou inconnu, comment il s'interconnecte avec chacun tout en mettant en avant les plus et les moins du poste. L'occasion de mieux comprendre les contraintes d'autrui tout en valorisant les métiers, les services, les fonctions.

Il s'agit aussi d'entreprendre au-delà des mots. Les rencontres physiques simplifient, favorisent les contacts entre des individus culturellement opposés. La première action est de développer les relations au sein d'une même entité, ou de plusieurs filiales proches géographiquement les unes des autres. Les clubs, les conférences internes concourent ainsi à décloisonner l'entreprise. Pour convaincre, ces rendez-vous réguliers orchestrés par la communication doivent offrir une véritable valeur ajoutée de par leur accessibilité, leur proximité et leur qualité.

Ipsos France développe, depuis fin 2004, les *in'conf*, des exposés réalisés par des intervenants internes pour mieux découvrir les champs d'action, les métiers, les périmètres des activités des filiales. En général à l'heure du déjeuner, ces conférences d'une heure se déroulent au sein même de l'entreprise. Elles informent sur les tendances récentes du marché et sur les méthodologies développées avec succès pour les clients.

Chez JC Decaux (1), les équipes « *exercent des activités très différentes et chacun ne sait pas forcément ce que fait son voisin, d'autant plus que les équipes sont éloignées d'une trentaine de kilomètres* ». L'entreprise décide donc de réaliser des réunions en alternance sur les deux sièges. Placées

(1) Guillaume Aper, « Point Com : les réunions qui ne s'usent que si l'on s'en sert ! », *Les cahiers AFCI*, n° 15, septembre 2004.

en fin de journée, elles ont une durée maximum de 90 minutes, le temps nécessaire au traitement de deux axes : les métiers et l'actualité. Les intervenants internes profitent de l'exercice pour améliorer leur relation avec les autres directions de l'entreprise, pour mieux comprendre « ses spécificités métiers, ses contraintes et ses enjeux ».

Pour rapprocher les collaborateurs, décloisonner les services, se situer dans une logique client/fournisseur interne, les « Journées Portes Ouvertes » portent bien leur nom. Chez Solvay, ce type de manifestation a été organisé périodiquement en interne, à l'initiative de l'un ou l'autre des business ou des services fonctionnels et à l'attention de l'ensemble des collaborateurs. Cela a notamment permis d'ouvrir les salariés à d'autres secteurs d'activité que le leur, d'enrichir leur connaissance de l'entreprise et de ses produits tout en nouant de nouveaux contacts. Mais aussi d'inciter certains services à clarifier leurs positions et leurs organisations, et à entamer le dialogue dans une ambiance de franche convivialité. La Communication et les Ressources Humaines ont été les premières à se prêter à l'exercice. Les salariés identifiaient mal leurs différents métiers et les services qu'ils pouvaient en attendre. Certains ne s'adressaient qu'avec réticence aux RH considérées comme une administration hiérarchique et opaque. Il était nécessaire de rétablir la confiance et de faire connaître l'ensemble des missions et des responsabilités de chacun. Chaque service présente et organise l'événement à sa façon, la Communication intervenant en relais et en conseil. Les présentations se déroulent sur une période de trois jours à des heures facilement accessibles à l'ensemble des collaborateurs, en général entre 11 et 15 heures. Elles s'effectuent au travers de nombreux outils : affichettes, expositions, miniconférences, bandes dessinées, quizz, etc. Un petit cadeau est aussi remis à chaque visiteur. Attention toutefois à ne pas situer cette action avant une période de changement trop important qui va influer sur les missions et les évolutions du service. Elle est en revanche toute indiquée après une réorganisation.

Les entreprises cherchent également, malgré les distances, à développer les rencontres interfiliales. Coface organise, tous les deux mois, des visites croisées entre ses sites français et européens, commentées et orchestrées par les salariés. Une cinquantaine de collaborateurs découvrent, pendant une journée, une structure, son organisation et échangent autour d'ateliers. Les salariés présentent leur département et répondent à toutes les questions. Pour Philippe Guericolas, l'entreprise donne de la matière, de la chair, du visuel, les collaborateurs discernent ce qui se cache derrière un nom. Et chaque année, le nombre de volontaires pour participer à cette opération ne décroît pas.

Le fait de se retrouver physiquement possède l'indéniable avantage de favoriser par la suite d'autres échanges, une communication moins impersonnelle par téléphone ou par mail. Toutefois, la localisation géographique des entités n'offre pas toujours la possibilité de se déplacer ; des voyages à la fois coûteux pour l'entreprise et fatiguants pour les salariés. Les groupes font alors appel aux nouvelles technologies pour créer des passerelles virtuelles mais efficaces. La visioconférence par exemple supprime les contraintes d'espace. Elle permet à chaque salarié de visualiser les autres participants sur écran et d'échanger par le biais de la voix ou du clavier. Les services de réunion en ligne webconférences ne font pas appel à la vidéo mais ont aussi fait leurs preuves. Chez Air Liquide (1), 300 réunions mensuelles rassemblent entre 700 et 800 salariés issus de 30 pays différents. Après avoir sécurisé les échanges, et s'être doté d'un outil simple et pratique d'utilisation, le groupe a montré toute l'efficacité du système. Le taux de satisfaction lié aux meetings monde grimpe en flèche. La seule contrainte : bien gérer les décalages horaires et la bande passante.

■ *Développer l'entreprise en réseau*

Des réseaux informels existent au sein des organisations. Des groupes se forment en fonction des affinités, des statuts, des formations initiales, de l'ancienneté. L'entreprise s'attache alors à développer d'autres liens entre les individus, autour d'objectifs communs, en créant ses propres réseaux.

Les métiers possèdent l'avantage de rapprocher les salariés exerçant des fonctions similaires. Des outils de communication spécifiques accroissent ainsi la transversalité entre des personnes géographiquement dispersées mais exerçant la même fonction. Nationales ou internationales, ces communautés se fédèrent autours d'actions qui se nourrissent les unes avec les autres. Les intranets métiers offrent ainsi la possibilité de travailler en mode projet, de développer les procédures et de partager les expertises. Ils poursuivent une double mission, donner à comprendre et professionnaliser la fonction autour de lignes directrices et de savoir-faire communs.

Pour exemple, l'intranet des communicants internes et externes de La Poste propose des argumentaires, des explications sur des sujets sociaux ou stratégiques, des mots d'ordre relayés en amont des événements. On y trouve aussi des bases d'images, des chartes graphiques et

(1) Voir chapitre VIII : « La communication RH en pratiques ».

des logos. Lors de la mise en place de la journée de solidarité du lundi de Pentecôte, l'argumentaire délivre un message commun aux communicants pour qu'ils comprennent mieux le sujet et diffusent la même information : rappel du contexte (qu'est-ce que la loi), des décisions prises par les différentes entreprises, les appels à mobilisation des syndicats, le cas particulier de La Poste, les éléments de langage (La Poste joue sur la solidarité) et la posture Presse.

Je@net (1), le portail des assistantes et des secrétaires de Merck Santé, obtient l'Intranet d'Or en 2002, prix décerné par la Cegos et *Entreprise & Carrières*. Ce site possède l'originalité de s'intéresser à une communauté somme toute souvent délaissée dans l'entreprise. L'objectif est de favoriser les initiatives individuelles tout en développant le sentiment d'appartenance et de partager les expertises notamment les « trucs métiers ».

Les intranets RH offrent à ses spécialistes, quel que soit le pays où ils se situent, un véritable relais des politiques et des pratiques de gestion des ressources humaines. On y retrouve de l'actualité juridique et sociale, du droit du travail, des forums d'échanges, des référentiels de compétences et de métiers, des comptes rendus de comités d'entreprises, des fiches pratiques sur l'organisation des élections des représentants du personnel, des conseils sur l'application des RTT, sur les contrat de travail, etc.

Ces supports pour prendre leur pleine efficacité sont relayés le plus souvent par une rencontre une fois par an ou tous les deux ans, autour d'une convention métier. Elle permet d'élargir les visions, les places dans l'organisation, de développer de véritables groupes projets autour de thématiques et de réseaux d'experts clairement identifiés. Là encore, les résultats sont largement relayés par la communication RH pour montrer à tous les bénéfices du partage.

Dans cette entreprise, les individus échangent peu autour de leur problématique RH. Ils ne se connaissent plus, la mobilité est accrue, de nouvelles entités ont vu le jour. Une manifestation est prévue pendant deux jours. Les objectifs sont de montrer une vision corporate de la fonction, de présenter les acteurs du siège, le business plan et les interconnections de toutes les fonctions RH à Paris et en province. Des groupes de travail se montent autour de problématiques communes. Des moments conviviaux et ludiques offrent à tous de mieux se connaître dans un cadre différent. Les réactions ne se font pas attendre :

(1) Intranet d'Or, dossier presse Cegos, 15 octobre 2002.

« *Se retrouver tous ensemble montre toute la force d'une fonction partagée, alors qu'au quotidien nous nous sentions isolés et pas toujours accompagnés dans notre métier... enfin la possibilité de mettre un visage sur un nom... nous repartons avec beaucoup plus d'énergie qu'à l'arrivée !* »

2 – Inscrire et transmettre les savoirs

« *L'entreprise recèle des savoirs, dont une partie est consignée dans des documents de toutes sortes (numérisés ou non, dispersés ou non). Les employés sont les dépositaires du reste des savoirs, par leur familiarité avec les procédures, leur expertise métier, leurs contacts* » (1). L'objectif est de « *transcrire, capitaliser et transmettre ces connaissances* » didactiques et humaines. C'est aussi tout l'enjeu du management des savoirs qui se transmettent entre les hommes et les métiers, s'acquièrent dès l'arrivée dans l'organisation et se partagent après chaque fusion ou absorption. En effet, l'entreprise se retrouve prise au dépourvu lorsqu'elle se rend compte, un peu tard, que plus personne n'est capable, en interne, de communiquer sur l'historique de tel ou tel projet, d'expliquer pourquoi telle ligne directrice avait été adoptée. Pour y remédier, capitaliser sur les hommes et leur expertise, anticiper une perte possible des connaissances, les entreprises se dotent d'outils, de méthodes, de lieux pour stocker, capitaliser leur mémoire afin de mieux la redistribuer et la faire fructifier. C'est aussi en montrant aux salariés tout le bénéfice du partage que l'entreprise sera à même d'obtenir une meilleure adhésion et de meilleurs résultats.

■ *Faire émerger les connaissances*

Le management des savoirs ou *knowledge management*, KM, se place au centre de bon nombre de stratégies d'entreprise. Il met en jeu la faculté de transférer les compétences d'un collaborateur à un, ou plusieurs autres ainsi que la capitalisation des savoirs *via* des bases de données, des réseaux, des communautés virtuelles. Mais comme tout système, il possède ses propres limites. Pour Laurent Samson, l'apprentissage va générer une somme de compétences extrêmement différentes les unes des autres dont il faut tenir compte : « *prenons dix individus avec le même profil, la même personnalité, les mêmes capacités, dix jumeaux par exemple, à qui on transmet la même chose, vous n'obtiendrez pourtant*

(1) Antoine Crochet-Damais, « Les multiples réalités du travail collaboratif », *JDN Solutions*, septembre 2005.

jamais les mêmes résultats. Ils vont transformer cet apprentissage en une somme de compétences extrêmement différentes ». De plus, détailler son savoir n'est pas une fonction innée : « *demandez à une personne de décrire la façon dont elle conduit, l'exercice s'avère quasiment impossible* ». Les individus « ne savent pas ce qu'ils savent ».

Difficile d'obtenir une réelle prospective sans bonne rétrospective... L'entreprise doit aussi tenir compte de son histoire pour éviter de réitérer les erreurs du passé. Et si gérer la connaissance passait d'abord par une meilleure animation des réseaux ? Jean-François Ballay (1), consultant en KM, « *aide les professionnels à faire un état des lieux de leur contexte de travail, et à élaborer des projets centrés sur l'homme, et non sur la technique* ». Son rôle « *est de faire émerger les connaissances d'un savoir-faire intériorisé et de les faire circuler* ». Dans ce cadre, toutes les initiatives placent l'homme au centre des actions et notamment les plus expérimentés d'entre eux, les seniors. Cette entreprise souhaite, à partir de 2006, filmer ses collaborateurs les plus chevronnés au moment de la réalisation de gestes techniques et précis, et ainsi « mettre en boîte » un savoir-faire irremplaçable. Solvay a créé un club de lecture dont chaque membre s'engage à écrire et diffuser une fois par an une synthèse d'une page sur un livre professionnellement intéressant. Apprendre par les autres.

Hispano Suiza (2) mise sur un programme « d'extraction » des connaissances des meilleurs experts de l'équipementier aéronautique. Pendant quatre heures, une cogniticienne questionne les experts et reformule autour de différents thèmes, comme, « *les isolants des câbles électriques qui ceinturent un moteur d'avion... il s'agit de retraduire la pensée et le mode de raisonnement de l'expert de façon claire, structurée et argumentée, afin d'en faciliter l'exploitation par des débutants ou confirmés* ». En 2005, 300 fiches des savoirs ont été créées, une soixantaine ont été validées. Ce travail de fond est considéré comme indispensable pour l'entreprise suite à la mobilité croissante de ses ingénieurs et comme un acte de reconnaissance et valorisation des experts.

Chez Valeo (3), ce sont les opérateurs d'Etaples de la division Alternateurs qui transmettent leur savoir au sein d'un support de quatre pages. Ce document, simple d'utilisation et pédagogique, prend en compte la sécurité, les modes opératoires et les contrôles qualité de

(1) Laetitia Le Tac, « Plutôt que knowledge manager, animateur de réseau », *JDN Solutions*, avril 2005.
(2) Rodolphe Helderlé, « Opération prise de tête », *Courrier Cadres*, n° 1571, 17 février 2005.
(3) « Les opérateurs transmettent leur compétences », Entretien avec Jean-Luc Dubois, responsable formation Valeo Etaples, *Nouvelles du Crefac*, 2000.

chaque poste de travail. Ces fiches sont aujourd'hui utilisées pour former les intérimaires et les nouveaux collaborateurs. Reste ensuite à les faire vivre dans le temps.

La communication des savoirs demande en effet une réactualisation en continu, une communication dès l'arrivée dans l'entreprise, comme au cours des différentes étapes professionnelles. Pour faciliter cette courroie de transmission, Coface dédie des lieux internes à l'entreprise, à la connaissance et à l'apprentissage et utilise les compétences de Coface Expert, véritable organisme de formation aux techniques du risque clients et risque pays. Coface School, née du projet *New Impulse*, prépare à une meilleure intégration des nouveaux entrants. C'est aussi une école mondiale d'arbitrage, garantissant une homogénéité dans la transmission des compétences techniques. Coface school comprenant enfin un module Top Executive Education est destinée à perfectionner les 80 cadres dirigeants de Coface à la conduite du changement dans un groupe international.

Ces lieux stratégiques représentent pour Annick Renaud-Coulon (1) un facteur de production du capital intellectuel au service d'une performance globale. Pour y parvenir, les entreprises s'appuient majoritairement sur leurs talents internes et adaptent leur information aux besoins, à l'environnement, aux évolutions technologiques. Les formations dispensées par IK, l'institut Keolis, impliquent 150 salariés intervenants formateurs, qui travaillent en temps partagé avec leurs activités opérationnelles. Car pour capitaliser les expériences, il est souvent nécessaire de les simplifier, de les concrétiser par des exemples tirés du vécu quotidien, et applicables à l'activité de l'entreprise. Pour ses salariés/formateurs, l'animation leur permet de partager, d'enrichir leurs expériences et de se mettre régulièrement au goût du jour.

Autre territoire, autre lieu de sauvegarde du savoir, le conservatoire d'entreprise amène également la capitalisation des connaissances. En janvier 2004, Seb (2) crée ainsi dans la région Lyonnaise 200 m^2 de bureaux et 500 m^2 d'entrepôts « *accueillant progressivement, dans des conditions de sécurité et d'équipement suffisantes, les fonds documentaires et les collections de produits jusqu'alors disséminés dans les quelque 80 sociétés et sites géographiques du groupe* ». Près de 5000 produits et 130 mètres linéaires de documents de toutes sortes sont regroupés au sein de ce conservatoire complètement sécurisé. De plus, cette initiative permet

(1) « Corporate universities », www.renaud-coulon.com
(2) Jean Haensmennel, « Quand l'entreprise met sa mémoire au service de sa stratégie », *Les cahiers de l'AFCI*, n° 16, février 2005.

de développer de nombreuses actions complémentaires : un livre et un film sur la célèbre cocotte, de l'aide textuelle et visuelle pour des ouvrages scolaires ou des magazines, l'édition de cartes postales, d'affiches publicitaires, le prêt d'objets pour des expositions en France et à l'étranger, mais aussi la réalisation d'un livre interne présentant la stratégie multimarque du groupe, un dossier pour une filiale Belge sur l'histoire du fer à repasser, afin d'alimenter la communication sur leur nouveau produit...

Enfin, pour stocker, rendre accessibles et faire évoluer les bases de données, différents outils émergent, à commencer par la Gestion électronique des documents, GED, et les plates-formes collaboratives. Elles s'enrichissent progressivement, s'interconnectent les unes avec les autres, gardent en mémoire l'historique des projets, les évolutions apportées, l'ensemble des éléments qui ont guidé la solution finale.

■ *Les bénéfices du travail collaboratif*

Si les individus souhaitent apprendre et progresser, ils n'ont pas toujours envie de partager. Ce qui fait la différence ? Le retour d'expériences, la régularité des rendez-vous, la pertinence des exemples fournis, des temps raccourcis et les avantages qu'ils en retirent. Une occasion précieuse pour l'entreprise de réaliser des économies d'échelle, d'offrir une qualité de service identique partout dans le monde, de tirer parti des savoir-faire et des particularités locales.

Chez Arcelor (1), par exemple, l'objectif est « *de livrer la même quantité d'acier sur tous les continents* ». Pour réussir dans cette tâche et déployer le même savoir-faire au sein de toutes les usines du groupe, y compris les plus récentes, une plate-forme a été créée pour permettre « *aux professionnels d'adresser, aux meilleurs spécialistes mondiaux, leurs questions* ». Le groupe a également conçu, en 2002, un intranet dédié au partage des savoirs, IPS (2), pour les sites francophones. L'objectif est notamment de mettre à disposition des données de comparaison, des éléments de bonnes pratiques et d'augmenter la connaissance collective de l'entreprise. Quatre sous-rubriques cohabitent autour des « chemins de la performance et de la qualité », des « communautés collaboratives : management qualité, TPM, auto-évaluation », des « besoins par centres d'intérêts et d'expertise » et de « l'histoire des savoirs ».

---

(1) Laetitia Le Tac, « Joël Frigière : Mon rôle managérial ? Rassembler autour d'un même objectif business », *JDN Solutions*, 6 avril 2004.
(2) Intranet d'Or 2002, dossier de presse Cegos, 15 octobre 2002.

Le portail des communicants du groupe BNP Paribas mutualise de nombreuses expériences partout dans le monde, et évite à chacun d'effectuer un travail déjà accompli par d'autres... un gain de temps considérable. Une carte de vœux réalisée à Singapour a ainsi été utilisée par les Canadiens pour toucher leur communauté asiatique ; la mise en ligne d'une présentation pertinente sur le groupe a été reprise par une dizaine de pays ; un système de questions-réponses en ligne permet également à chacun de s'entraider *quid* d'une recherche d'un groupe de jazz pour animer une soirée externe ou interne. Chaque demande mise en ligne provoque l'envoi d'un mail aux experts concernés. Et comme chacun voit aujourd'hui les bienfaits de la démarche, tous jouent le jeu, répondent ou réorientent vers une autre personne, plus qualifiée. Voir son action montrée en exemple et reprise par d'autres représente également un avantage non négligeable pour le salarié qui se sent reconnu et valorisé.

L'entreprise évolue, se transforme, agit par et avec ses salariés, parfois une poignée, quelquefois un tout. Si chacun rempli son rôle, a une tâche bien définie, l'idée est d'inscrire le collaborateur dans un cercle élargi en lui offrant une vision d'ensemble par des angles de compréhension différents. Il s'agit aussi de répondre aux besoins d'évolution des métiers et des individus en suscitant de nouvelles vocations. CAP métiers, mis en place chez Axa France (1) en 2003, concilie ainsi la recherche d'une organisation plus commerciale avec l'offre d'opportunités professionnelles pour les collaborateurs. Ce dispositif est ouvert à tous, sans considération d'âge, de formation, de statut ou d'expérience. Un tiers de l'effectif a ainsi changé de métier entre 2002 et 2005. Les fonctions sont aujourd'hui davantage tournées vers la relation client et donc une meilleure productivité. Ces résultats ne sont pas le fruit du hasard. Tout a été mis en œuvre pour donner envie de changer, puis réussir le passage à l'acte. Les forums présentent concrètement les postes à pourvoir, les conférences exposent l'activité du manager et de son équipe, les fondamentaux métier, les journées portes ouvertes permettent d'appréhender une autre profession sur le terrain. Un accompagnement, renforcé par la DRH dès la phase de réflexion personnelle, concourt également à ce succès.

Le travail collaboratif qui incite à partager peut donner envie aux salariés d'une plus grande mobilité dans l'entreprise et de faire connaître les différents métiers. Dans le même temps, la mobilité élargie permet

(1) Voir chapitre VIII : « La communication RH en pratiques ».

d'obtenir une meilleure vision et une connaissance accrue du groupe et de ses savoirs.

Les entreprises développent donc des outils adaptés pour favoriser cette montée en compétence. Plus couramment utilisés, les bourses de l'emploi, les cahiers de la mobilité en ligne ou sur papier représentent aussi le moyen de proposer des changements et des évolutions de poste au sein des organisations. De nouvelles fonctionnalités prennent forme sur les intranets : recherche par localisation géographique, aptitude, compétence mais aussi inscription à des newsletters personnalisées qui détectent automatiquement le poste recherché. Chacun possède en lui un capital précieux à faire fructifier... aux entreprises de créer les envies, les occasions et les moyens.

IV. Construire ensemble

Le rapport au temps change. On se soucie plus souvent des résultats immédiats d'une action que de son devenir. Même orchestrée en amont, appuyée par une culture et une organisation bien définies, l'appropriation des orientations stratégiques ne dispense pas de la mise en place de capteurs diversifiés. Le plus important n'est pas le message en lui-même mais bien comment il a été perçu, mémorisé, comment il s'intègre dans la propre vision des individus. Ce degré de compréhension influera par la suite l'envie ou non de s'investir dans la construction de l'édifice. Comme dans tout assemblage, il est nécessaire de composer avec les penseurs, les constructeurs, les aménageurs, les décorateurs, déménageurs et les démolisseurs ! Combien de projets ont ainsi achoppé faute de vigilance ? Combien de mal... entendus se sont déployés aux sein des organisations ? Comment demander à un salarié de participer à la construction de l'entreprise si l'on ne commence pas par construire avec lui ? Sur le chemin du partage, la partie se joue au minimum à deux.

1 – Écouter pour quoi faire ?

Pour François Boneu, « *Surveiller et anticiper apparaissent comme les conditions de survie de l'entreprise...* » En effet, la mise en œuvre de « capteurs nombreux et de bonne qualité », et « d'un ensemble de relais », donnent à l'information brute et aux signaux répétés un sens, une intensité. L'écoute, c'est d'abord et avant tout de la proximité, une oreille attentive sur le terrain, une porte ouverte, un regard croisé qui en dit long. C'est aussi prendre la pleine mesure de l'efficacité d'un projet, de la motivation, du degré d'attachement à l'entreprise. Elle se manifeste par une étude régulière de la perception des orientations stratégiques, tant auprès des managers que des collaborateurs, afin de prendre les mesures qui s'imposent.

Les décalages restent encore nombreux entre les objectifs initiaux, les réactions attendues et celles qui sont ensuite ressenties sur le terrain. Pourtant, tous ne s'imposent pas une mesure systématique et régulière de leurs actions. Écouter demande du temps, un investissement humain et surtout une disposition à la transparence. L'entreprise doit également se préparer à entendre des choses qui lui déplaisent, à être surprise par certains résultats. Et pour que cette démarche soit réellement efficace et pertinente, la restitution, puis la mise en œuvre d'actions correctrices deviennent indispensables.

■ *Une proximité naturelle*

Combien de conversations entendues entre la poire et le fromage des restaurants d'entreprise, au détour des machines à café ou même au sein d'un ascenseur sont riches d'enseignement : « *T'as entendu parler du nouveau plan d'entreprise ? Oui, j'ai pas tout compris c'est encore un truc de là-haut qui ne nous concerne pas !* »

Écouter, c'est d'abord et avant tout sortir de son bureau, se placer sur le terrain, un objectif majeur des managers d'équipe, des femmes et des hommes des ressources humaines et de la communication. Ces derniers, au contact fréquent et régulier des salariés, moins impliqués dans la relation que la ligne hiérarchique, représentent les premiers « porte-parole de la direction générale ». De nombreuses occasions leur permettent d'échanger avec les collaborateurs qui, lors de ces rendez-vous fortuits, ont tendance à se « lâcher », à expliquer ce qui ne va pas. Bon nombre de communicants ont fait l'expérience, en se déplaçant pour un reportage ou une interview, de sujets abordés rapidement éloignés du thème principal, quand ce n'est pas le communiquant lui-même qui provoque le débat ou l'échange : « *Et sinon, que pensez-vous de l'entreprise en général ? Vous sentez-vous impliqué dans l'organisation ? Tout va bien dans votre département ? Etc.* » Chez Trapil, Odile Fortier s'accorde toujours un moment pour parler du quotidien avec les salariés qu'elle rencontre dans le cadre de son journal interne et d'enquête de satisfaction : « *Je sais ce qui se passe car ils me font confiance.* »

Cette méthode porte en effet ses fruits, à partir du moment où la personne destinataire de l'information sait préserver l'anonymat de sa source, au même titre qu'un journaliste. Même constat pour les DRH, qui doivent inspirer et donner confiance à leurs interlocuteurs. Attentifs au climat social comme à la perception des messages dans l'entreprise, ils partent du principe que, si une personne a envie de s'exprimer, elle le fera d'une manière ou d'une autre ! L'important est donc de rester attentif au moment où les salariés ont quelque chose à dire. Si certains DRH laissent leur porte ouverte, se confier au patron des ressources humaines peut parfois s'avérer intimidant et ne pas toujours prêter à la confidence. Chez Moët Hennessy Diageo, le responsable de la paie diffuse tous les mois les feuilles de salaire en main propre aux salariés du siège social. Une pratique qui permet aux collaborateurs qui le souhaitent de poser les questions ou faire passer les messages à la DRH d'une manière plus conviviale.

Les ressources humaines s'appuient également sur les réactions des représentants du personnel, une relation qui n'est pas à négliger. Ils représentent souvent une chambre d'écho considérable et, derrière les questions posées, se cachent de bien nombreux indices révélateurs.

Les entretiens en face-à-face permettent de « prendre la température du terrain », d'obtenir des réactions spontanées. Certains DRH ou directeur généraux les développent en réunissant de petits groupes pour traiter d'un focus ou d'un thème en particulier. Mais attention aux premières réactions des intéressés qui, en présence de leur supérieur hiérarchique et face au groupe, ont tendance à se montrer beaucoup trop bienveillants. Au BHV, Luc Taclet s'est en effet rendu compte que réunir les managers autour d'une table n'apportait pas toujours les résultats escomptés. Dans cet exemple, le DRH leur demande ce qui ne fonctionne pas dans l'entreprise et sur le plan RH et comment il serait possible d'améliorer les choses. Pendant deux heures, il entend des discours élogieux sur la politique. Juste avant de faire une pause, pour délier les langues, le DRH indique qu'il est ravi de ces résultats et puisque tout va bien dans le meilleur des mondes, plus besoin de budget de formation, ni de nouveaux outils. Quelques minutes après le ton avait changé… rien n'allait plus !

Réunir les salariés dans une optique bien précise d'échange demande donc de prendre un certain recul pour ne pas toujours entendre ce que l'on a envie d'entendre. Le choix d'un thème stratégique, le respect de l'anonymat lorsque l'exercice est animé par un consultant externe, une bonne représentativité du corps social de l'entreprise : âge, statut, sexe, ancienneté, métier… peuvent orienter l'efficacité de ces focus groups.

Chez France Télécom (1), ils ont même permis d'apporter des réponses à la désaffection de certains métiers. Le téléconseil, par exemple, obtenait peu de candidatures internes. Après échanges sur le sujet, le groupe s'est rendu compte que la fonction était considérée comme stratégique mais qu'il fallait travailler sur « les conditions de travail de ces agents ».

Se rendre sur le terrain de l'autre, c'est parfois savoir poser des capteurs humains au cœur des organisations. Pour y parvenir, les communicants se déplacent fréquemment pour comprendre l'entreprise, ses métiers, et créer leurs propres réseaux. Beaucoup de groupes se dotent de correspondants internes, dont la mission, en plus de leur fonction, est de relayer la remontée et la descente d'informations. En effet, il devient difficile de se multiplier lorsque les territoires sont étendus sur plusieurs régions, pays ou continents. Et pour mettre en œuvre ce réseau, il est une nouvelle fois indispensable de bien connaître le terrain. Les personnes choisies ou volontaires seront amenées à mettre en relief les besoins, les attentes et les incompréhensions au regard de l'entreprise, de sa stratégie, de ses ressources humaines et de sa communication. Cette dernière devra aussi s'attacher à rester à l'écoute de ses correspondants, à les réunir, à nouer des contacts privilégiés ; une fois de plus à montrer l'exemple.

■ *Des indicateurs sur mesure*

Ce groupe réalise régulièrement une enquête internationale interne. Les derniers résultats dévoilent un attachement important envers l'employeur, une représentation claire du périmètre d'activité de chacun, mais en revanche une mauvaise image de la stratégie. Cette autre société révèle, après étude, une structure vécue comme lourde, cloisonnée, un manque d'information sur les grands projets et une attente forte sur une meilleure visibilité des actions. Cette filiale, enfin, après étude de son lectorat prend connaissance d'une demande croissante d'informations sur le projet d'entreprise.

Les données recueillies au cours des enquêtes ou autres baromètres internes représentent une base précieuse. Cette écoute dite quantitative possède l'avantage de toucher une large population sous la forme d'un questionnaire diffusé en main propre ou exécutable directement sur l'intranet. Elle demande néanmoins une part d'acceptation de l'entreprise à remettre en cause son attitude et ses pratiques. Pour Patrick

(1) Josée Pochat, Dossier management « Thérapie de groupe chez France Télécom » *Les Échos*, 16 janvier 2001.

Leleu, le plus difficile à mettre en œuvre pour un chef d'entreprise c'est : « *ce que je fais moi, pour aller sur le terrain de l'autre. Le respect c'est bien mais ce n'est pas suffisant. Il faut montrer qu'il y a eu écoute, compréhension des attentes et savoir adapter ses positions en fonction des remontées terrain* ».

Par ailleurs, Véronique Guillot Pelpel explique que les systèmes de mesure ne correspondent pas toujours à la culture française. Le baromètre, pour exemple, est plutôt adapté aux mentalités anglo-saxonnes avec une transparence du mode de pensée. Les latino vont eux souvent répondre à une question qui n'a pas été posée ou seront particulièrement négatifs dans leur formulation. Cette société d'études attribue même systématiquement, lors de ses enquêtes internationales, un coefficient de corrélation pour positiver les réponses des Français : le « *french bias* ». Tendance à l'exagération les Français ? Quoi qu'il en soit, les études et les enquêtes internes ont aussi l'avantage de poser des références, une notification selon des thèmes précis qui serviront d'indicateurs de mesure et de comparaison.

DANONE réalise tous les deux ans un « baromètre » mondial des managers. Anonyme, ce questionnaire demande environ une heure de temps à chaque salarié concerné. Les résultats sont annoncés au niveau du groupe, puis dans chaque entreprise et enfin par direction. En avril 2005, le groupe a fêté sa cinquième édition et envisage d'étendre cette étude à tous les salariés en 2007. Déjà en 2005, une première édition du Baromètre « Ouvriers, Employés, Techniciens, Agents de Maîtrise » a été lancée au sein de DANONE Eaux France.

Avant même l'analyse des résultats, la mesure du taux de participation à l'étude se révèle un indicateur précieux. Plus il sera important, plus l'intérêt porté à l'entreprise ou à la thématique se révélera élevé. Un travail préparatoire, en amont de l'enquête, s'annonce donc indispensable. Certains optent pour la diffusion d'un message préalable du directeur général, expliquant l'objectif et le déroulement de la démarche. Beaucoup effectuent des rappels réguliers sur l'évolution de la participation. Des messages de relance sont parfois envoyés aux managers pour les sensibiliser sur le taux de participation de leur service ou de leur département. Mais attention aux dérapages qui, quelquefois, entraînent des réponses « forcées » et qui ne refléteront pas la réalité vécue. D'autres, enfin, organisent des petits déjeuners pour rassurer sur l'anonymat des réponses.

Écouter c'est bien, restituer c'est mieux. Car, plus le salarié se rend compte que l'entreprise s'intéresse à lui et agit en fonction de ses attentes, plus il sera réceptif et participatif. *Agir pour réagir*, Axa France lance chaque année, depuis 1998, une enquête de satisfaction, *Scope*, pour détecter ses pistes d'amélioration et ses points forts, dont le taux d'adhésion à sa stratégie. Les résultats descendent vers des groupes d'analyse qui démultiplient l'information vers les managers. Ces derniers sont chargés de travailler sur des plans d'action pour répondre aux problématiques. Pour exemple, une des remarques générales des salariés concerne l'information partagée qu'ils souhaitent renforcée entre les différents services. Depuis, Eric Lemaire a institué une réunion interservice tous les deux mois pour présenter les faits marquants. Un grand tableau affiché à la vue de tous reprend également, chaque semaine, les événements notables. Un petit déjeuner rassemble, tous les quinze jours, la communication interne et externe pour une meilleure coordination. Autre illustration, celle de la direction financière au sein de laquelle beaucoup expriment le besoin d'une meilleure transparence et une communication améliorée. La réponse ne se fait pas attendre avec la création, notamment, des *100 jours sur le terrain* du contrôle de gestion, une journée consacrée par salarié à visiter une agence ou un centre de services ...

En respectant ses engagements par des actions visibles, mesurables et mesurées par tous, AXA développe non seulement la motivation de ses collaborateurs mais les rend également plus compétitifs. Et pour preuve, le KPI (Key Performance Indicator), l'indice global de satisfaction de *Scope* fait partie des neuf indicateurs de mesure de la performance du groupe.

Mesurer, restituer, corriger permet aussi à chacun de se situer par rapport à son voisin, que ce soit entre compagnies, directions ou établissements d'un même pays ou de pays différents. La DANONE Way en est une illustration. Cette démarche vise à rechercher et à évaluer comment chaque entreprise travaille dans le groupe par rapport à plusieurs items : les salariés, la société civile, les actionnaires, l'environnement, les clients et les consommateurs, les fournisseurs. Chez DANONE Eaux France, cette démarche a été lancée en janvier 2005. 12 DANONE Way Leaders ont été recrutés en interne, puis formés. Leur mission a été de former à leur tour, et de coacher, 99 participants qui sont allés interroger les salariés sur 99 points. Une note est ensuite attribuée à chaque item sur une échelle de 1 à 4, 4 étant la note la plus forte. À l'issue de ces exercices, les items sont organisés par priorité en fonction de leur niveau de déficit et du degré d'urgence au regard des objectifs de DANONE Way et de la stratégie de l'entreprise. Ce travail d'ordonnancement a été réalisé dans un premier temps par les 12 DANONE Way Leaders réunis en session, puis, *in fine*, par le comité de direction de DANONE Eaux France, à qui les DANONE Way

Leaders ont soumis leurs recommandations. Ainsi, 6 pistes d'action ont été lancées en octobre 2005 par le comité de direction avec, pour échéance, juin 2006. Il s'agit de partir d'une démarche de progrès et non de mettre les départements à l'amende en cas de mauvais score, inévitable dans une telle opération. Chacun en a conscience, ce qui fait aussi toute la différence dans l'acceptation du jugement de l'autre. Le droit à l'écoute, c'est aussi le droit à l'erreur. Cette même marge d'erreur indispensable à toute initiative et à toute prise de risque.

2 – L'important c'est de participer

Apporter sa pierre à l'édifice, sa touche personnelle, son esprit critique, faire bénéficier de son expérience... en inscrivant les salariés au cœur des thèmes stratégiques et en leur offrant une place de choix dans les étapes de réflexion en amont des outils, les entreprises placent la participation sur le devant de la scène. En effet, pour éviter de concevoir des supports trop théoriques et/ou inadaptés aux besoins et au terrain, il devient nécessaire d'impliquer les individus au plus tôt. Une approche qui permet souvent d'adapter et de corriger le tir avant la réalisation finale. Par ailleurs, diffuser des outils créés avec et pour les salariés est un gage d'engagement fort qui crédibilise les actions. Les entreprises qui ont observé les meilleurs taux de satisfaction à la sortie de leur journal interne, ou de leur intranet, ont toutes testé leur support avec un groupe test, certes restreint, mais représentatif de l'organisation.

Il est parfois nécessaire de faire la part des choses des suggestions, très esthétiques sur le moment, et qui au final se révèlent un poids mort pour l'outil. Pour exemple, les belles animations sur les pages d'accueil qui, à la première connexion, fascinent, à la seconde font sourire et à la troisième commencent à lasser ! En revanche, pour simplifier les accès, fluidifier le trafic, les panels de salariés apportent bon nombre de suggestions indispensables.

Chez Solvay, l'intranet n'aurait pas obtenu l'adhésion attendue s'il n'avait pas été conçu et testé de façon participative avec de futurs utilisateurs ; ce qui a permis notamment de faire émerger une navigation peu intuitive et des sites difficiles à distinguer les uns des autres. Chez Unilog, Cécile Fougeront doit créer un intranet RH avec un budget de 23 000 euros. Une véritable gageure qu'elle relève avec succès en testant notamment l'outil auprès des responsables RH opérationnels et en prenant en compte leur besoin. Cette écoute active a permis de créer des connections en dehors de l'entreprise pour les salariés travaillant chez les clients. Et lorsque DDB France (1) décide de monter sa radio interne, elle prend le pari de faire appel à ses collaborateurs pour construire sa programmation. « *Pour faire vivre l'antenne, nous nous sommes appuyés sur les idées des salariés... avec pour objectif que les collaborateurs s'approprient l'outil, que cela ne serve pas seulement à faire passer des infos corporate.* » Résultat, l'audience est dopée par de l'information stratégique et ludique : horoscope, valise et même tous les matins, un coup de fil passé au hasard à un salarié du groupe.

L'interactivité des outils représente en effet un autre moyen pour permettre à tous de participer. Dans le même esprit, les forums d'expression sur intranet peuvent favoriser la consultation de l'outil. Dans ce groupe, un des meilleurs taux d'audience est réalisé par les « coups de cœur » et les « coups de gueules » internes. Anonyme, mais sous la responsabilité de plusieurs modérateurs, ce site permet à tous de réagir rapidement à toutes les composantes de la politique de l'entreprise, y compris... le menu de la cantine. Chacun avoue bien volontiers prendre le temps nécessaire pour aller jeter un petit coup d'œil sur le site. « *Ça nous change les idées, de voir les autres râler !* » Au-delà du côté parfois superficiel de certains témoignages, le forum d'expression donne également la possibilité d'observer les réactions face aux différents événements de l'entreprise.

Les comités de rédaction des journaux internes permettent aussi aux salariés de s'exprimer et de participer activement à l'outil. Pour y parvenir, les groupes organisent des comités tournants et universels en termes de statut. Il s'agit de ne pas décourager les bonnes volontés, de permettre à chacun de participer quelle que soit sa fonction, et d'éviter de créer un magazine de « cadres » alors qu'il s'adresse à tous. Chez Lafarge Ciments, le journal est entièrement réalisé par le comité de rédaction, cadres et non-cadres, avec une parité des métiers, des hommes et des femmes. Tous les articles sont décidés par le groupe de travail, avec très peu de sujets imposés par la direction générale. Résultat, le taux de satisfaction est au plus haut, tous les sujets sont abordés et lus.

Faire participer les salariés aux outils, aux décisions est un gage fort sur le rôle qu'on leur accorde dans l'entreprise, un facteur de respect et de motivation important surtout dans un monde où ils se sentent parfois considérés comme des pions que l'on déplace sur l'échiquier du changement. Groupes de travail, de progrès autour de la communica-

(1) Nicolas Reynaud, « À vous les studios », *Courrier Cadres*, n° 1589, 30 juin 2005, p. 25.

tion assurent ainsi une transition entre la direction générale qui impose, et les salariés qui proposent. En associant, dès le départ, les principaux acteurs du changement, et en les faisant participer aux actions, l'entreprise tisse rapidement un esprit d'équipe, et montre toute l'importance de la communication dans le process.

Dans un marché européen de l'énergie ouvert, GRTgaz (1) structurée en société anonyme prend naissance et avec elle une nouvelle organisation autour des hommes et des métiers. L'organisation retenue au 1er janvier 2005 a permis de maintenir une fonction d'ingénierie forte. Né du rapprochement du Centre National d'Équipement et des Services Équipement des différentes régions de l'ex-Direction Transport, le Centre d'Ingénierie doit affirmer une véritable identité avec une dynamique d'amélioration en recherchant en permanence la satisfaction du client. Il s'étend sur tout le territoire français avec ses agences régionales situées à : Angoulême, Clichy, Gennevilliers, Lille, Lyon, Marne-la-Vallée, Marseille, Nancy, Nantes et Rouen. L'effectif a doublé. Pour accompagner ce changement d'identité et préparer de concert les actions de communication 2005, Claudine Bobillier, chargée de la communication interne a réuni un groupe de travail en novembre 2004 afin d'identifier les besoins en communication interne dès la création du Centre d'Ingénierie au 1er janvier 2005. Sont notamment mis en œuvre : un répertoire téléphonique, une lettre interne d'informations bihebdomadaire, un intranet ainsi qu'un événement interne rassemblant la totalité du personnel du CI. L'objectif de cette réunion est de créer un sentiment d'appartenance au Centre d'Ingénierie.

Pour Arie de Geus (2), seules les entreprises qui apprennent plus vite que les autres survivent. Les sociétés les plus anciennes tiennent compte de leur environnement, elles sont ancrées dans le monde où elle vivent et regardent au-delà d'elles-mêmes. Elles ont toutes les caractéristiques d'une espèce animale, car leurs règles de vie s'inspirent beaucoup de la biologie. Pour se développer et s'adapter, elles ne peuvent aujourd'hui se passer de la participation active de chacun. Mais le salarié ne deviendra acteur que si on le laisse l'être. Cela implique que l'entreprise soit ouverte aux initiatives, qu'elle les accepte, les valorise. Tenir compte de la culture, de l'histoire, donner une vision au sein de laquelle chacun pourra prendre la place qui est la sienne dans le sens logique de l'évolution et de la progression, mettre, à la disposition de tous, les savoirs et

(1) Voir aussi chapitre VIII : « La communication RH en pratiques ».
(2) Arie de Geus, *La Pérennité des entreprises*, Éditions Maxima, 1997.

les connaissances, ne sont que les premières étapes d'un management participatif. Reste encore aux groupes à tourner toute l'organisation vers l'innovation individuelle et collective, pour concilier compétitivité et emplois, performance et esprit de corps, motivation et participation aux résultats. En la matière, comme dans toute autre pratique, plusieurs marges d'actions sont possibles, mais en respectant quelques règles, elles, toutes situées dans la même direction.

Chapitre VII

ENTREPRENDRE... L'INNOVATION DE PROXIMITÉ

« Les espèces qui survivent ne sont pas les espèces les plus fortes, ni les plus intelligentes, mais celles qui s'adaptent le mieux aux changements. »
Charles Darwin

I. La valeur des idées

L'innovation n'est plus seule dévolue aux *task forces* issues des services Qualité, Recherche et Développement. Car qui, sinon les femmes et les hommes qui vivent leur métier au quotidien, se révèlent les mieux placés pour relever les problèmes, imaginer, concevoir des solutions permettant d'améliorer et de développer l'entreprise ? Je crois en la force des idées car je crois en la force de l'homme, exprimait Antoine Héron lors de la 15e convention de l'innovation et de la créativité de Renault en avril 2005 : « *si vous voulez une productivité à un chiffre, interrogez les ingénieurs, à deux chiffres demandez aux ouvriers de participer* ». L'innovation présente chez les équipementiers depuis des années témoigne de leur capacité à s'adapter dans un monde où le rythme des découvertes devient un besoin vital du système économique. En rapprochant deux univers, ceux qui pensent et ceux qui exécutent, ces grands groupes permettent à tous d'exprimer librement leur créativité. Mieux encore, ils écoutent leurs salariés et les accompagnent dans leur réflexion pour concrétiser leurs idées. L'histoire montre qu'il est possible de transformer l'entreprise sans créer de rupture, avec des idées simples qui révèlent une grande maîtrise professionnelle. Car innover c'est aussi améliorer l'existant, les fonctionnalités d'un produit, la qualité d'un service, l'efficacité d'une chaîne de montage, la pénibilité des tâches. C'est aussi observer, regarder l'entreprise autrement.

Aujourd'hui tous prennent conscience que pour survivre, s'adapter, se développer, l'innovation participative possède une légitimité de progrès, d'efficacité et de qualité. Aux États-Unis, l'étude PricewaterhouseCoopers (1) publiée en 2005 montre que les groupes qui « *ont entièrement intégré l'innovation dans leur stratégie affichent en moyenne une croissance de 346 % sur leur chiffre d'affaires au cours des cinq dernières années* ». Elle influe par ailleurs sur la productivité, la qualité du service et le niveau de compétence des salariés. De quoi faire rêver tous les entrepreneurs. Et si l'on ajoute à ces chiffres le comportement des salariés en France qui citent la non-prise en considération de leur idées comme à l'origine de leur départ (2), on comprend toute l'attention portée à la démarche et à ses bénéfices. D'autant plus qu'aujourd'hui les expériences ont clairement démontré que toutes les idées possèdent un potentiel et une valeur probante, des plus petites d'entre elles naissent souvent les grandes entreprises.

1 – L'Innovation Participative en France

Donner la parole aux collaborateurs en leur offrant de libérer toute la valeur de leur idée n'est pas une démarche nouvelle. Dès 1933, Michelin (3) citait dans son bulletin interne : « *Le chef ne peut passer que 5 minutes sur un point que l'ouvrier a 8 heures par jour sous les yeux. Rien d'étonnant donc que l'ouvrier voie parfois mieux que le chef ce qui ne va pas ou ce qui pourrait être fait plus économiquement.* » Longtemps, l'innovation de proximité s'est malgré tout résumée en la matérialisation d'une boîte en fer ou en plastique dont certains avaient même oublié l'existence. Elle servait à faire remonter les idées des salariés sur l'entreprise, de façon anonyme ou non, sans passer par la ligne hiérarchique. Ce dispositif, davantage dédié à l'écoute qu'à la créativité, s'est profondément transformé avec le temps. Si la boîte à idées n'est pas tombée en désuétude, les suggestions s'affichent aujourd'hui plus qu'elles ne se cachent. Les outils se sont améliorés, les process également. Depuis les années 2000, face aux crises économiques et à la montée croissante de la

(1) « La croissance est un art de vivre », *Le Journal du Net*, 23 mars 2005.
(2) Étude *Usine Nouvelle*, citée par Isaac Getz, Carrefour de l'innovation participative 7 et 8 décembre 2004.
(3) « La valeur des *petites idées* », *Le Journal du Management*, 27 avril 2005.

concurrence, l'enjeu de l'innovation se fait davantage ressentir. Les sources de progrès, si elles ne tarissent pas, possèdent encore de belles années devant elles.

Elles se placent en effet au cœur des orientations stratégiques des grands groupes français. Innovascope (1) publie depuis 2001 un baromètre des politiques d'innovation d'après l'analyse détaillée des rapports annuels des 166 premières entreprises françaises et selon trois grands indicateurs. Le premier met en évidence l'importance de l'enjeu de l'innovation au sein des groupes. Le second mesure leur capacité à initier cette politique sur le terrain. Le troisième, enfin, rend compte de l'importance de la communication sur le sujet. L'étude réalisée par l'agence Wellcom en 2003 sur les valeurs des grandes entreprises françaises (2) abonde dans le même sens : la valeur innovation/progrès arrive en tête du classement, 40 % des groupes l'affichent parmi leurs priorités et leurs enjeux.

Toutefois peu précisent si l'innovation est issue d'une poignée de chercheurs ou d'un collectif de femmes et d'hommes qui explorent, trouvent et mettent en place des idées de progrès ou d'amélioration au sein de toute l'organisation. Pour le consultant canadien Bernard-Michel Boissier, si « *aujourd'hui 95 % de l'innovation des entreprises industrielles concerne la recherche et le développement de nouvelles techniques, de nouveaux produits et du marketing..., seulement 5 % concerne le management des idées issues du terrain* » (3).

■ *Effet de rupture ou progrès en continu ?*

Innover au sens propre du terme signifie « *introduire quelque chose de nouveau dans un domaine* » (4). Pour beaucoup, l'innovation concerne les nouveautés technologiques destinées aux produits et aux services. Seuls les chercheurs et les scientifiques étaient voués à innover. Puis, les démarches d'amélioration continue ont commencé à associer tous les collaborateurs de l'entreprise à la montée en puissance des produits, des process et des conditions de travail. Les plus connues d'entre elles issues du modèle japonais, la « TPM » et le « Kaizen », sont largement utilisées dans les organisations industrielles.

(1) « Le retour en grâce de l'innovation », *Le Journal du Net*, 16 mars 2005.
(2) Échantillon de 200 entreprises françaises.
(3) Boissier B.-M., « Les enjeux de l'innovation participative aujourd'hui », *Innov'acteurs*, n° 10, décembre 2004, p. 7.
(4) Définition *Dictionnaire universel de poche*, Le Livre de Poche.

La première, la Total Productive Maintenance, consiste à faire appel à toutes les compétences de l'entreprise pour résoudre les problèmes et entretenir une automaintenance dans l'organisation. Elle repose sur « *les changements de comportements afin d'améliorer de façon significative la productivité et le prix de revient. Ces progrès s'observent, se mesurent et se contrôlent suivant l'évolution de la performance des ressources et de la production : équipement, hommes, organisation* » (1).

Les huit piliers de la TPM (1)

L'amélioration de l'efficacité du système de production
Pilier n° 1 : gestion autonome des équipements
Pilier n° 2 : amélioration au cas par cas
Pilier n° 3 : maintenance planifiée
Pilier n° 4 : amélioration du savoir-faire

L'obtention des conditions idéales
Pilier n° 5 : sécurité, condition de travail et environnement
Pilier n° 6 : maîtrise de la qualité
Pilier n° 7 : maîtrise de la conception
Pilier n° 8 : TPM dans les bureaux

(1) Jean Bufferne, « Le management des ressources par la TPM », *A&C Organisation*, www.productique.org

La seconde, le Kaizen, qui peut d'ailleurs intégrer une démarche TPM, encourage et récompense les suggestions dans tous les domaines de l'entreprise. Il en résulte une amélioration permanente des produits et des conditions de travail. Pour Jean-Pierre Miraille, directeur des projets moteurs spéciaux chez Renault, il symbolise l'antigaspillage en temps, en argent, en effort. Car de la somme des petits progrès résultent des résultats spectaculaires. Source de créativité et d'initiative, le Kaizen produit en effet, lors des travaux de groupe, des idées originales, simples et faciles à appliquer. C'est avant tout un état d'esprit irrigué par l'implication de l'ensemble des collaborateurs.

L'entreprise globale doit aujourd'hui fournir des efforts en matière d'innovation à la fois constants et usuels. Elle s'appuie donc sur la capacité de tous à avoir des idées, à prendre des initiatives visant à résoudre

(1) « La Total Productive Maintenance selon le JIPM* – TPM Instructor », www.afim.asso.fr *Japon Institute of Plant Maintenance.

les problèmes des clients internes et externes comme à améliorer l'existant. L'innovation devient une activité à part entière, organisée et structurée pour progresser avec tous. Chaque idée, qu'elle place un groupe dans une évolution profonde ou qu'elle transforme en douceur l'organisation, est opportune. En effet, on estime la somme des petites idées issues du terrain supérieure ou égale à une innovation de rupture, d'autant plus si elles sortent d'un cadre local et que leurs retombées se gèrent à l'échelle d'un département, d'un site ou d'un pays. On parle majoritairement de belles idées, d'idées simples qui font de grandes avancées dans l'entreprise et la mettent à l'abri de la concurrence. Une « petite » idée est en effet par définition plus difficile à copier et peut présenter un avantage évident sur un marché déjà saturé. Il ne s'agit pas non plus de vanter les mérites d'une démarche plutôt qu'une autre, ni de mettre en balance les innovations, les améliorations ou les résolutions de problème, mais bien de montrer que l'entreprise est aujourd'hui ouverte à tous les champs du progrès.

■ *Les prix de l'innovation*

En France, les associations, les entreprises s'organisent pour favoriser et mieux faire connaître les initiatives en faveur des démarches de progrès. Les trophées de l'Innovation Participative en sont une illustration. Organisés par l'association Innov'acteurs®, « *ils récompensent la démarche d'une organisation, entreprise, association ou collectivité, facilitant la participation des collaborateurs à l'amélioration de ses performances : réduction des délais, des coûts...* » (1). L'association vise à promouvoir l'Innovation Participative au sein des organisations, à fédérer toute activité contribuant au développement de l'Innovation Participative, aux apports méthodologiques, aux échanges et à la professionnalisation. Elle propose également à ses membres, des visites de sites sous la forme de journées portes ouvertes et des échanges d'expériences. Pour Antoine Héron, son président, « *l'Innovation Participative s'affirme aujourd'hui comme une forme complémentaire d'innovation prenant de plus en plus une dimension incontournable, face à l'accélération des changements et à la complexité croissante des systèmes... elle se développe aujourd'hui avec force dans un grand nombre d'entreprises et d'organisations ; il reste toutefois encore beaucoup à faire pour qu'elle prenne toute sa dimension dans notre pays* ».

(1) Bruno de Montalivet, « Lancement des 2es trophées de l'innovation participative », propos recueillis par Emmanuel Franck, *Entreprise et Carrières*.

D'autres initiatives se développent dans le même sens pour mettre à l'honneur et récompenser les démarches de progrès impliquant les salariés.

Le prix Territoria (1) met en avant les réalisations innovantes, exemplaires et transposables des collectivités locales destinées à améliorer la qualité de vie des Français. Communes, conseils généraux et conseils régionaux se rassemblent donc chaque année pour concourir notamment sur le management de leurs ressources humaines, la qualité de leurs process et de leur communication. En 2004, les 45 dossiers sélectionnés « *montrent que dans de multiples endroits, l'esprit d'innovation est à l'honneur... n'hésitant pas à remettre en cause les habitudes fermement installées et à s'attaquer à des problèmes de sociétés complexes et délicats à résoudre* ». Depuis 1986, plus de 3000 dossiers ont été étudiés et plus de 300 innovations récompensées.

Créée en 1987, l'Adefipe a notamment pour objectif de valoriser l'esprit entrepreneurial des salariés des entreprises de transport de voyageurs publiques et privées. Elle organise chaque année « Les journées de l'Adefipe » au cours desquelles elle distingue les actions remarquables conduites par une équipe de terrain.

En octobre 2004, le prix « Best Innovator », parrainé par AT Kearney et *L'Expansion*, est lancé pour la première fois en France. Il « *distingue les sociétés et les équipes qui poursuivent une stratégie d'innovation pérenne et qui excellent dans la gestion de l'innovation. Il concerne les entreprises industrielles françaises réalisant un chiffre d'affaires de plus de 500 millions d'euros impliquées dans le cycle de développement produit* ». Quatre axes ont été retenus : la stratégie, la culture, le processus, les moyens et supports de l'innovation.

2 – Effet de mode ou réels bénéfices ?

Les chiffres sur l'innovation participative peuvent être éloquents. Au Japon, ce groupe annonce une participation de 40 idées par personne et par an ; cette autre entreprise surenchérit à 120 idées par an et par collaborateur ! Ces taux extraordinaires traduisent certes l'intérêt des salariés, mais il ne s'agit pas de détourner la démarche de son objectif, à savoir : encourager, susciter la créativité et non pas la rendre obligatoire et l'instrumentaliser. Attention aux moissons trop riches qui peuvent

(1) *Innov'acteurs*, n° 10, décembre 2004.

ensuite se révéler de moindre qualité et ne sont, par conséquence, jamais récoltées.

Pour mesurer le retour sur investissement des idées de progrès, les entreprises se dotent donc d'indicateurs pertinents. Il s'agit de juger d'une réalité terrain en identifiant les économies réalisées, le pourcentage, le délai de mise en œuvre des idées, le taux de participation des collaborateurs. Béatrice Verger, responsable nationale de l'innovation participative à La SNCF, explique que, pour prendre leur pleine mesure, les bénéfices économiques doivent se chiffrer en fonction du nombre d'idées récoltées et surtout en nombre d'auteurs. Pour le groupe de transport, les économies réalisées représentent, en cinq ans, un gain potentiel de 3 TGV duplex pour moins d'une idée pour 1000 collaborateurs et par an. 3 800 idées émergent au 1er trimestre 2005, soit 50 % de plus qu'au 1er trimestre 2004. Chez Accor (1), « *plus de 3200 personnes ont émis près de 9000 idées ; un tiers d'entre elles ont été mises en application et 150 actions ont été généralisées à l'échelle du groupe* ».

Chez Renault, en 2004, le nombre d'idées concrètes de progrès se situe autour d'une moyenne de 5,5 idées par salarié, pour un taux de participation de 69 % dans le groupe avec des délais de réalisation d'environ trois mois. Une progression constante depuis la mise en place de l'innovation créative et participative chez le constructeur automobile qui ne s'est pas démentie après son rapprochement avec Nissan, ni essoufflée après quinze ans d'existence. De plus, le groupe estime, qu'en règle générale, une seule idée de progrès fait prospérer l'entreprise trois années de suite, ce qui génère environ 150 millions d'euros d'économies par an.

Les idées les plus simples sont parfois les meilleures...

Un réceptionniste propose d'éteindre systématiquement tous les postes de télévision restés en veille dans les chambres d'hôtel : l'idée rapporte près d'un million d'euros au groupe Accor (1).

(1) Thérèse Bouveret, *op. cit.*

(1) Thérèse Bouveret, « Les accros de la boîte à idées », *Le Point*, 6 mai 2004.

Un agent de la région de Chambéry remarque que tous les drapeaux situés autour des gares sont systématiquement volés. Il crée une goupille autour du porte-drapeau. Résultat : une économie de 500 euros par gare et par an pour la SNCF.
Chez Dacia, les taxes sur les carburants étaient incluses dans le prix des véhicules utilitaires Diesel. Une salariée découvre que, pour la loi roumaine, ces véhicules sont exonérés de taxes. Une économie de 100 euros par voiture est réalisée, soit plus d'un million d'euros pour le groupe Renault.

Selon les dernières études, les bénéfices pour l'entreprise peuvent se révéler particulièrement lucratifs même après avoir soustrait « *le coût d'administration, d'étude et de mise en œuvre de l'idée* » (1). Les recherches d'Isaac Getz (2) révèlent, pour exemple, que les entreprises européennes les plus innovantes obtiennent plus de 20 idées par salarié et par an, pour un taux de participation de plus de 90 %, un taux de réalisation de plus de 80 %, soit plus de 8000 euros d'économie nette ou de bénéfice par salarié et par an.

Pourtant les groupes communiquent encore peu sur la contribution de l'innovation participative à leur chiffre d'affaires. Pour Antoine Héron, un certain nombre de tabous et de non-dits sont encore présents, les entreprises ne montrent que ce qu'elles ont envie de montrer, beaucoup entament des démarches créatives et génératrices de progrès mais n'en parlent pas. « *En général, on estime que si les ingénieurs travaillaient au plus près des ouvriers, on diviserait les investissements en moyenne par deux.* » Le président d'Innov'acteurs souhaite provoquer une prise de conscience, un déclic sur les enjeux de l'Innovation Participative. Il explique, par ailleurs, que ces chiffres ne représentent qu'une partie immergée de l'iceberg. L'enjeu se situe au-delà de la performance de l'entreprise. Il se place au centre des axes de progrès, par l'amélioration systématique de la qualité, du service, de la sécurité et des conditions de travail, de la réactivité face aux problèmes. Pour Spie Batignolles, l'innovation, qu'elle soit théorique ou pratique, qu'elle améliore les process ou qu'elle initie de nouvelles activités, qu'elle touche les opérations courantes de chantier ou le marketing, possède pour principal moteur la prise de conscience du parti que l'on peut tirer de sa mise en œuvre.

(1) Gilles Toulemonde, « Comment lancer une démarche de management des idées ? », www.productique.org
(2) « Le système de management des idées », www.escp-eap.net, 13 mars 2003.

Un des principaux attraits de l'innovation est de générer des solutions créatrices de valeur pour le client, la qualité et le service symbolisant deux défis stratégiques de l'entreprise. Les optimiser représente donc une force concurrentielle évidente. Améliorer la qualité des produits mais aussi de celle la production constitue un défi pour les sociétés et pour certains salariés. Chez Renault, le thème « bien faire du premier coup » a fait des émules. Un des exercices favoris des collaborateurs consiste à créer des « détrompeurs », des dispositifs qui permettent de constater immédiatement si une pièce est montée à l'envers. Ces éléments, non seulement suppriment tout risque d'erreur au montage, mais génèrent également moins de stress au travail pour les opérateurs. Chez Lafarge Ciments, les équipes fournissent, avec la TPM, une réponse aux arrêts répétitifs de broyeurs qui stoppaient le nettoyage des circuits et qui réduisaient d'autant la fiabilité et la productivité. Les groupes de travail ont aussi permis de supprimer les bourrages sur une ligne d'ensachage-palettisation. L'usine de Martres passe ainsi de 154 arrêts machine en 2003, à seulement 3 l'année suivante.

Avec la qualité, la relation et la satisfaction des clients se placent au cœur des priorités. Pour innover, les salariés changent leur regard, font preuve de curiosité, tiennent compte des remarques des clients, se transforment eux-mêmes en clients potentiels. Monsieur Parfait, directeur Qualité et Service France chez Renault, porte bien son nom. Pour lui le réseau commercial doit être en effet une formidable source de progrès. Il décide en 2005 d'objectiver la qualité de service. Les compagnons et les conseillers clients suggèrent ainsi près de 100 idées de progrès auprès de l'équipe Qualité France. Certaines d'entres elles ont, par exemple, entraîné une diminution des taux de retours des véhicules en carrosserie qui passent de 9,1 % à 4,4 % ; elles font également progresser le nombre de clients « tout à fait satisfaits » de 62,8 % à 75 %. À la SNCF, c'est en regardant autrement une situation de « tous les jours » qu'un agent fait progresser le service client. Il observe en effet que l'entreprise fournit des fauteuils roulants pour accompagner les personnes à mobilité réduite jusqu'à leur train. Mais, en revanche, les bagages sont portés par une tierce personne. Il présente un prototype de fauteuil permettant d'incorporer les valises des clients.

L'Innovation Participative offre l'indéniable avantage d'augmenter la réactivité de tous face aux problèmes, mais aussi de réconcilier le bien-être au travail avec la performance. Les femmes et les hommes de terrain possèdent une réelle force de proposition et de suggestion pour améliorer, pas à pas, les conditions de travail et la sécurité dans l'entreprise. Il s'agit d'éviter des gestes, des déplacements inutiles, de supprimer les postures difficiles ou dangereuses, de gagner du temps, de mieux gérer l'ergonomie et l'efficacité des machines.

Les Fromageries des Chaumes, en prenant en compte les suggestions et les bonnes idées de leurs collaborateurs, ont ainsi intégré plusieurs modifications lors de la conception d'une nouvelle machine à frotter. Elles ont permis d'améliorer la performance, la productivité mais aussi l'ergonomie de l'outil. La hauteur d'entrée et de sortie de la machine a été revue pour une meilleure posture des opérateurs. Et lorsque les salariés concourent à rendre leur travail ou celui des autres socialement acceptable jusqu'à la retraite, la victoire n'a pas de prix. Ou plutôt si, celui de la solidarité.

Dans une usine Renault, un salarié revient à son poste de travail après un arrêt maladie. Son certificat médical révèle qu'il doit rester assis pendant quelques mois. Mais l'homme est peintre et ne peut plus, dans ces conditions, accomplir ses fonctions. La logique voudrait qu'on le change de poste pendant sa convalescence. Mais son équipe ne l'entend pas de cette oreille. Elle va tout faire pour trouver une solution en un temps record et avec les moyens du bord. Un poste de travail est ainsi créé, l'homme peut se mouvoir assis sur un siège monté sur des rails. Un système de glissière permet au siège de se déplacer sur 20 mètres. L'astuce est d'avoir décroché les rails situés au-dessus de la tête des peintres qui servaient à accompagner le mouvement des pistolets pour les placer au sol. Depuis, ce siège roulant permet aux ouvriers fatigués de travailler dans de meilleures conditions, un roulement est même organisé pour que tous puissent en profiter.

Autre geste solidaire, ce pousseur de chariot récupéré et modifié par des salariés pour offrir un système de levage avec pédale au pied et supprimer les manipulations difficiles des moteurs qui pèsent jusqu'à 400 kg. Un des auteurs avoue que c'est en voyant un de ses collègues se blesser et d'autres souffrir des postures dues à la manipulation qu'il a eu l'idée de se pencher sur le problème : « *j'avais envie de faire quelque chose pour eux* ». Le nouveau chariot, adopté à l'unanimité par les opérateurs, et testé avec eux, a réduit la cotation effort du poste de 5 (la note la plus forte) à 3.

Rendre le travail socialement acceptable est pour Renault un fer de lance. Grâce aux démarches d'amélioration continue, le groupe divise ainsi par quatre en 15 ans le nombre d'accidents avec arrêts. Les postures les plus difficiles et les charges les plus lourdes sont peu à peu supprimées des chaînes de montage.

Le développement durable s'introduit également dans les démarches d'innovation participative. Bouygues Telecom engage, dans ce cadre, des idées nouvelles dans les domaines du progrès social et de la protection de l'environnement. Pour adopter de nouvelles méthodes de travail et mettre à disposition en temps réel tous les documents des sites télécoms (baux, avenants, plans sécurité...), les salariés ont proposé de simplifier l'archivage, de dématérialiser des documents papiers, de créer un *workflow* entre tous les acteurs du réseau. Cette démarche testée dans une région pilote entraîne un gain de productivité pour les collaborateurs et les prestataires, et offre une réponse rapide et pertinente aux attentes des bailleurs. La consommation de papier est réduite de 73 %.

Dans cette entreprise, c'est une salariée responsable de la paie qui supprime les feuilles de salaire sur papier pour les mettre en ligne sur l'intranet, à disposition de chaque collaborateur. Les accès sont sécurisés pour une meilleure confidentialité. Cette idée a permis de réduire considérablement les frais généraux et de libérer du temps aux ressources humaines.

« *Vous ne pouvez pas savoir ce que les salariés peuvent faire pour votre entreprise...* » Pour Antoine Héron, il existe un gisement énorme de créativité à résoudre les problèmes sur le terrain, et d'initiative pour oser mettre en œuvre des solutions que l'entreprise elle-même n'aurait pas tenté d'industrialiser. « *Tout ce génie nous échapperait si on ne libérait pas la capacité d'initiative et la puissance de créativité de chacun.* »

II. Les conditions de la réussite

Face aux retours d'expériences probants, de nombreuses entreprises cherchent à mettre en œuvre une politique d'Innovation Participative au sein de leur organisation. Mais, même si les intentions sont bonnes, le succès n'est pas toujours au rendez-vous. Nous l'avons constaté dans les chapitres précédents, la culture ne s'improvise pas, offrir à tout un chacun la possibilité de s'exprimer et de faire appliquer ses idées non plus. C'est encore une fois l'ensemble de l'organisation qui doit se tourner vers l'Innovation Participative avec, pour tous, un rôle bien déterminé. Certes une vision commune, des objectifs stratégiques clairement affichés, l'attachement et la fierté d'appartenance jouent en faveur de la participation, mais ces éléments ne suffisent pas. Il faut s'armer de patience surtout si l'innovation ne se situe pas dans les gènes de l'entreprise.

Car pour avoir envie d'offrir, de partager ses idées, le collaborateur doit se sentir en confiance, et l'entreprise doit avoir déployé les moyens techniques et humains favorables à la créativité et à son application. La capacité d'innover « *sert de socle pour bâtir une nouvelle culture d'entreprise, créer un esprit de corps et d'équipe grâce auquel les meilleures pratiques de chacun sont mises en commun* » (1). Un enjeu pour les ressources humaines qui contribuent : par la communication, à afficher clairement les règles du jeu ; par l'accompagnement, à permettre aux managers de s'approprier la démarche, de défricher les idées ; par le recrutement, la gestion des parcours et l'intégration, à nourrir l'innovation.

1 – Afficher les règles du jeu

Plus que tout autre projet, l'innovation participative se gère dans la transparence et la sincérité. L'effet de mode ou de nouveauté ne jouera pas si la démarche n'est pas clairement affichée et respectée. Car beaucoup d'entreprises au départ ont dû faire face à des salariés intrigués, qui se sont posés bon nombre de questions, y compris : « *Ils en sont à nous demander notre avis ? Mais les chefs, ils sont payés à quoi ? Et qu'est-ce que j'y gagne moi dans l'affaire ?* » L'objectif est en premier lieu de bien situer le contexte et de communiquer sur les objectifs et les process. Il s'agit de convaincre que la participation des salariés est indispensable, que tous ont un intérêt dans la démarche.

Innovation Participative, Management des idées, Vos idées pour gagner, Étincelle, 1001 idées, COMID... ces dénominations possèdent un point commun, elles donnent un nom, identifient, positionnent l'innovation. En effet, « *un nom adapté est la clé pour gagner l'adhésion et la participation motivée de tous les collaborateurs, car il rend la démarche lisible... La dénomination doit toujours être simple et évocatrice car elle s'adresse à un public très large. Quel que soit le terme retenu, il importe surtout qu'il soit cohérent avec les objectifs de la démarche* » (2).

Rarement utilisé seul, le nom s'accompagne d'un logo, parfois d'une *based line* et de supports de communication adaptés, pédagogiques et explicatifs. À la SNCF, Béatrice Verger, après avoir cherché plusieurs solutions et fait appel aux propositions internes, a choisi tout simplement de garder le terme Innovation Participative. Il symbolise parfaitement les objectifs de l'entreprise. En revanche, le groupe de transport n'hésite pas à l'illustrer par un titre : *Avancez vos idées*, une signature :

(1) Sabine Syfuss-Arnaud, « Seb l'entreprise trouve-tout », *L'Expansion*, 1er octobre 2004.
(2) Gilles Toulemonde, « Comment lancer une démarche de management des idées ? », www.productique.org

Donner au train des idées d'avance, un logo spécifique à l'innovation participative : deux pièces de puzzle, à la silhouette humaine, imbriquées l'une dans l'autre. Par ailleurs, tous les agents reçoivent un triptyque qui leur donne le mode d'emploi de l'innovation participative. *En avant toutes... et tous*, la DRH prend la parole et met en avant l'innovation comme un atout déterminant dans la compétition européenne. Proposer des idées nouvelles doit devenir un réflexe naturel pour chaque cheminot. Une volonté partagée par Louis Gallois et par 95 % des collaborateurs (1). Il s'agit de faire avancer le groupe, de faire la différence auprès des clients, et donc de transformer une volonté en une réalité, afin que chacun devienne promoteur du changement.

Rappeler les objectifs de l'entreprise est en effet indispensable pour que chacun situe le contexte et la source de l'innovation. « *L'innovation, et pas seulement l'invention, c'est désormais l'affaire de tous et à chaque instant.* » Chez Legrand (2), cette nouvelle devise est illustrée à l'aide d'un film de 4 minutes destiné à sensibiliser les salariés autour de l'innovation.

En 2000, La Redoute (3) met en place les trophées de la satisfaction client visant à recueillir et mettre en œuvre les meilleures idées liées à l'amélioration de la qualité de service. Pour la première édition, campagne d'affichage, dossier de participation, livret d'explication, numéros spéciaux du journal interne se consacrent à l'événement. Les réactions suite à la communication ne se font pas attendre : « *pour une fois que les décisions ne tombent pas d'en haut mais remontent de la base* ». Le message est bien passé.

La communication sur les critères de sélection des idées est également capitale. Les salariés veulent savoir dans quoi ils s'engagent et pourquoi leur idée sera ou ne sera pas retenue. En identifiant et en informant dès le départ comment seront sélectionnées les idées, l'entreprise s'évite bien des déboires. Chez Bouygues Telecom, les meilleures propositions sont retenues sur la base de la nouveauté, et sur l'importance de la création de valeur pour le client, l'entreprise ou le collaborateur. Dans ce groupe, ce sont les moyens humains et financiers, les délais d'application raccourcis et les résultats qui priment. Pour le ministère

(1) Chiffres extraits de l'enquête SNCF sur l'innovation participative menée fin 2004 auprès de 6000 cheminots.
(2) Laure Dumont, « Legrand : Des salariés investis d'une mission innovatrice », *L'Expansion*, 1er octobre 2004.
(3) Olivia Bassi, « Un challenge pour motiver les troupes » *LSA*, 29 mars 2001, p. 89.

de la Défense (1), l'amélioration des équipements opérationnels, logistiques ou d'instruction, la conception de nouveaux matériels adaptés à l'évolution des besoins, et l'accroissement de l'efficacité représentent des axes clés. Par ailleurs, faire connaître les délais de réponses et garantir aux auteurs un retour, influe et conditionne le taux de participation. En général, les groupes affichent un délai de trois mois maximum pour informer les auteurs sur la suite donnée à leur idée, et les remercient sous la forme d'un mail ou par oral. Pour Spie Batignolles la rapidité avec laquelle une idée est évaluée, développée, testée puis mise en œuvre représente un élément déterminant pour favoriser l'éclosion de nouvelles pistes. Chez Gemplus (2), les auteurs reçoivent une réponse sous trois à quatre semaines. Si la mise en application de leur idée est différée, on leur indique pour combien de temps. L'essentiel est aussi d'expliquer pourquoi l'idée n'est pas retenue, pour ne pas décourager les auteurs et les inviter à trouver une autre piste ou à partir sur des bases différentes.

Enfin, un principe général qui s'applique à tous : rendre simple la soumission d'idées. Le salarié doit savoir à qui s'adresser pour faire connaître son projet, être accompagné pour la traduire en objectifs pertinents, pour remplir les fiches ou les dossiers de participation. Les outils, intranets, boîtes à idées, affichage sont optimisés pour faciliter l'accès, la diffusion, le reporting des idées, quant aux hommes, que ce soit les managers de proximité, les réseaux de correspondants ou les responsables innovation, ce sont eux qui feront toute la différence.

2 – Créer un climat participatif

Les principaux ennemis de l'innovation tournent autour d'une culture en silos, d'un manque d'ouverture, d'organisation et d'un trop-plein d'idées... préconçues. Pour Antoine Héron, l'exercice fonctionne particulièrement bien dans les usines, mais prend plus difficilement forme au sein des industries du tertiaire et de l'ingénierie, où les bases culturelles du taylorisme sont encore prégnantes. « *Les managers sont campés dans un rôle figé dont ils ne peuvent plus sortir. Ils sont restés comme dans un régime de castes. Ils ne se parlent pas, ne travaillent pas ensemble... c'est un énorme gaspillage.* » Il faut que tous puissent s'exprimer par le biais d'outils ou par oral. Ensuite, il est nécessaire que les auteurs dont les idées sortent du rang ou dérangent ne soient pas mal... traités.

(1) Extrait du site Internet defense.gouv.fr
(2) Pascale Poncelet, « Rendez votre entreprise créative », *L'Entreprise*, juin 2000.

Enfin même si la suggestion semble banale ou hors de propos, éviter de la tourner en dérision. Rien de plus facile pour condamner la créativité que de s'entendre dire : « *Déjà vu ! Trop cher ! Impossible ! Je n'y comprends rien ! Vous n'y pensez pas ! Pas chez nous ! Vous voulez rire !* » Pour réussir, une culture d'innovation doit se tourner vers la prise de risque et d'initiatives. Or certaines organisations ne les favorisent pas, au contraire, ne serait-ce que par la suprématie d'un siège qui règne sur ses filiales. Le formalisme a souvent tendance à en décourager plus d'un. Pour Patrick Leleu, « *il faut sortir d'une culture de siège omnipotent, montrer que ce dernier n'est pas là pour brider les filiales mais les encourager* ». Cela demande de préserver un équilibre difficile : à la fois beaucoup de cohérence de la part du fonctionnel pour élaborer des solutions efficaces à des problèmes auxquels une majorité de filiales sont confrontées, tout en préservant l'opérationnel et la décentralisation des responsabilités pour tendre vers un maximum d'initiatives locales.

L'innovation commence donc par offrir à chaque salarié, le droit à l'erreur. « *Mieux vaut se planter que de se planquer !* » (1), la devise d'Urgo portée par son PDG en dit tout autant qu'un long discours. Car il faut parfois plusieurs essais avant de trouver la « bonne » idée, un principe aussi difficile à accepter pour la hiérarchie que pour les salariés. Les uns, pris par le quotidien, les résultats à court terme, souhaitent un changement immédiat, les autres veulent réussir du premier coup et n'ont pas envie d'essuyer un refus, plus ou moins bien formulé. Enfin pour beaucoup, innover représente un véritable « parcours du combattant ». Les salariés se sentent « *seuls pour résoudre des questions techniques et de financement... l'appui hiérarchique nécessaire pour trouver ces financements et appuyer les demandes semble souvent défaillant* » (2).

Comment favoriser une innovation ? (1)

« Un salon de coiffure de 16 personnes a naturellement mis en place une organisation de très grande qualité sans s'en rendre compte. Il y a des idées dans ce salon, on en discute. On veut s'organiser de façon à ce qu'il y ait plus

(1) François-Marie Pons, « La promotion de l'innovation au sein des organisations », *Les Cahiers de la recherche*, n° 2, 2003, istm.fr

(1) B.-M. Boissier, « Les enjeux de l'innovation participative aujourd'hui », *Innov'acteurs*, n° 10, décembre 2004, p. 14.

(2) Isabelle Jacob, « La dissémination interne des innovations de terrain », 2002, www.crea-france.com

d'idées, qu'elles soient mieux captées et qu'elles soient plus riches. D'où de petites réunions avec les principaux métiers de ce salon, une fois par semaine. On crée les défis du mois, les objectifs d'amélioration. On construit une boîte à idées vivante avec la participation des clients. En peu de temps, le salon devient le troisième de France pour ce groupe ! Les employés de ce salon sont même allés se faire coiffer chez les concurrents pour voir les idées, les améliorations possibles, les erreurs à ne pas faire. Ils ont, plus ou moins volontairement, fait du *benchmarking.* »

Comme le souligne François-Marie Pons, ce qui a été réalisé à petite échelle dans ce salon de coiffure peut s'appliquer à tous les étages d'une organisation. Entendre, évaluer les suggestions, prendre une décision sur les actions à mener, implique une organisation bien définie, des outils partagés mais aussi et surtout un changement des comportements. L'entreprise innovante s'organise en réseau. Ce sont les femmes et les hommes qui assurent l'efficacité d'une démarche participative. Managers, coordinateurs, animateurs écoutent, accompagnent les auteurs des idées, les évaluent, diffusent les meilleures astuces, rendent compte des progrès...

L'Innovation Participative donne une dimension majeure au management. Selon les organisations, la ligne hiérarchique ou le N+1 sont les premiers à recevoir une idée de leur collaborateur, les premiers à y répondre et à orienter leur démarche. Ils peuvent dans ce cadre, soit décider de l'appliquer immédiatement, soit la transmettre en fonction du sujet auprès des directions concernées. Cela demande une remise en question du manager. « *Le personnel, normalement, cherche à éviter les erreurs : c'est la clef de la qualité et de la normalité... même si le responsable y croit, les nécessités du quotidien le conduisent à donner d'autres priorités ; pour d'autres, I&C est une occasion de rêvasser et de ne rien faire, et ils doutent de la compétence de leur personnel dans ce domaine* » (1). Le manager doit être capable d'accepter le fait qu'un membre de son équipe décèle une défaillance qu'il n'a pas soupçonnée. C'est lui qui fait tourner la roue de l'innovation participative en partageant les objectifs de la démarche et des méthodes de progrès, en l'animant auprès des équipes, en validant et en reconnaissant les idées, puis en les intégrant au cœur des process. La ligne hiérarchique doit donc être accompagnée

(1) Philippe Dupont, « La politique d'innovation dans les organisations », novembre 2002, www.crea-france.com

par les ressources humaines et par une organisation adaptée pour ne pas faire peser sur ses épaules tout le poids de l'innovation participative.

À la SNCF, les DRH interviennent régulièrement auprès des managers, les responsables RH des 280 établissements (usines de production) sont également sensibilisés à l'innovation participative. Pour Béatrice Verger, la ligne managériale doit être convaincue et impliquée : « *on n'agit pas parce que le boss le demande mais parce qu'on en a envie et qu'on est persuadé de l'intérêt de la démarche* ». En 2005, l'université d'été des cadres dirigeants est axée sur la prise d'initiative, et la convention des cadres supérieurs porte sur l'innovation participative. Un module d'une demi-journée permet aux intéressés d'intégrer cette approche, d'en devenir acteur, d'être réellement imprégné par la démarche et de la relayer auprès des équipes.

En octobre 2005, un guide pratique destiné à tous les managers répond aux fausses bonnes objections, donne le mode d'emploi de l'innovation participative en déroulant le parcours type d'une idée, implique la hiérarchie, et montre qu'ils ont un vrai rôle à jouer. Quatre axes managériaux sont mis en avant. Le premier concerne la posture managériale qui doit favoriser le dialogue et permettre un état d'esprit propice à l'émergence des idées. Le second place l'accompagnement de l'auteur au cœur de l'écoute et de l'échange. Le troisième met en avant l'acte de décision du N+1 qui doit informer très rapidement l'agent de la suite donnée à l'idée, expliquer, argumenter, remercier. Le quatrième, enfin, incite la valorisation et les signes de reconnaissance du collaborateur et de son idée.

Chez Solvay, les jeunes cadres sont initiés à la compétitivité et à l'innovation dès leur arrivée. L'enjeu est de déclancher et d'encourager les comportements réactifs et créatifs. Les réactions des intéressés sont très positives : « *J'ai envie de recréer ce partage d'expérience à l'échelle de mon service, en organisant des réunions régulières pour mettre en commun nos compétences, nos problèmes et ainsi faire émerger de nouvelles idées... À travers les exercices collectifs de mise en situation, j'ai mesuré l'importance d'une remise en question pour avancer. L'innovation passe forcément par un échange d'idées : c'est pourquoi j'essaie de mettre en place avec les autres chefs de projet de mon site une cellule de partage sur des problèmes communs.* » L'objectif est de bousculer les idées reçues pour en provoquer d'autres, par exemple en invitant une tribu ancestrale, les indiens Kogis, à s'exprimer devant les managers pour leur proposer une autre vision du monde. Pour Eric Julien, consultant, les Kogis font du management depuis 3000 ans. « *Chaque fois qu'ils ont à prendre une décision délicate, ils en débattent dans l'obscurité : ce sont les idées qui comptent, pas l'identité de ceux qui les émettent...* » Cette démarche se rapproche de la technique du Métaplan où chacun écrit ses idées sur un post-it et le colle sur un tableau. La société Kogis fonctionne également sans chef ! « *Chaque acteur se sent responsable de la finalité du projet si ce projet garantit l'équilibre de la société tout entière.* » Rendre chacun responsable est en effet un des objectifs de Solvay mais aussi un des corollaires de l'innovation participative.

Le rôle du manager est bien de faciliter la capacité d'innovation de son équipe et de rester à son écoute. Néanmoins, pour faire fonctionner l'entreprise en réseau et donner toutes les chances aux idées de se dupliquer et de faciliter les transferts d'expérience, les groupes se dotent de structures dédiées au progrès. À leur tête, un monsieur ou une madame Innovation. La mission de ces pilotes est de diffuser un véritable climat de progrès. Rattachés la plupart du temps aux services ressources humaines ou aux services qualité, ils sélectionnent les idées en fonction de leur impact et de leur transfert à d'autres filiales, départements ou pays. Leurs principales qualités ? Une force de conviction, de la passion et de la persévérance.

Lorsque Antoine Héron lance la démarche Innovation Participative chez Renault, il entend dire : « *les idées c'est bien la première année mais vous allez vite vous essouffler...* », et pourtant, quinze ans après, l'imagination et la créativité sont toujours de mise.

Des salariés sont nommés animateurs ou correspondants de l'innovation participative. Ce sont eux qui vont permettre de donner tout son essor à la transversalité. Leur maillage s'effectue au plus proche du terrain. La SNCF a nommé un animateur par établissement, un par région et un par direction centrale, ce qui représente un total de plus de 300 salariés dédiés à l'innovation ! Ils consacrent de 10 à 50 % de leur temps à cette mission, mais Béatrice Verger souhaiterait que cette disponibilité monte en puissance.

Ces coordinateurs de l'innovation, baptisés *innovacteurs* chez certains groupes, animent en effet les boîtes à idées électroniques et physiques, aident à la mise en œuvre des idées et assurent leur diffusion dans les filiales. De plus, leur action est essentielle pour stimuler et accélérer les process. Car les délais entre la naissance d'une idée, sa mise en œuvre et sa reconnaissance peuvent la détruire avant même qu'elle soit appliquée. Ce sont des salariés particulièrement engagés et souvent passionnés qui essayent de libérer les énergies créatives.

Pas toujours pris au sérieux, l'originalité de certaines démarches peut déranger et faire peur. Pour vaincre les réticences et montrer que l'innovation n'est pas une affaire de « clowns », les « Innov'acteurs » de Solvay ont imaginé l'*Innov'Tour*. Ils se rendent par binôme au sein d'un service qui n'est pas le leur, et disposent d'une demi-heure pour convaincre leur auditoire. Les présentations sont ludiques et pragmatiques et démontrent à partir d'exemples concrets les bienfaits des idées pour l'entreprise et ses collaborateurs et les gains qu'elles génèrent. Cette action permet de relancer le process, de convaincre les sceptiques et de susciter de nouvelles vocations.

Un des objectifs des innovacteurs est de contribuer à faire remonter les bonnes pratiques du terrain. Chez Axa France, les *Black Belts* réunissent et coordonnent les équipes projets au sein desquelles chacun apporte sa contribution, puis recueillent les expériences et mettent à profit les idées. Cette organisation a été mise en place dans le cadre de l'AXA Way, le programme de réorganisation des processus et d'amélioration continue lancé par le groupe dans chaque pays, depuis 2002. Axa France totalise déjà 150 projets en 2005. Chez Urgo, les chercheurs d'Or reformulent l'idée avec l'auteur, puis la présentent avec lui à son manager. Par son action, l'innovacteur relaie le manager et donne ainsi de meilleures chances à la suggestion émise de se transformer en projet. Sa mission est aussi de veiller à ce que toutes les idées formulées soient prises en compte et évaluées, quitte à leur laisser une seconde chance. À la Délégation Générale pour l'Armement, la mission pour le développement de l'innovation participative apporte un soutien aux idées émises par les salariés des trois armées, sans distinction de grade ou de spécialité. Son objectif est d'accompagner les auteurs, « *de faciliter l'expression et la concrétisation des idées des innovateurs pour améliorer ou concevoir toute technique, matériel, produit ou procédure intéressant le ministère de la Défense* » (1). 1 500 salariés ont présenté 900 projets dans ce cadre.

L'Innovation Participative se coordonne, se structure pour une écoute améliorée, une plus grande réactivité et un meilleur transfert des idées au sein de l'organisation, surtout si elle est dotée de nombreux établissements. Managers et innovacteurs semblent indissociables et complémentaires dans une telle démarche. Aidés et accompagnés par les ressources humaines et la direction générale, ils transmettent un état d'esprit, une ambiance, un climat participatif. « *Le progrès ne peut se faire sans vous, je suis toujours surpris et admiratif face à ce que vous avez développé... Ambitieuse, audacieuse, chaleureuse, l'innovation doit être partagée par tous.* » Le discours du PDG de Renault par son implication et sa force de conviction incite l'ensemble des collaborateurs à innover

(1) Extrait du site Internet defense.gouv.fr

depuis de nombreuses années. Car si certaines idées peuvent se réaliser rapidement, bon nombre d'entre elles nécessitent des encouragements et des efforts dans la continuité. Il peut s'écouler parfois plusieurs mois entre la réalisation de plusieurs prototypes pour concrétiser une idée. Il s'agit de donner envie, de montrer qu'en matière de créativité tout reste encore à inventer. Qu'elle soit impulsée par le haut, ou initiée par le terrain, toute idée mérite d'être étudiée, travaillée, voire transférée. Car avant de récolter, il est toujours nécessaire de battre le grain et de moissonner.

3 – Favoriser la créativité

« *Nous sommes habitués à un certain chemin professionnel qui devient réflexe ce qui garantit efficacité et qualité ; mais en même temps ces habitudes nous empêchent de découvrir des besoins ou dysfonctionnements. Des outils simples, informatisés ou non, permettent cet élargissement* » (1).

Les premiers circuits d'idées font souvent appel à la spontanéité des collaborateurs : « *Si vous pensez qu'on peut faire mieux, dites le...* » L'être humain est spontanément créatif et inventif, il n'est pas réticent à une démarche d'innovation mais dans la majorité des cas, « *il ne sait pas où regarder, qui écouter, quoi analyser* » (2). Le dialogue social et la gestion des idées se structurent donc pour conditionner l'efficacité de l'Innovation Participative. Toutes les entreprises qui ont obtenu des résultats probants sont rapidement passées d'une démarche de gestion des idées spontanées, à celle d'une gestion des idées provoquées. Pour stimuler la créativité des équipes et des individus, les sociétés multiplient donc les actions et mettent en œuvre des outils adaptés à chaque contexte.

Les idées provoquées symbolisent près de 90 % des idées. Chez Renault, elles représentent jusqu'à neuf idées par personne et par an pour une moyenne de une idée spontanée. En stimulant la créativité, les entreprises concourent non seulement à donner une ligne directrice à la réflexion, mais orientent également les idées en fonction de leurs stratégies et de leurs objectifs prioritaires. Si tous les domaines sont concernés par l'innovation, et c'est tout l'intérêt de la démarche, il est quelquefois nécessaire de choisir, de faire ressortir un ou plusieurs thèmes ciblés pour initier ou relancer la créativité. Les entreprises s'atta-

(1) Philippe Dupont, « La politique d'innovation dans les organisations », novembre 2002, www.crea-france.com
(2) *Idem.*

chent donc à mettre en œuvre différentes actions pour inviter leurs salariés à se transformer en solutionneurs de problèmes. Les résultats sont souvent au rendez-vous.

■ *Des idées à la pelle...*

L'équipementier automobile Faurecia en stimulant de nouvelles idées, tant en matière de process que de produits, a plus que doublé le nombre de nouveaux projets en un an. L'opération « 1000 idées » lancée en 2004 a permis d'encourager la créativité. 433 nouvelles idées sont entrées phase de développement et 593 sont en cours d'analyse. Elles touchent tous les domaines de l'entreprise comme la qualité perçue par le consommateur, le confort, la sécurité, l'environnement, le choix des matériaux. Les concours, les défis locaux liés à l'actualité ou à l'organisation permettent en effet d'obtenir une émulation participative. Les « Idées à la Pelle » chez Spie Batignolles encouragent les inventeurs, le concours de La Redoute (1) suscite des vocations. 8 thèmes sont proposés aux innovateurs : produit, rapports qualité, prix, livraison, prise de commande, promotion et cadeaux, conseil à la commande, gestion des insatisfactions et trophée ouvert. 549 salariés dont 58 % d'employés y répondent, soit environ 8 % des collaborateurs.

Certains se prennent au jeu de la compétition et en viennent à innover pour le plaisir de gagner et de remporter un trophée. En pourquoi pas ? Chacun trouve en lui la motivation, le moteur qui le pousse à créer et à innover que ce soit par plaisir, par esprit d'équipe ou par défi. En revanche, chacun doit se sentir libre de participer ou non à la démarche. Il s'agit d'inciter, de donner envie, pas d'obliger ou d'imposer. La nuance est de taille. Monsieur Ryu, Directeur Qualité de Renault Samsung Motors, explique en effet qu'après avoir étudié les pratiques de ses concurrents, il a appris qu'un système de suggestion obligatoire influence négativement la qualité et qu'aucune société ne peut ainsi « décréter » la motivation de ses salariés. « *La réussite est le produit de la faculté de l'entreprise à innover et de la capacité des personnes à être créatives* » (2).

Pour rechercher des idées, initier de nouvelles façons de travailler ou relever des défis collectifs, les salariés sont invités à participer à des sessions créatives. Chez Solvay, cela s'est récemment appliqué à des sujets

(1) Olivia Bassi, « Un challenge pour motiver les troupes », *LSA*, 29 mars 2001, p. 89.
(2) Sylvie Chevrier, « Luc de Brabandère : au secours... des idées ! », École de Paris du management, 6 mai 1998.

tels que « *comment diminuer de 20 % notre classement papier et électronique* » ou « *comment nous organiser en entreprise apprenante* ». Certains collaborateurs, issus de pays, de métiers et de niveaux hiérarchiques différents, se réunissent pendant une journée pour dépasser le cadre de leur propre activité et s'ouvrir à l'ensemble du process qui aboutit à la satisfaction client. La consigne est la même : laisser s'exprimer toutes les idées même les plus farfelues. « *Nous attendions dix bonnes idées, nous en avons eu cinquante* », témoigne un chef de projet. Ces idées sont ensuite testées et validées.

Aux Fromageries des Chaumes, des groupes de projet mixtes et participatifs se consacrent aux conditions de travail. Ils associent les managers, les membres du CHSCT et les salariés qui vivent au plus près la situation de travail que l'on cherche à améliorer. Chez Philips, Bruno Frankiel explique que chaque salarié participe à un groupe projet pour acquérir une méthode créative. Les thèmes choisis dans un premier temps sont simples afin que chacun adhère à la démarche et acquière une méthodologie de résolution de problèmes : « *Comment faire en sorte que chaque ouvrier puisse avoir son croissant et le consommer en dehors de l'atelier avant la fin de sa pause ? Comment s'assurer que le parking des salariés reste accessible à tous lorsque se croisent les équipes du matin et celles de l'après-midi ?* » Pour participer et profiter pleinement de ces ateliers, les salariés sont remplacés sur leur lieu de travail par des intérimaires, pendant deux jours. Ils sont ensuite invités, s'ils le souhaitent, à s'inscrire à des groupes de progrès sur la réduction des coûts, les délais, la qualité ou l'organisation du travail.

Pour mieux comprendre les produits, sensibiliser tous les collaborateurs autour des concepts et des innovations, certaines entreprises n'hésitent pas à les tester en interne pour recueillir les suggestions d'amélioration, une mission habituellement dévolue aux tests externes. Cette politique porte ses fruits chez Juva Santé (1). Le laboratoire réuni régulièrement un groupe de collaborateurs volontaires autour d'un petit déjeuner convivial, et diffuse en même temps un programme d'innovation participative sur de nouvelles idées de produit. Une assistante des achats a ainsi proposé un gel coiffant antipoux, commercialisé sur le marché depuis mai 2005. Pour Luc de Brabandere (2), la créativité c'est aussi regarder autrement ce que l'on fait. En réunissant, chez un producteur de Champagne, un groupe de salariés autour de leur

(1) « Faire tester ses produits en interne », *Journal du Management*, 21 septembre 2001.
(2) « Innovation participative et éthique des idées », 15e convention de l'initiative et de la créativité Renault, 13 avril 2005.

produit, il les amène à considérer la bouteille comme un produit de fête et de plaisir, et à imaginer la création d'objets commerciaux innovants comme un livret de poche fixé au goulot expliquant comment faire un discours à l'occasion d'un événement, ou encore une poche plastique pour mettre des glaçons réfrigérants.

■ *Des outils de partage*

Le meilleur moyen d'obtenir une bonne idée est d'en susciter beaucoup. Cela implique une méthode de gestion rigoureuse pour trier, afficher et partager les initiatives. Visibles, elles fournissent des exemples probants et donnent naissance à de nouvelles suggestions. Ne dit-on pas que 1 idée + 1 idée = 3 idées ! Et parmi les outils les plus développés dans l'entreprise, l'intranet et les boîtes à idées électroniques sortent du rang. Ils offrent à chaque salarié la possibilité de préciser explicitement son idée, de la détailler au sein d'un formulaire : contexte, problème rencontré dans l'entreprise ou par le client, solution proposée, moyens, résultats, amélioration escomptée qu'elle soit financière ou de l'ordre de la motivation, de la satisfaction ou de la fidélisation. Chez Sofaxis (1), un message par semaine et par salarié est ainsi adressé au responsable qualité. 90 % des suggestions d'innovation ou d'amélioration sont acceptées.

Ces boîtes à idées électroniques donnent également la possibilité de consulter des idées déjà émises ou appliquées. Certains invitent leurs salariés à les enrichir et y apporter de nouvelles suggestions. La plateforme électronique *Innoplace* regroupe chez Solvay l'ensemble des boîtes à idées dans le monde en distinguant le pays, le site, le métier et la filiale d'appartenance. Ce site très fréquenté permet de mettre une idée en ligne et d'en consulter d'autres. Une fois la suggestion enregistrée, chacun peut y apporter commentaire et enrichissement. Elles sont ensuite mises à l'étude. Leurs auteurs sont remerciés et les plus innovantes font l'objet d'une récompense. Dans certains sites la performance des boîtes à idées est prise en compte dans les critères de l'intéressement. Même esprit d'émulation chez Lafarge Ciments dont la base de données *Flash* offre à toutes les usines du groupe d'échanger leurs bonnes pratiques. France, Italie, États-Unis, Grèce, Philippines, Maroc, Afrique du Sud... tous participent et donnent leurs idées au cours d'un forum sur le thème du nettoyage des silos. Une usine peut désormais trouver auprès d'un autre site la solution à son problème.

(1) Pascale Poncelet, « Rendez votre entreprise créative », *L'Entreprise*, juin 2000.

Trouver auprès d'autres une source d'inspiration est un des avantages majeurs du partage. Chez Hutchinson (1), les salariés sont invités à reproduire ou à adapter les idées de progrès des 18 pays et des 96 usines du groupe. Ces « duplicateurs d'idées » permettent en effet de « *faciliter les transferts d'innovation d'un pays à l'autre* ». Et lorsque les suggestions foisonnent et se multiplient, il s'agit alors d'optimiser les bases de données pour que chacun puisse, dès qu'il en ressent le besoin, venir piocher dans la mémoire de l'entreprise. Plus de 10 000 idées sont enregistrées sur ce site. Pour faciliter le tri et la sélection, les salariés recherchent les suggestions à l'aide de mots clés, et gagnent un temps précieux. Les portails intranet dédiés à la récolte et au traitement des idées offrent, de plus, aux responsables innovation de suivre et d'analyser l'avancement de chacune des idées. Ces tableaux de bord apportent une vision globale, permettent d'informer rapidement les auteurs sur l'avancée du projet, de relancer les coordinateurs, de fixer des priorités.

D'autres supports sont mis à disposition des salariés, le plus souvent sous la forme d'espaces physiques qui regroupent à la fois une boîte à idées traditionnelle, un tableau d'affichage et de suivi des idées. Le métaplan remplace les écrans et permet de rendre visibles et de partager les suggestions. Le collaborateur formule son idée, propose une solution, soulève un problème sur un post-it qu'il colle ensuite sur un panneau disponible dans son service. Un groupe de travail peut ensuite se constituer pour développer l'idée et la faire aboutir. Chez Axa France, le recueil des idées du projet SEE, « Soyons Efficaces Ensemble », est réalisé à l'aide de tableaux d'affichage installés dans chaque département participant à l'opération. Après une première sélection, les idées sont ensuite présentées et défendues par leur auteur, puis sélectionnées au cours d'une réunion de travail. SEE a d'abord été testé auprès de la direction des opérations qui mobilise un correspondant méthode et quatre correspondants améliorations. 61 idées sont émises, 33 présentées en réunion, 24 retenues et 13 mises en œuvre selon un calendrier précis. Axa France souhaite déployer cette démarche progressivement et par lots pour ne pas mobiliser trop de personnes simultanément. Une communication a été effectuée pour ne pas générer de frustrations auprès des directions non déployées et leur donner envie de participer à cette action quand leur tour viendra.

(1) Guy Aznar, « Comment organiser la créativité dans l'entreprise », 2002, www.crea-france.com

4 – Reconnaître les meilleures pratiques

Les auteurs ont besoin de voir leur projet aboutir. Les autres, dans l'expectative, attendent qu'on leur communique des exemples concrets de mise en application des idées, pour se lancer à leur tour dans une démarche de progrès. Il ne suffit pas de décréter qu'une idée est bonne, encore faut-il lui permettre de voir le jour. La valeur de l'innovation réside dans l'envie de construire, de partager, au-delà de l'effet de nouveauté qui précède chaque nouvelle démarche, de la pérenniser, d'inciter chaque jour un peu plus de collaborateurs à s'engager dans une action de progrès et d'inviter les auteurs à réitérer leur créativité.

Les sociétés entreprennent donc de créer du lien et de la continuité, au regard de leur culture, de leur environnement et de leurs résultats. Certaines pensent que la source risque de se tarir vite. Les retours d'expérience montrent au contraire, année après année, une démarche enrichie. Les idées deviennent plus qualitatives, les temps de réaction se raccourcissent, les économies générées s'accroissent. Là encore, la plus grande vigilance s'impose. Une fois l'innovation lancée et l'organisation structurée, il s'agit d'accompagner, d'écouter et de communiquer. Et pour montrer que le mot fin ne s'applique pas à l'innovation, les groupes s'attachent à réunir un ensemble d'actions destinées à valoriser les participants et à offrir des preuves tangibles des bénéfices du progrès pour le salarié et l'entreprise.

■ *Se donner rendez-vous*

Pour Jean-Yves Coudriou, Directeur Établissement Siège de Renault, il est essentiel de communiquer sur l'innovation participative, il faut que le système soit connu, que les collaborateurs aient envie d'avoir des idées, que tous aient envie de les susciter. Les médias internes accordent donc une large place à l'innovation participative. Ils mettent en avant les meilleures idées du mois, les gains réalisés, la démarche d'un auteur, le regard d'un animateur, d'un manager. *L'union fait la force...* Lafarge Ciments communique ainsi très régulièrement sur les échanges de bons procédés, de bonnes idées, sur les résultats des groupes TPM. D'autres, comme Renault, instituent une newsletter entièrement consacrée aux démarches de progrès. Elles retracent, chaque mois, l'actualité de l'innovation, mettent à la une les idées réalisées, donnent la parole à tous les acteurs, détaillent les tableaux de bord : nombre d'idées appliquées par personne et par an, taux de participation, délais de mise en œuvre, économies réalisées... Certaines données peuvent également être affichées au sein des espaces innovations, à proximité des boîtes à idées.

Ces rendez-vous réguliers avec l'information offrent un aperçu de qui a été réalisé et de ce qui reste à faire, célèbrent les progressions, dévoilent les difficultés. Ils sont agrémentés le plus souvent par des rencontres physiques, des échanges entre les salariés et les experts, entre les innovateurs, les auteurs et les chercheurs. Au siège parisien de Solvay, des manifestations intitulées « Happy Innovation Hours » sont organisées périodiquement par les Innov'acteurs à l'intention des salariés intéressés. Il leur est proposé de rencontrer dans un cadre inhabituel et convivial des professionnels de secteurs tout à fait étrangers à l'entreprise afin d'échanger et de réfléchir en commun à partir de démarches innovantes démontrant, par exemple, comment transformer un échec en réussite. Chez Bouygues Telecom, trois journées par an sont consacrées à l'innovation. L'objectif est notamment de vulgariser les avancées technologiques et de faire découvrir des méthodes et des sources d'innovation.

Ces manifestations offrent également la possibilité de dialoguer en direct, de créer une proximité entre les auteurs et les experts, deux mondes qui ne se comprennent pas toujours. En avril 2005, la SNCF décide de mettre en présence les initiateurs de progrès avec les spécialistes du groupe. 229 cheminots, pour certains accompagnés de leur hiérarchique direct, viennent de toute la France. Ils rencontrent, l'espace d'une journée, 60 spécialistes issus de toutes les directions centrales. Pendant dix minutes, les agents soutiennent leurs idées. La majorité d'entre elles concerne l'amélioration de la qualité de service, des conditions de travail et des coûts de production. Les collaborateurs repartent avec une réponse immédiate, qu'elle soit positive ou non. Pour beaucoup, c'est la première fois qu'ils se rendent au siège, c'est aussi leur première rencontre avec leur président. Louis Gallois s'engage devant eux à ce que toute idée soit examinée dans un délai de trois mois, et à ce que des crédits soient spécifiés pour faciliter sa mise en œuvre. Un baromètre indique en temps réel, et au fur et à mesure des rendez-vous, le nombre d'idées retenues. Ces premiers *speed dating* de l'innovation font battre tous les cœurs. Les auteurs mettent un nom, un visage sur un expert, se sentent valorisés de voir ce spécialiste étudier de près leur création, et ont une explication en cas de refus. Les spécialistes quant à eux sont surpris par la passion qui anime les cheminots et les N+1. En apprenant rapidement à mieux se connaître, 120 idées ont été ainsi validées au cours de la journée. 39 % de leurs auteurs sont des agents d'exécution, 31 % des agents de maîtrise et 30 % des cadres, une équité parfaite. Et si elles ne révolutionnent pas le groupe, les suggestions émises sont faciles à mettre en œuvre, simples et duplicables. Une des idées retenues offre par exemple de faciliter les secours à bord des TGV et des trains corail en dotant les contrôleurs d'une trousse de premiers soins. Cette initiative permet aujourd'hui de gagner un temps précieux lors des interventions auprès des clients. Pour la SNCF, « *l'innovation est un excellent laboratoire* » pour montrer qu'il est possible de « *s'attaquer à la bureaucratie et gagner en souplesse* ».

En créant un événement, les groupes mettent, par ailleurs, en perspective les réalisations d'une année, au regard des objectifs de performance et de développement réalisés. Ces conventions internes ont aussi pour objectif de remercier et de valoriser les salariés qui ont participé à la démarche de progrès : les auteurs, les managers, les réseaux d'innovateurs. Chez Renault, la 15e convention de l'initiative et de la créativité se place sous le registre de l'émotion, elle symbolise aussi le passage de relais de deux hommes charismatiques, celui du groupe et celui de l'innovation, avec leurs successeurs. Le groupe invite comme chaque année les auteurs des meilleures idées, les coordinateurs et animateurs, les responsables directement impliqués dans les démarches de progrès et en particulier les DRH, les représentants des organisations syndicales, les fournisseurs ou d'autres entreprises désireuses d'avancer avec Renault sur le sujet. Parmi les temps forts de cette convention, la remise des trophées, le discours du président, les échanges d'expériences et le forum de l'innovation et de la créativité au cours duquel chaque auteur présente et partage son idée. Les stands mondiaux sont rassemblés par thématiques : mécanique, ingénierie, montage, carrosserie. Tout est orchestré pour valoriser les collaborateurs. Les innovacteurs sont priés de se lever dans la salle et sont applaudis, les salariés viennent sur scène, ou sont mis en avant dans des films, reçoivent des prix...

Une plaquette ou un reportage dans les médias internes viennent souvent relayer ces manifestations. Elles en retracent les grands moments et expliquent les raisons pour lesquelles tel salarié ou telle équipe a été récompensé. Diffusées à l'ensemble des collaborateurs, elles sont destinées à susciter de nouvelles vocations. Ces dernières sont aussi directement générées par les auteurs. Ce sont, en effet, ceux qui vivent la réalité qui en parlent le mieux. Le salarié dont l'idée a été reconnue, qui a été félicité, valorisé exprime sa satisfaction auprès de ses collègues. Et en citant en exemple sa propre expérience, il est fort à parier qu'il entraîne de nouvelles initiatives : « *et pourquoi pas moi ?* ».

■ *Le juste prix*

Écouter, reconnaître les auteurs et réaliser avec eux leurs idées dans les meilleurs délais constituent pour ces derniers la meilleure des récompenses. Mais est-ce suffisant ? Les systèmes de reconnaissance utilisés à bon escient constituent le socle d'une démarche d'innovation participative. « *Le souhait de reconnaissance est le principal moteur de l'investissement. C'est aussi le point le plus difficile à orchestrer... un auteur mécontent ne soumettra jamais de nouvelles idées même s'il en a d'excellentes à proposer. Un auteur satisfait pourra proposer jusqu'à 30 idées par an...* » (1). Il puise sa motivation dans le fait d'être reconnu, cité en exemple, d'avoir accompli quelque chose d'utile.

La dernière enquête SNCF sur les perceptions des agents vis-à-vis de l'innovation participative le montre très clairement : plus de 70 % des personnes placent en premier bénéfice la possibilité de voir leur idée appliquée, d'être remercié par l'entreprise et par leur manager. En effet, la reconnaissance honorifique dans laquelle s'impliquent les managers possède une valeur essentielle aux yeux de beaucoup. Être félicité par son président, se voir photographié avec lui, convié à la maison mère, applaudi, interviewé dans les médias internes voire externes marque durablement et favorablement les esprits.

Chez Seb (2), la reconnaissance, « *c'est rendre publiques l'invention et le nom de son auteur... comme celui de cet ouvrier Tefal qui inventa, sans vraiment le vouloir, la poêle à fond indéformable* ». De même les prix, les palmes, les trophées possèdent une valeur symbolique aux yeux de ceux et celles qui les reçoivent. Mais l'entreprise doit-elle pour autant se dispenser d'une gratification financière, rarement citée par les auteurs comme un élément essentiel de reconnaissance ? Certains en débattent encore. Il s'agit de distinguer ce que l'on rétribue : l'idée en elle-même ou l'idée une fois réalisée. Les expériences montrent, dans le premier cas, un risque de suggestions non qualitatives qui ont peu de chance d'aboutir. Dans l'autre, le pourcentage d'innovations commercialisées et appliquées grimpe en flèche. Il s'agit également de trancher sur le montant accordé à l'auteur. Cette somme va-t-elle influer sur le taux de participation des salariés à l'innovation ? Certains s'accordent à dire que le montant doit être suffisamment attractif pour déclancher les envies mais aussi montrer l'importance accordée à la démarche. Tous savent

(1) Gilles Toulemonde, « Comment lancer une démarche de management des idées ? », www.productique.org
(2) Laure Dumont, « Seb l'entreprise trouve-tout » *L'Expansion*, 1er octobre 2004.

bien que la somme ou le cadeau perçu par le salarié est infime au regard du bénéfice généré pour l'entreprise, une différence souvent compensée par la valorisation de l'individu. En revanche, si l'entreprise lance un concours d'idées sans aucune gratification, elle risque de trouver peu d'adeptes sur son chemin. Entre philanthropie et appât du gain, la frontière reste grande.

Le choix de la gratification dépend aussi de la culture et de la volonté des sociétés. Certaines optent pour un système de bonus indexé sur le salaire, d'autres pour des chèques cadeaux ou des voyages, d'autres encore utilisent des programmes fidélité et offrent aux salariés de gagner des points cumulables puis de choisir leur cadeau au sein d'un catalogue.

Les ressources humaines ont aussi des passerelles à mettre en œuvre pour permettre aux plus créatifs d'évoluer et de progresser dans leur carrière. Pour les auteurs, être impliqués, accompagnés dans la réalisation du projet qu'ils ont soumis, n'a pas de prix. Parfois, ils évoluent rapidement au sein de leur structure ou changent de métier. « *Quand un collaborateur a trois ou quatre idées qui ont été acceptées et mises en place, on lui accorde une reconnaissance professionnelle et parfois une promotion rapide* », explique le chargé de l'innovation chez Accor (1). Cet ancien réceptionniste, auteur de l'extinction des postes de télévision, a ainsi été promu directeur d'hôtel. Ce fraiseur tourneur, responsable outillage devient responsable méthode et industrialisation, après avoir fait bénéficier son entreprise d'une invention brevetée qui diminue depuis les coûts par trois et augmente la production dans les mêmes proportions. Mais ces exemples restent rares.

C'est aussi en impliquant les partenaires sociaux dans l'innovation participative que les DRH contribuent à diffuser l'esprit d'initiative. Dès 1990, Renault signe un accord avec les syndicats sur la mobilisation de tous pour faire face aux changements. En ancrant avec ses partenaires sociaux les enjeux du monde moderne et la mutualisation des forces, Renault obtient l'adhésion de tous depuis quinze ans. La démarche est aujourd'hui entrée dans les gènes du groupe. La négociation des accords tous les trois ans n'est pas seulement l'occasion de négocier les modes de calcul de l'intéressement par les bonus, mais aussi d'améliorer l'innovation créative à partir de la vision du terrain. En entrant dans une relation gagnant/gagnant et en partageant le fruit de leur idées, les salariés ressentent l'entreprise comme une société vitale, qui sait prendre

(1) Thérèse Bouveret, « Les accros de la boîte à idées », *Le Point*, 6 mai 2004.

des risques, qui préserve les emplois et qui n'est pas sclérosée sur son marché.

Les managers ne sont pas en reste. Pour Béatrice Verger, les expériences montrent que, bien souvent, les démarches d'innovation participative légitiment la ligne hiérarchique et l'amènent à développer une meilleure communication et une écoute renforcée au sein des équipes. Les managers deviennent également plus sensibles aux initiatives de leurs collaborateurs, et les font régulièrement participer aux décisions et aux projets. Philippe André, manager à la SNCF, explique en effet qu'en faisant adhérer les agents à la démarche et en restant en permanence à leur écoute, il est passé de 2 à 14 puis à 30 dossiers innovants en quelques mois. La confiance se développe, le courage et la volonté de considérer le changement comme une opportunité aussi.

Partout où les expériences sont réussies, le climat social s'améliore, le turnover diminue et avec lui l'absentéisme. En 1980, les Japonais parlaient déjà d'une joie à inventer et à créer.

« *On essaye de donner une part de plaisir, de valoriser, de pousser, d'encourager les salariés* », explique Antoine Héron. Ils deviennent réactifs et curieux, on joue sur leur talent professionnel et personnel. Un ingénieur, fan de modélisme, a créé une maquette amovible, un autre a trouvé une solution en observant la ligne de flottaison de sa canne à pêche, une photographe découvre, en utilisant une table lumineuse, un système contre la falsification des chèques, etc. Pour les salariés, l'innovation c'est « *sortir du quotidien, s'ouvrir sur d'autres choses... une bonne occasion de travailler ensemble et d'amener sa pierre à l'édifice* » (1).

Développer, tester une idée implique un échange, une rencontre avec d'autres salariés, un décloisonnement de l'organisation. Les gens se parlent dans un esprit de résolution de problème, apprennent à travailler ensemble dans une logique de coopération des talents. Chacun y trouve son compte, une des conditions *sine qua non* du partage.

Pour Antoine Héron, l'innovation participative renverse même l'équilibre des pouvoirs : les salariés, dans un environnement qu'ils modifient peu à peu au fil de leurs idées d'aménagement, se sentent chez eux ; ils se sentent de plus en plus concernés par les enjeux de performances, par l'avenir de leur entreprise, renouvelant ainsi les fondements de la démocratie en entreprise... La spirale du progrès continu n'aura jamais de fin tant que les échanges de bonnes pratiques suivront leur

(1) Olivia Bassi, « Un challenge pour motiver les troupes », *LSA*, 29 mars 2001, p. 89.

cours. L'entreprise décloisonnée, en réseau, partagée, prend aujourd'hui tout son sens en ouvrant ses portes comme elle a ouvert ses services et ses départements aux sociétés qui rencontrent les mêmes problématiques et qui travaillent dans le même sens. Travailler ensemble, c'est s'ouvrir à l'extérieur, au client, mais aussi aux autres qui expérimentent, testent de nouvelles méthodes de travail, découvrent de nouvelles solutions. Copier n'est pas jouer. Et si l'avenir se jouait justement dans la faculté d'une entraide mutuelle, d'échanges réguliers dans et hors entreprise ? Il ne s'agit pas de révéler des secrets de fabrication maison, mais de montrer qu'en France, ce ne sont ni les idées ni la motivation qui font défaut mais bien le partage, l'accompagnement, la possibilité de penser et de regarder autrement.

De l'idée à sa réalisation, il n'y a qu'un pas... ou un gouffre. Entre le moment où l'imagination, la créativité, la connaissance du sujet entraînent l'individu à pousser son Eurêka personnel, beaucoup d'étapes et d'embûches jalonnent le parcours de l'entrepreneur. Et si l'idée semble souvent dans un premier temps surréaliste, elle se développe peu à peu avec une bonne dose de patience, d'obstination, de passion et d'échanges. Ce sont les rencontres qui vont permettre de croire en l'idée, de l'enrichir et de la faire évoluer. Et tout en misant sur elle, les individus vont aussi placer leur confiance envers son auteur et lui offrir l'occasion de la concrétiser. Nous avons tous en nous ce pouvoir, ce livre en est une des meilleures preuves.

Chapitre VIII

LA COMMUNICATION RH EN PRATIQUES

FICHE 1

FÉDÉRER LES MÉTIERS ET LES HOMMES : LE DÉMÉNAGEMENT D'IPSOS FRANCE

Le 8 mars 2004, les salariés d'Ipsos France emménagent au 35, rue du Val-de-Marne à Paris 13e/Gentilly. L'entreprise rassemble, pour la première fois sur un même site, l'ensemble de ses collaborateurs de Paris et de la région parisienne. Construit en bordure du périphérique par un architecte de renom, l'immeuble Ipsos est conçu comme un trait d'union architectural entre la Ville de Paris et la Commune de Gentilly, mais pas seulement...

Carte de visite Ipsos France

- N° 2 en France des études par enquêtes
- Année de création : 1975
- CA 2004 : 101 millions d'euros
- 580 collaborateurs dont 75 % de cadres et 64 % de femmes
- Moyenne d'âge : 35 ans
- Cinq lignes de métiers : études publicitaires, études marketing, études médias, études d'opinion, études de satisfaction de clientèle

Le contexte

Depuis sa création en 1975, le groupe Ipsos n'a cessé de s'agrandir et... de déménager !

En 2000, malgré cinq déménagements dans plusieurs arrondissements parisiens, les collaborateurs sont encore dispersés sur cinq sites franciliens différents, à Paris, Montrouge et Courbevoie. Cette distance, même de quelques kilomètres, influe sur la culture de l'entreprise. Les collaborateurs se sentent plus rattachés à leur métier qu'à Ipsos France. La communication circule mal et permet difficilement le partage d'idées ou la mutualisation des compétences.

Cette année-là, le groupe décide de réunir les collaborateurs de ses différentes sociétés situées en Île-de-France sur un même site, et se met en quête d'un endroit pouvant répondre à l'expansion future de ses activités. Il s'agit d'offrir aux salariés un cadre élégant, convivial et fonctionnel mais aussi des espaces de travail et de partage. L'entreprise bénéficie du talent de l'architecte Henri Gaudin. Il met en forme une création architecturale unique, aux portes de Paris, qui va par la même occasion créer une nouvelle unité entre Paris et Gentilly.

L'immeuble Ipsos : les choix retenus

Tous les bureaux sont aménagés en espaces ouverts, en harmonie avec la structure de l'immeuble. Cet agencement répond aux objectifs du projet, à savoir une communication et une circulation de l'information optimales. Seuls 15 % des espaces sont cloisonnés. Chacun, y compris la direction générale, est doté du même mobilier. Tous travaillent en réseau et bénéficient des mêmes installations bureautiques et téléphoniques, notamment les technologies récentes favorisant la mobilité : WIFI et DECT (1).

À chaque étage, de nombreux espaces communs sont conçus pour les réunions de travail ; des espaces conviviaux sont réservés à la détente, des espaces fonctionnels permettent d'archiver ou encore d'effectuer des travaux de reprographie. Un ensemble de six salles de réunion de grande taille équipées de vidéo-projecteurs, d'écrans et de matériel de visioconférence, accueillent les clients et les visiteurs. Le restaurant d'entreprise, d'une capacité d'accueil de 240 places, délivre plus de 500 déjeuners quotidiens. Une cafétéria, accueille les salariés tout au long de la journée.

(1) Digital Enhanced Cordless Technologies ou Téléphones sans fil.

Communiquer sur le déménagement : les grandes étapes

Pour créer du lien et faciliter les échanges entre les cinq lignes de métiers d'Ipsos France, Ipsos veut faire du déménagement une opération de communication interne réussie. À l'écoute de ses salariés, l'entreprise va, très en amont du projet, en expliquer les tenants et les aboutissants. La communication interne va aussi tenter de répondre aux freins et aux inquiétudes légitimes des salariés face au changement. Le choix du site ne remporte pas tous les suffrages surtout pour les collaborateurs du site de Courbevoie, le plus éloigné géographiquement du nouveau siège. À cela s'ajoute une ville, Gentilly, peu connue et qui semble bien loin de Paris. Certains désapprouvent la nouvelle organisation en *open space*, d'autres encore craignent de voir leur entreprise se transformer en une sorte de grosse société arrogante, dans laquelle ils risquent de ne pas se retrouver.

Juin 2003 : Ipsos et vous, ça déménage !

Pour familiariser les collaborateurs avec leur futur lieu de travail et leur nouvel environnement, Ipsos crée une *newsletter* dédiée au déménagement. Le premier numéro paraît huit mois avant le jour J. Les parutions montrent au fur et à mesure les choix architecturaux retenus, les grandes étapes de la construction, les lieux de vie, les installations bureautiques et téléphoniques, le choix des meubles, de la moquette, de l'acoustique... Cette communication permet de mesurer les réactions de tous et d'y répondre rapidement.

Septembre 2003 et février 2004 : les « *cleaning days* »

L'idée est de transformer une tâche contraignante, le tri, la sélection des documents et des dossiers de travail, en une manifestation ludique et conviviale.

Une grande opération de nettoyage, le *cleaning day*, est organisée par deux fois avant le déménagement. Les normes en matière de nombre de cartons autorisés par salarié sont fixées ; on encourage donc l'archivage et le « jetage » au cours de ces deux journées.

De grands caissons de quarante kilos chacun sont placés à chaque étage des cinq sites parisiens. L'objectif est de récompenser les équipes de salariés ayant rempli le plus de containers possible. Ces derniers sont comptabilisés au fur et à mesure. Quelques piqûres de rappel sur les résultats à mi-parcours sont réalisées pour animer le jeu et entretenir l'émulation.

Les résultats sont ensuite annoncés sur le site principal d'Ipsos le 13 février 2004 autour d'une « crêpes-party ». La direction générale remet des coupes honorifiques aux équipes gagnantes. Un cadeau est diffusé à l'ensemble des participants pour les remercier des efforts fournis.

8 mars 2004 : le déménagement

Le jour de l'arrivée dans les nouveaux locaux, chaque collaborateur reçoit un sac à dos contenant un livret d'accueil, un badge personnalisé et une rose pour les salariées, en référence à la journée de la femme. En complément, sur chaque bureau, un tapis de souris sur lequel est posée une fiche pratico-pratique. Elle résume en quelques lignes l'essentiel à savoir pour bien débuter sur le site de Gentilly.

Juin 2004 : miroir mon beau miroir

Plus de deux mois après leur arrivée, une grande soirée va marquer les esprits des collaborateurs d'Ipsos. La date est éloignée du jour de l'emménagement mais l'entreprise a souhaité profiter des beaux jours et se donner le temps de faire les choses en grand.

Le thème de l'inauguration est placé sous le signe du miroir et de la convivialité. À travers le miroir, l'idée est de refléter la connaissance de l'autre mais aussi de soi. Le rez-de-chaussée est complètement transformé et relooké le temps d'une soirée. Un écran géant trône devant les baies vitrées, de faux miroirs en papier réfléchissant invitent à la découverte : *vous êtes gourmand* devant le buffet, *vous aimez gagner* devant des salles de jeux grandeur nature. Pour mieux se découvrir, les salariés peuvent également observer l'arbre à photos (1), partager une animation autour de l'œnologie ou encore assister à une consultation d'astrologie.

Le sport n'est pas oublié, une grande partie des collaborateurs étant de fervents supporters de football. Un écran géant retransmet en direct le match de la soirée, entrecoupé par un film de 20 minutes sur le déménagement. Une occasion de mettre en avant les collaborateurs et de

(1) Arbre composé de photos des salariés prises quelques jours avant et de polaroïds réalisés pendant la soirée...

retracer les grandes étapes de l'événement. Une version courte de ce film sera ensuite diffusée à tous les nouveaux arrivants pour les familiariser avec l'entreprise.

L'inauguration se termine en danse et en musique jusqu'à près de 2 heures du matin.

Juillet 2004 : la mesure

Ipsos lance une enquête de satisfaction pour faire le point sur le déménagement.

■ *66 % de taux de réponse à l'enquête de satisfaction interne*

• Une inauguration saluée à l'unanimité ; des messages de remerciements ont fleuri de toute part dès le lendemain matin.

• 60 % des temps de trajet restés identiques voire diminués (1).

• Une grande majorité jugent leur *vaisseau gentiléen* esthétique et sont fiers d'y travailler et d'y recevoir leurs clients.

• Un immeuble ressenti comme convivial. Les informations circulent plus facilement, les contacts sont plus fréquents avec les collaborateurs des autres filiales pour une meilleure collaboration interne.

■ *Quelques points à améliorer*

• Le bruit est considéré comme le problème prioritaire, des astuces pratiques sont diffusées auprès des salariés : mettre son portable sur mode silencieux, parler moins fort, retenir les portes...

• Des solutions techniques sont étudiées pour corriger les gênes liées à la climatisation.

• Des formations aux nouvelles technologies sont dispensées pour permettre à chacun de se servir au mieux des équipements et du nouveau système de fax.

• Des réglages sont assurés pour la maintenance du réseau informatique et téléphonique.

(1) Seuls, 3 collaborateurs sur 580 n'ont pas souhaité suivre l'entreprise à Gentilly.

• L'environnement extérieur à l'immeuble n'est pas très apprécié : des contacts ont été pris avec la Mairie de Gentilly pour informer les salariés des événements culturels et artistiques de la ville.

Et après ?

Les enjeux de la communication interne d'Ipsos France sont nombreux. Même si une passerelle géographique a été établie entre les filiales, il reste de vastes chantiers à mettre en œuvre, comme le partage des connaissances et de la vision stratégique, l'acquisition d'une culture internationale, la fidélisation et la fédération des collaborateurs, le développement des médias internes et de proximité.

2005 représente l'année de la consolidation de l'intégration des nouveaux collaborateurs du 35, rue du Val-de-Marne. Une session d'information est réalisée tous les mois. Ipsos souhaite également accroître la communication de proximité par le biais de conférences sur les grands thèmes stratégiques de l'entreprise, animées par des intervenants d'Ipsos. Une convention Ipsos France est à l'étude pour développer la transversalité, donner à tous une vision stratégique à court et moyen terme et commenter les résultats d'une enquête de climat interne conduite au niveau mondial en 2005. Enfin, le portail d'information intranet, *ipside*, est inauguré en juin 2005. Il rassemble tous les contenus Web et les documents de référence internes tout en répondant aux attentes des salariés.

FICHE 2
UNE DEUXIÈME JEUNESSE À PLUS DE 45 ANS : FRANCHIR LE CAP AVEC AXA FRANCE

Parce qu'il y a plusieurs vies dans une vie, Axa France a fait de la mobilité interne un vecteur majeur de sa culture d'entreprise. En 2003, le groupe passe à la vitesse supérieure. Avec le programme CAP Métier, l'organisation se transforme totalement et permet à 3 000 collaborateurs de prendre leur destin en main en changeant de métier. Leur signe particulier ? Tous ont entre 31 et 61 ans et, pour une majorité d'entre eux, plus de 45 ans. En croisant les besoins de ses collaborateurs avec ceux de son organisation, Axa France opte pour une stratégie gagnant/gagnant et montre que tous ont un bel avenir devant eux.

Carte de visite Axa France

- N° 1 en France de la protection financière
- Date de création : 1985 (création de la marque AXA et du nom Axa France)
- CA : 18, 36 milliards d'euros en 2004
- 9 millions de clients
- 24 000 collaborateurs et distributeurs
- Moyenne d'âge : 45 ans, 30 % des salariés ont plus de 50 ans

Le contexte

Attentive aux évolutions du secteur, Axa France se restructure en 2002, sous l'impulsion de son président François Pierson, en grands marchés : entreprises, particuliers, commerçants. En effet, le domaine de la santé se développe avec la réforme de l'assurance maladie. La reprise des marchés financiers et des produits d'épargne augmente considérablement la demande en assurance vie. Or, les métiers de la relation client manquent encore de bras et doivent se multiplier.

L'objectif est de positionner le maximum de collaborateurs en face et à l'écoute du client. Cette organisation tournée davantage vers le commercial implique de faire évoluer les salariés en même temps que l'entreprise. De plus, le groupe embauche chaque année 150 nouveaux agents généraux. Il décide de concilier une volonté commune : celle d'un salarié de créer sa propre entreprise et celle d'Axa France de recruter de nouveaux acteurs déjà familiarisés avec le groupe et ses produits.

« *Je changerais volontiers de métier, mais à 55 ans... j'ai envie de changer mais j'ai peur de ne pas être à la hauteur...* » Pour réussir son virage à 180°, CAP Métier se fixe plusieurs objectifs et notamment celui de rassurer. Il s'agit de lever les préjugés face aux changements et de faire de la reconversion professionnelle une opportunité et non plus une contrainte. CAP Métier se donne également pour mission d'accompagner les collaborateurs avant, pendant et après leur changement de poste. C'est un engagement mutuel qui doit être mûrement réfléchi de part et d'autre, avec la mise en place des solutions adaptées à chacun et une communication clairement affichée. C'est le volontariat qui prime avant tout. L'objectif est d'informer sur les métiers, de donner envie, d'afficher une vision, d'accompagner les premiers pas, souvent les plus difficiles. Il s'agit aussi de vaincre les réticences en plaçant des garde-fous : offrir à tous la possibilité de revenir en arrière en cas d'échec, permettre une mobilité sur un même site, garantir le maintien minimal du salaire et de la classification initiaux.

Communiquer sur CAP Métier : les grandes étapes

« *Bougez ! Vous êtes accompagnés. Nous avons besoin de tout le monde pour construire l'avenir de l'entreprise.* » En partant de ce postulat, le groupe souhaite mettre en place un dispositif original et durable, ouvert à tous les collaborateurs. Une démarche qui s'applique autant aux cadres qu'aux non-cadres, sans considération d'âge, de formation, de statut ou d'expérience professionnelle. Seules entrent en ligne de compte la volonté et la confiance réciproques entre l'entreprise et les candidats à la mobilité. Elle formalise son action le 16 octobre 2003 au sein d'un accord avec ses partenaires sociaux : CFDT, CFCT, CGC et UDPA.

■ *Informer sur les métiers*

Dès le départ, les salariés possèdent la même information que les représentants syndicaux. Le texte de l'accord est adapté au sein d'une plaquette diffusée à tous. Le journal interne d'Axa France et l'intranet relaient ensuite l'ensemble des actions réalisées par la DRH pour accompagner la mobilité dans l'entreprise. Les supports de communication informent sur les métiers, défrichent les grandes fonctions et les qualités requises pour réussir, offrent à chacun de témoigner sur les changements amorcés, rappellent les soutiens humains et matériels mis en place : crédits horaires en cas d'allongement de la durée des trajets domicile/travail, aide à la garde d'enfant, primes mobilité...

Axa Job, la bourse de l'emploi, met en relief l'ensemble des postes proposés. Les salariés viennent présenter leur métier, les postes à pourvoir au cours d'ateliers ou de forums. Les managers racontent en direct l'activité de leur équipe, expliquent les fondamentaux au cours d'une bonne dizaine de conférences chaque année. Des journées portes ouvertes offrent de découvrir une activité sans *a priori*, sans engagement, d'appréhender une fonction sur le terrain au contact de l'autre. Elle permettent de faire connaître les métiers, les méthodes et d'ôter les idées reçues. Les collaborateurs sont satisfaits de leur travail et le disent, les contacts se multiplient, les postes sont plus rapidement pourvus en interne.

■ *Rassurer, accompagner le changement de carrière*

Les DRH assurent une présence et une proximité pour rester à l'écoute des salariés et renforcent les actions et les engagements pour offrir les meilleures garanties aux candidats à la mobilité. Ils les informent et les conseillent dans leur première phase de réflexion personnelle. Un contrat est même signé avec le collaborateur pour préciser les étapes clés de son changement professionnel.

Des ateliers sur l'entretien de recrutement sont animés par des intervenants internes et externes à la DRH. Ouverts à tous, à Paris comme en province, ils permettent de s'initier à l'exercice par des jeux de rôles et des mises en situation. Ces sessions ont également pour objectif de valoriser l'expérience professionnelle et les compétences acquises.

Le PAM, Programme d'Aide à la Mobilité, agit pour redonner confiance aux collaborateurs et les accompagner vers les métiers opérationnels : « *C'est une redécouverte de soi déconnectée du contexte professionnel. J'ai acquis la conviction que l'on m'offrait l'aide nécessaire pour réussir et que mon expérience serait utilisée.* » Cette salariée s'épanouit au sein d'une nouvelle carrière à... 61 ans !

Un accent particulier est porté au métier d'agent général. Car passer du statut de salarié à celui d'entrepreneur correspond à un véritable projet de développement dans lequel rien ne doit être laissé au hasard pour donner au salarié toutes les chances de réussir. Après deux heures d'entretien et quelques visites en agence, si la motivation est toujours au rendez-vous, le dossier est transmis aux correspondants délégués de chaque région.

Les tuteurs et les parrains, fonctions RH, managers ou membres du comité de direction ont pour mission la prise en charge du salarié ou de l'agent dès sa prise de fonction. Les témoignages ne cachent pas la difficulté d'une mutation mais, au contraire, montrent comment la dépasser. De plus, être bien intégré dans l'équipe, avoir une oreille attentive, représentent autant de facteurs clés de réussite.

Dans les régions où les agents généraux font leurs premiers pas, la communication est aussi au rendez-vous. Des rencontres entre parrain et filleuls sont régulièrement organisées. Une réunion régionale en fin d'année permet de dresser un bilan, de présenter les orientations générales et les objectifs de la région, mais aussi de laisser à chacun la possibilité de s'exprimer en parlant de ses difficultés et de ses réussites. Deux ans après, l'ensemble des salariés devenus agents généraux est convié à un échange d'expérience avec le président d'Axa France.

■ *Un cap franchit avec succès*

Le bilan est positif, 20 000 journées de formation, 20 000 contrats de travail sont modifiés au 1er janvier 2003... En moins de trois ans, Axa France inverse la tendance, les fonctions opérationnelles sont désormais plus nombreuses que les métiers fonctionnels. Un changement profond et durable s'instaure dans l'entreprise. D'une réorganisation qui aurait pu s'avérer inquiétante, le groupe réalise un tour de force : faire bouger et contenter un tiers de l'effectif entre 2002 et 2005. La moitié a plus 45 ans, certains ont 55 ans et plus, alors que la moyenne d'âge de cessation d'activité dans l'assurance se situe aux alentours de 56 ans.

Les seniors sont particulièrement fiers d'avoir franchit ce cap et parlent de très belle fin de carrière ou de pied de nez aux préretraites. Le nombre de salariés devenus agents généraux montre leur confiance envers l'entreprise, l'un d'entre eux réalise même, au cours de sa première année d'exercice, une collecte d'épargne de plus d'un million d'euros.

Et après ?

Axa France souhaite depuis 2005 se tourner d'avantage vers la mobilité de ses cadres et augmenter leurs bilans de compétence interne, leurs formations et leur information. CAP métier deuxième génération devrait aussi renforcer l'intégration et l'accompagnement des salariés dans leurs nouvelles fonctions. Des forums spécifiques pour les cadres sont également créés et devraient se développer dans les années à venir. Celui de 2005 présentait les différents métiers de la gestion, de la souscription, ceux des chiffres. Une centaine de contacts sont pris, les réactions sont immédiates : « *Une excellente initiative, le recrutement des cadres est difficile et ce forum marque un tournant...* »

Des actions simples et concrètes au quotidien, des valeurs et des engagements clairement exprimés et vérifiés... le défi est lancé. En intensifiant son écoute et son accompagnement des salariés dans le développement de leur carrière professionnelle, pour faire en sorte qu'ils soient fiers de leur métier, Axa France se donne toutes les chances de réussir son pari, celui de devenir la marque préférée de ses collaborateurs. Et ce n'est pas son turnover, l'un des plus bas du marché, qui viendra le contredire.

FICHE 3
UN NOUVEAU NOM POUR UN NOUVEL ENSEMBLE : VIA CARIANE DEVIENT KEOLIS

En mars 2001, un an après le rapprochement de VIA GTI et de Cariane, le groupe de transport de voyageurs fait table rase du passé. Il marque le point de départ officiel d'une nouvelle histoire et change son identité. En incarnant des valeurs et une image communes, Keolis symbolise l'avenir et accélère le mouvement de cohésion, d'esprit d'équipe et la professionnalisation d'un ensemble amorcé par la fusion.

Carte de visite Keolis

- Premier opérateur privé de transport public de voyageurs en France
- Date de création : 2001
- CA : 2,2 milliards d'euros en 2004
- 200 filiales
- 28 500 salariés dont plus de 20 000 conducteurs
- 1000 cadres

Le contexte

Le 29 octobre 1999, VIA GTI fusionne avec Cariane, deux entreprises autrefois concurrentes. L'objectif est de créer un groupe solide, ambitieux en France et à l'international, avec une offre de service tous modes de transport confondus. Ce rapprochement fait suite au rachat du premier opérateur privé de transport de voyageurs en France par SNCF Participations.

VIA GTI possède un siècle d'existence dans le domaine privé du transport de voyageurs et se constitue de sociétés délocalisées en France et en Europe. Ses points forts : la connaissance des contrats et des autorités organisatrices, son efficacité économique dans les réponses aux besoins des clients et son sens du service public.

Cariane est une filiale du groupe SCETA, spécialisée dans le transport public de voyageurs. Elle fédère un réseau de 48 sociétés locales dont chacune est autonome et responsable. Son passé est étroitement lié à celui de la SNCF. Ancienne filiale de la société de chemin de fer, ses cars emmenaient dans les années 1930 les ouvriers des villes et villages où la voie ferrée ne passait pas. Signe particulier : une très bonne expertise dans la gestion de l'interurbain et une proximité avec le client voyageur.

Communiquer sur le nouveau nom : les grandes étapes

En changeant de nom, le groupe souhaite marquer l'avenir et sceller définitivement sa fusion. Les hommes se rapprochent, mais il est difficile d'effacer un passé de concurrence et des habitudes solidement ancrées. Le nouveau président souhaite concilier les deux cultures, celle du public et celle du privé, fondées sur le souci de la rigueur de gestion et de la rentabilité durable, comme sur l'intérêt général et l'accès de tous au service public. Il s'agit de capitaliser sur la marque en interne comme en externe, de valoriser l'entreprise et les hommes en créant une identité forte et reconnue. VIA Cariane, le nouvel ensemble, fonctionne bien mais rappelle trop le passé des deux sociétés. La juxtaposition des noms aurait figé *ipso facto* les deux entités qui auraient pu continuer à se regarder en chien de faïence. De plus, VIA Cariane ne valorise pas le groupe à l'international.

L'enjeu est de taille, car il est aussi nécessaire de rassurer chacun sur les conséquences du changement de nom : il ne doit pas faire oublier le professionnalisme et la passion du métier auprès des autorités organisatrices, principaux donneurs d'ordre, et répondre aux frilosités internes : « *On ne va plus s'y retrouver, encore un autre changement, ça va coûter cher !* »

■ *Conjuguer les valeurs et prolonger l'histoire*

VIA Cariane fait appel à une société spécialisée pour l'accompagner dans ses démarches. Il s'agit à la fois de croiser les valeurs porteuses des deux groupes, de trouver un nom international et un nom de domaine associé qui évoque la mobilité, la performance et l'accompagnement des clients au quotidien. Une volonté forte est annoncée, celle de privilégier l'interne et de faire du nouveau nom une opération de communication qui marque les esprits pour longtemps.

Un premier travail est réalisé avec la constitution de huit *focus groups* composés des équipes de VIA GTI et de Cariane. En associant une partie des salariés au nouveau nom, le groupe affiche sa volonté de transparence et met en commun les valeurs phares des deux entreprises. Des entretiens individuels sont également menés. Au total, deux présentations successives de vingt-cinq noms sont réalisées auprès de la direction générale avec des validations sémantiques dans plusieurs langues.

Le choix se porte sur Keolis. La fluidité du IS et l'évocation d'Éole, alliées à la force et à la solidité du K, de la pyramide Kheops, donnent à l'ensemble une touche de modernité, de proximité et de futurisme. Les deux couleurs de référence, le bleu et le vert, marquent la stabilité, la puissance, l'environnement, l'élégance. La signature, « *Nous irons plus loin ensemble* », symbolise la volonté du groupe de repousser les frontières et l'ambition de progresser.

Keolis mot à mot

Le **K** incarne la puissance, la stabilité et la pérennité. Il fait référence par le son Keo à l'Égypte ancienne, au bâtisseur de la grande pyramide de Gizeh, une des sept merveilles du monde. L'évocation de la pyramide montre également la pérennité du groupe qui a toujours fait partie du paysage des transports !

EOL symbolise la divinité grecque Éole, le maître des vents, qui favorisa le retour d'Ulysse vers son île, mais aussi le vent favorable au voyageur qui doit l'amener vers sa destination.

OLIS fait allusion à la notion grecque de Polis, la cité, l'unité de base de la démocratie grecque et synonyme de bonne organisation et rationalisation.

Le **I** fait référence à l'utilisateur final, le point, incarné par une tête verte, l'ancre de son environnement.

IS termine en douceur et en qualité le mot. Il illustre la dimension de service du groupe à l'écoute de tous.

Deux filets démarquent le logo. Le premier l'air, situé au-dessus de Keolis évoque le souffle du vent, la courbe de la stratosphère, le voyage, le mouvement, la fluidité, la souplesse et la modernité. Le second, la terre vue du ciel, en bas du nom, renvoie au moyen de transport, à la solidité de l'entreprise.

■ *Une découverte en avant première*

Le 29 mars 2001, le groupe donne aux salariés la primeur de la nouvelle identité visuelle avant de l'annoncer aux élus, aux journalistes et aux membres du monde financier. Un choix judicieux pour témoigner du respect porté à l'adhésion des collaborateurs. Jusqu'au dernier moment le secret est bien gardé. Tous les collaborateurs français et européens découvrent ensemble, à l'Aquaboulevard de Paris, les premières lettres du nouveau nom, présentées par un ballet futuriste et chaleureux. Le président prend ensuite la parole pour dévoiler la signification et la symbolique du logo et des couleurs.

Place ensuite à la fête et aux échanges ! L'objectif, au-delà de l'adhésion des salariés à la nouvelle identité visuelle de leur groupe, est aussi que chacun puisse dialoguer, commenter l'événement. C'est l'occasion pour les collaborateurs de découvrir leurs collègues, au-delà des échanges par mail et par téléphone. De nombreuses animations offrent aussi de partager en toute convivialité cette soirée placée sous le signe de la chaleur et des festivités. Des caricatures et des portraitistes croquent l'ambiance. Des charmeuses de serpent et des diseuses de bonne aventure interpellent les salariés, des danseurs et des danseuses du monde entier invitent chacun à entrer sur la piste. Tout au long de la soirée, des tirages au sort permettent aux collaborateurs de gagner un week-end d'évasion pour deux personnes. Un cadeau est également remis à tous : une parka couleur sable illustrée par le nouveau logo du groupe.

Le lendemain matin, les salariés parisiens restent dans l'ambiance. Lorsqu'ils arrivent au bureau, ils découvrent leur Siège totalement relooké aux normes de la nouvelle identité visuelle. Un CD avec la charte graphique est par ailleurs diffusé à toutes les filiales qui reçoivent également les photos souvenirs de l'événement.

■ *Des équipes ressoudées*

La valorisation et la communication en interne autour du nouveau nom portent leurs fruits pendant de nombreux mois. Pour Jean Ghédira, le responsable de la communication de Keolis, cette opération a même permis de gagner un temps précieux sur la cohésion du groupe. Le climat social s'apaise. Les salariés apprennent à se connaître, travaillent en équipe, les réunions de travail fonctionnent. On parle moins de Via et de Cariane que de Keolis. Les équipes du terrain sont fières d'arborer les couleurs du nouveau groupe et portent la parka offerte lors de la soirée d'inauguration, contre les prédictions pessimistes de certains : « *Nous ne sommes pas des hommes sandwich !* » Et pour preuve, cette photo dans *Ouest France*, réalisée à l'occasion de l'inauguration du métro de Rennes, où l'on perçoit une tâche beige uniforme : celle formée par les salariés de Keolis qui, ce jour-là, avaient tous pris la même initiative sans se concerter... quatre ans après, les salariés contactent encore la communication pour savoir s'il ne reste pas quelques pièces disponibles !

Et après ?

Depuis son nouveau nom, Keolis a changé d'actionnaire majoritaire et avec lui de président et de DG. En septembre 2004, le groupe 3i, un fond d'investissement anglais, prend 52,5 % du capital du groupe. La SNCF avec 44,5 % en demeure le partenaire industriel de référence. L'objectif pour l'année 2006 et les suivantes est de maintenir la cohésion et surtout de donner une vision pérenne au regard des nombreuses mutations amorcées depuis plusieurs années. Keolis se penche donc sur son projet d'entreprise qu'il doit faire vivre rapidement pour ne pas perdre son identité. Le 17 novembre 2005, une convention réunit l'ensemble des cadres du groupe, une première depuis la réunion autour du nom. Une plaquette résume les grandes phases du projet, la charte éthique en détaille les valeurs. L'enjeu est d'offrir une certaine stabilité dans un monde en mouvance tout en renforçant le sentiment d'appartenance, de nouveau chahuté par le changement d'actionnaire. Pour faire adhérer au métier, au groupe et à la marque, Keolis compte sur ce nouveau projet entièrement conçu par les hommes et les femmes de l'entreprise pour asseoir sa visibilité et ses valeurs aux yeux de tous, pour aller encore plus loin ensemble.

FICHE 4
ADAPTER L'ORGANISATION AUX MARCHÉS : LA NAISSANCE DU CENTRE D'INGÉNIERIE GRTGAZ

Le 1er janvier 2005, GRTgaz est en charge de l'exploitation et de la commercialisation du plus long réseau de gaz naturel en Europe. Un opérateur clé dans le système gazier européen.

Le Centre National d'Équipement change de nom, d'organisation et de direction. Le défi est lancé : constituer rapidement une équipe unie et solidaire, répartie et complémentaire, pour montrer qu'une ingénierie intégrée représente un véritable atout au cœur des flux gaziers européens.

Carte de visite GRTgaz

- Premier réseau de transport de gaz en Europe
- Date de création : janvier 2005
- Objectif CA 2005 : 1,2 milliard d'euros
- 31 300 km de réseau
- 2 650 salariés dont 550 pour le Centre d'Ingénierie

Le contexte

La deuxième directive européenne, la loi du 9 août 2004, ouvre un nouvel environnement réglementaire sur le marché du gaz naturel. Elle impose la séparation entre les activités de transport et les autres activités de Gaz de France. Dans ce contexte de profonde mutation, le groupe définit son ambition industrielle et sociale : être un énergéticien intégré à dominante gazière parmi les leaders en Europe. La réussite de ce projet repose d'abord sur l'implication des femmes et des hommes de GRTgaz.

Désormais rattaché à GTRgaz structuré en société anonyme, l'ancien Centre National d'Équipement regroupe au sein d'une même unité tous les salariés du Siège et ceux des agences régionales. Rebaptisé Centre d'Ingénierie, il va affronter des changements d'importance :

nouvelle équipe de direction, effectifs multipliés par deux, et adaptation des méthodes de travail.

Communiquer sur la nouvelle organisation : les grandes étapes

Le Centre d'Ingénierie se donne un laps de temps pour amorcer le changement et préparer les équipes à se réunir au sein d'une même entité. Il s'agit de montrer également que, demain, tous seront dans la même barque, les compétences seront mutualisées et mobilisées dans les agences comme au Siège : « *Si l'on veut arriver à bon port, il faut ramer tous ensemble.* »

■ *Garder le lien pour faire la transition*

Pour marquer les grandes avancées du projet avant le lancement prévu début janvier 2005, la communication lance une campagne d'affichage avec un curseur temps. Semaine après semaine, l'information retrace ce qui a été réalisé et ce qu'il reste à faire.

Un groupe de travail mixte, Agences et Siège, prépare les actions de communication 2005 destinées à accompagner la naissance du Centre d'Ingénierie. Dans le même esprit, Claudine Bobillier crée un réseau de correspondants communication Agences.

En décembre, une plaquette reprend les faits marquants de 2004 et symbolise la fin d'une histoire. Pour célébrer la mutation du CNE, les salariés sont réunis le 14 décembre 2004 autour d'une manifestation festive. L'espace d'une soirée, la cantine se transforme en cabaret à l'aide d'une décoratrice locale. Le changement fait son effet et montre que certaines transformations peuvent être bénéfiques. L'ensemble est placé sur le signe de la reconnaissance des activités du CNE avec humour et convivialité. Le directeur fait un discours atypique sur le mode théâtral, le doyen du Centre National d'Équipement, désormais retraité depuis plusieurs années, revient sur scène témoigner des débuts du CNE. Les salariés sont ensuite invités à visiter, dans les salles adjacentes, une exposition « photos » qui retrace toute l'histoire du site de Clichy : l'ancienne Usine à Gaz, l'entrepôt des éléments de construction de la Tour Eiffel, les premiers ordinateurs, le pool dactylographique... Puis, place à la fête, au cocktail dînatoire, à la cascade de desserts illuminée, et à la piste de danse. Les salariés repartent avec un jeu de société basé sur le jeu de l'oie spécialement créé pour cette occasion par l'équipe communication interne. Il commence par la nationalisation d'EDF GDF et se termine avec la mutation du CNE.

■ *Célébrer la naissance du Centre d'Ingénierie*

Le 1er janvier 2005 laisse la place à une nouvelle année et, avec elle, le regroupement effectif des compétences du Siège et de celles des Agences régionales. Pour accompagner la nouvelle organisation, une signature est créée à partir des deux premières lettres du nouveau nom de l'unité : Construisons... Innovons. Et pour marquer l'occasion, sceller l'esprit d'équipe, un événement fédérateur inaugure le Centre le 31 mars 2005. L'objectif est de placer les agences au cœur de la manifestation en leur offrant de participer activement au programme. Il s'agit de créer un sentiment d'appartenance et la mutualisation des compétences, de mieux se connaître tout en valorisant les spécificités de chacun.

Plusieurs contraintes sont au programme de la communication. Il faut trouver un lieu géographique central, facile d'accès pour les salariés venus de toute la France. C'est aussi une course contre la montre. Le feu vert est donné début janvier 2005, il reste moins de trois mois pour préparer la manifestation. Le budget demande une organisation rigoureuse en interne : 80 panneaux, cartons d'invitations, badges, sont entièrement réalisés par l'équipe Communication et la personne responsable de la cartographie.

Trois temps forts rythment l'inauguration.

La plénière permet au directeur et aux nouveaux membres du comité de direction de se présenter et de proposer les grands objectifs à venir. Des tables rondes montrent deux projets techniques menés à bien grâce à la collaboration mutuelle des équipes régionales et de celles du site de Clichy.

Les stands tenus par les Agences et par le Siège exposent les différents projets techniques réalisés au cours de l'année et montrent l'organisation de leur équipe régionale. L'agencement est conçu sous la forme d'une marguerite : des pétales bleus pour les agences, un vert pour le Siège et, au centre, les rafraîchissements. Les correspondants travaillent d'arrache-pied pour offrir leurs réalisations techniques sous la forme de films, de diaporamas voire de plaquettes conçues pour cet événement. Certaines présentent des solutions originales comme cette forêt infranchissable par un engin motorisé. Ce sont des chevaux de labour qui vont finalement permettre de creuser les canalisations !

Le cocktail dînatoire et les animations placent la soirée sous le signe de la convivialité et du partage. Jeux de pirate, fête foraine, DJ et même la participation improvisée d'une chanteuse d'une Agence, mettent l'ambiance. Une clé USB au logo *GRTgaz Centre d'Ingénierie* est offerte aux salariés. Elle contient un organigramme, un répertoire téléphonique et des photos des différents chantiers. Elle représente un symbole de bienvenue au Centre, la clé qui ouvre les portes et partage les informations.

La manifestation crée de la cohésion mais aussi un sentiment d'émulation. Les salariés de Clichy et de la province se sont mélangés grâce aux stands. Tout le monde s'est pris au jeu. Les correspondants communication des agences, des ingénieurs pas toujours familiarisés avec la communication, animent les stands, apportent les spécialités de leur région qu'elles soient culinaires ou touristiques.

Et après ?

Après ces premiers pas vers le partage et l'esprit d'équipe, la communication s'enrichit d'une lettre interne d'informations baptisée *le CI minutes*. Elle relaie l'actualité tous les quinze jours sous forme de résumé, et assure la complémentarité de l'article sur le site intranet GRTgaz, dans la partie dédiée au Centre d'Ingénierie. Chacun apprend à travailler ensemble, à mieux se connaître. Tout est orchestré pour que les hommes et les femmes du Centre soient portés par une force commune : faire de la réorganisation un des meilleurs atouts du métier d'Ingénierie de GRTgaz.

FICHE 5
FACILITER LA COMMUNICATION INTERNATIONALE : LE MEETING CENTER D'AIR LIQUIDE

Invitez demain 100 personnes dans votre bureau ! Air Liquide, groupe international positionné dans plus de 65 pays, souhaite développer les échanges entre ses salariés, même à l'autre bout du monde. En 2003, l'entreprise ouvre grand les salles de réunions et permet à tous de communiquer en toute liberté, sans contrainte de coût ou de frontière. Une petite révolution technologique et culturelle qui obtient rapidement l'adhésion grâce aux performances de l'outil, mais aussi et surtout à un accompagnement et une communication appropriée.

Carte de visite Air Liquide

- Spécialiste mondial des gaz industriels, médicaux et services associés
- Date de création : 1902
- CA : 9,376 millions d'euros en 2004
- 130 filiales dans plus de 65 pays
- 31 900 salariés dans le monde

Le contexte

Groupe international et décentralisé, Air Liquide se penche sur les technologies Web pour faire face à l'éloignement géographique de ses collaborateurs, parfois aux antipodes les uns des autres. La communication partagée et le travail collaboratif représentent des axes majeurs de la politique de développement des ressources humaines. L'objectif est de faciliter leur usage à l'aide d'un outil simple d'utilisation qui réduirait, par la même occasion, le nombre, le risque et le coût des déplacements. Il s'agit aussi de rationaliser les initiatives comme les forums de discussions qui ne sont pas liés entre eux ni toujours exploitables après usage. Le choix d'un service de réunion en ligne, accessible dans le monde entier, s'impose rapidement à la direction e-business à la recherche d'une solution performante et adaptée. Il ne reste plus qu'à trouver l'outil, à le tester et à convaincre les futurs utilisateurs des bienfaits de ce nouveau service à portée de tous. La plate-forme Webex sera retenue. Un ordinateur connecté et une ligne téléphonique suffisent pour participer à une réunion en ligne.

Communiquer sur le e-meeting : les grandes étapes

Si Jean-François Petrignani est convaincu des fonctionnalités et de l'apport de l'outil, un travail de fond important est à réaliser pour accompagner le e-meeting. Il faut non seulement montrer les atouts des réunions en ligne, convaincre de la simplicité de l'outil, mais aussi changer les habitudes de travail. Pour y parvenir et multiplier par trois la consommation de réunions en ligne en l'espace d'un an, le responsable du projet va s'appuyer sur des prescripteurs clés en interne et favoriser pédagogie et communication de proximité.

■ *Des copilotes avant le décollage*

Préalablement au déploiement de l'outil, Air Liquide adopte une période test entre juillet 2002 et février 2003. L'idée est de sensibiliser les principaux utilisateurs des réunions en ligne comme les membres de l'équipe e-business, les correspondants locaux, et les managers concernés majoritairement par le push d'information interne auprès des équipes et/ou des filiales. Pendant cette phase pilote, personne ne formule de critique sur le nouveau service, les participants augmentent peu à peu. Chacun découvre les fonctionnalités du produit. Les réunions sont interactives, un salarié peut y participer de son bureau face à son ordinateur. Animateurs et participants ont la possibilité d'annoter des documents, comme sur un tableau blanc, et de les enrichir en simultané. La personne qui organise le meeting peut même intervenir directement sur l'ordinateur d'un participant. Les réunions s'enregistrent, elles sont consultables et modifiables à volonté, que ce soit pour des formations, des présentations aux équipes ou des démonstrations commerciales. L'outil se révèle simple et plus efficace qu'un coup de fil.

■ *Top départ*

La mise en exploitation du service débute en mars 2003. Une centaine de personnes, qu'elles soient salariées, clientes ou fournisseurs, peuvent désormais, où qu'elles se trouvent dans le monde, participer simultanément à la même réunion. Un plan de communication à grande échelle se déploie pour susciter l'intérêt, informer et former les utilisateurs. Une affiche diffusée dans toutes les filiales relaie la signature « *Demain, invitez 100 personnes dans votre bureau.* » L'image représente un hall d'aéroport international avec, au premier plan, un ordinateur ouvert sur l'application e-meeting. L'intranet e-business et le webzine interne développent l'information sur le nouveau service. Un guide de l'utilisateur est mis en ligne.

10 000 utilisateurs potentiels sont recensés par la direction e-business. À la fin décembre 2003, plus de 1 000 réunions en ligne ont déjà été organisées. Au départ, 2 à 3 personnes sont concernées, mais ce chiffre monte rapidement à une quarantaine d'utilisateurs connectés ensemble. Pour les stimuler, Air Liquide décide de récompenser le meilleur d'entre eux, un salarié en charge des voyages au sein de la Direction Achat !

L'outil continue sur sa lancée, les demandes de comptes utilisateurs se multiplient. En 2005, le service de réunion en ligne enregistre des pics jusqu'à 300 meetings par mois. Aujourd'hui, le réflexe se crée, certaines réunions informent en direct un ensemble de salariés partout dans le monde, d'autres se provoquent spontanément au cours d'une conversation téléphonique.

Au-delà des gains générés par la baisse des déplacements, Air Liquide constate une plus grande disponibilité des intervenants avec la suppression des voyages et des décalages horaires. Le groupe observe également des temps de réunions plus courts. Chacun va à l'essentiel. Le seul casse-tête imposé est de trouver le meilleur créneau horaire pour réunir les équipes européennes, asiatiques et canadiennes. Une des surprises se révèle dans l'utilisation de e-meeting à l'externe. Un des experts français est sollicité en urgence pour intervenir auprès d'un client australien. L'équipe locale se déplace en quelques minutes chez le client et se connecte avec lui pour organiser une réunion avec la France. Le problème est réglé rapidement. Le client est bluffé, l'image d'Air liquide renforcée.

Et après ?

Après le succès du e-meeting, Jean-François Petrignani souhaite communiquer autour d'autres services transférables et applicables à l'échelle du monde. L'applicatif de réservation de salle en ligne aujourd'hui utilisé par le Siège pourrait, par exemple, intéresser de multiples entités en France et dans les autres pays du groupe. Par ailleurs, l'objectif d'Air Liquide est aussi d'élargir le champ d'application des réunions en ligne au e-learning. Des tests ont déjà été réalisés avec succès pour les formations commerciales. Une solution d'avenir pour le groupe qui permet non seulement de réduire considérablement les coûts, mais aussi de satisfaire les utilisateurs.

FICHE 6
Réduire les risques par la proximité : DD, champion du zéro accident chez Lafarge Ciments

Parce que la santé et la sécurité des personnes représentent les composantes essentielles de la responsabilité de l'entreprise, Lafarge Ciments crée une véritable rupture dans la gestion de la prévention de ses risques et ses accidents. Priorité n° 1 avec le client, toute l'organisation se tourne vers la sécurité. Symbole des *Incontournables*, DD fait ses premiers pas en octobre 2003 et délivre avec convivialité les consignes et les comportements à maîtriser pour la sécurité de tous. En conjuguant messages corporate et proximité, Lafarge Ciments va, pas à pas, diminuer considérablement le taux de fréquence de ses accidents, mais aussi et surtout permettre à chacun d'apporter sa contribution à l'application de la politique sécurité de l'entreprise.

Carte de visite Lafarge Ciments

- Leader national
- Date de création : 1833
- CA : 730 millions d'euros en 2004
- 1 640 salariés France
- 4 directions régionales France, 17 sites industriels

Le contexte

Le projet d'entreprise *Défis* 2005 et les orientations stratégiques de 2006 accordent une place privilégiée à une sécurité forte et durable dans l'entreprise. Le PDG de Lafarge Ciments s'engage personnellement et au nom de l'entreprise à intégrer la santé et la sécurité dans la vie quotidienne ; à développer, à tous les niveaux, les pratiques de prévention des accidents et des maladies professionnelles ; à créer une démarche de progrès continue par la diffusion de bonnes pratiques et des échanges d'expériences entre les établissements ; à communiquer largement sur les programmes et les actions d'améliorations engagés et sur les accidents et les incidents survenus.

Dans ce cadre, Noël Le Floch, responsable de la communication interne, souhaite créer une véritable rupture dans la prévention pour accompagner les changements de comportement. C'est aussi l'état d'esprit des salariés qui fera toute la différence. Il décide de créer les *Incontournables* pour faire passer un message pratique, pédagogique et de fermeté sur les attitudes à adopter pour éviter les risques. L'idée est de réagir immédiatement après un accident grave en mettant en place des règles de sécurité communes et des procédures permettant d'éviter que la situation se reproduise.

Communiquer sur les *Incontournables* : les grandes étapes

Pour lancer les *Incontournables*, Lafarge Ciments s'appuie sur les forces vives de l'entreprise et réunit l'ensemble de ses directeurs d'usine et ses animateurs sécurité, cadres, agents de maîtrise et ouvriers. Sept thèmes se dégagent rapidement des groupes de travail. Ils sont issus de l'historique des accidents survenus les années précédentes et de la mise en avant des risques connus et reconnus. L'objectif est d'éliminer une par une toutes les conditions dangereuses à l'origine des accidents, qu'ils soient bénins ou graves.

■ *Les 7 familles des Incontournables*

Règle n° 1 : Ringardage (1). Je connais et j'applique les procédures : équipement de protection individuelle, liaison radio avec la salle centrale, balisage de la zone d'intervention, etc.

Règle n° 2 : Consignation. Je n'interviens pas sur une machine en marche.

Règle n° 3 : Sous-traitance intérim. Lors d'un chantier, je respecte les *Incontournables* de la sous-traitance. Un plan de prévention écrit est établi pour chaque opération.

Règle n° 4 : Chargement. Vrac : j'accepte le chargement de ciment en vrac uniquement si le chauffeur monte sur sa citerne à l'aide d'une rambarde déployable depuis le bas ou d'une plate-forme d'accès au poste de chargement

Sacs : je charge uniquement quand le chauffeur est dans un espace sécurisé et porte ses EPIs (équipements de protection individuelle).

(1) Opération spécifique en cimenterie lorsque les concrétions empêchent la matière de circuler. Il faut alors déboucher par exemple avec une barre métallique appelée « ringard ».

Règle n° 5 : Concrétion (1). Il est interdit de passer sous une concrétion sans protections spécifiques.

Règle n° 6 : EPI. Casque, lunettes de sécurité, vêtement de travail, chaussures de sécurité, je porte mes EPIs.

Règle n° 7 : Carrière. Engins : j'attache ma ceinture de sécurité, je descends et je monte face à la machine.

Tir de mine : je tiens mes appareils électromagnétiques de communication (téléphone, talkie-walkie) à plus de 10 mètres de détonateurs.

Front de taille : il est interdit de s'approcher à moins de deux mètres du front de taille sans protection individuelle ou collective.

■ *Les aventures de DD*

Le service communication se place en fonction support pour aider la société toute entière à améliorer les résultats de la sécurité. L'objectif est d'informer sur les *Incontournables*, puis d'expliquer les attentes et enfin d'émettre un message ferme pour progresser et marquer la rupture. En octobre 2003, des réunions de lancement sont créées avec trois salariés de chaque usine pour parler de la démarche. Pour porter le message à tous les étages de l'entreprise, des vidéos et des kits de communications sont fournis aux managers pour les aider à animer leurs réunions.

En parallèle, une campagne d'affichage basée sur la bande dessinée renforce les messages et offre une meilleure appropriation de la nouvelle politique sécurité. Et pour donner une image de proximité et de convivialité, DD, personnage débonnaire mais solide et sérieux, évolue et apprend avec les salariés les consignes à maîtriser et les comportements à acquérir en matière de sécurité. Acteur central de la campagne, la nouvelle mascotte baptisée « *DD Gringole* » par les salariés participe activement à l'appropriation des messages. Entièrement vêtu de vert, et facilement reconnaissable grâce à ses initiales marquées en jaune sur son haut de travail, il obtient la médaille d'or de l'exemplarité en matière de sécurité. Une bande dessinée d'une vingtaine de pages, intitulée *Les aventures de DD*, consacrera l'essentiel des campagnes d'affichages autour des sept familles des *Incontournables*.

Le siège n'est pas oublié. Les *Incontournables* sont présentés lors des réunions trimestrielles d'information, mais aussi autour d'un stand installé par l'animateur sécurité du site. L'idée est de sensibiliser, de fami-

(1) Dépôt de matière durcie dans un four lors du refroidissement qui peut engendrer des blocs à même de tomber sur des personnes entrées dans un four éteint.

liariser et de faire comprendre les risques auxquels sont exposés les salariés des usines, mais également que la sécurité, même au sein d'un Siège, est l'affaire de tous. La campagne est aussi développée lors de la convention annuelle de 2004, la sécurité représentant l'un des thèmes majeurs. Un état des lieux est d'ailleurs établi sur les résultats et les progrès réalisés depuis le lancement de la démarche.

Quatre mois après, une enquête en mesure l'efficacité. La majorité du panel représentatif de 80 personnes adhère aux *Incontournables*, les connaît et participe aux actions. Les comportements changent. Sur les sites où il était difficile de persuader les salariés de porter des lunettes de protection, on observe aujourd'hui un équipement systématique.

Mieux encore, Lafarge Ciments passe en deux ans d'une fréquence des accidents de 6 à 3, avec dans certains sites un chiffre de zéro accident.

Et après ?

La communication se renforce et DD continue son chemin dans l'entreprise. Deux ans après son lancement, il occupe toujours, avec les *Incontournables*, la première page du journal interne d'entreprise. Il s'immisce même dans les foyers des collaborateurs avec le lancement d'un grand jeu concours en mars et mai 2005. En faisant participer la sphère familiale et les enfants particulièrement concernés par les accidents domestiques, Lafarge Ciments fait d'une pierre deux coups et joue sur la mobilisation des plus petits pour sensibiliser les plus grands. Un livret, encarté dans le journal interne, propose de réaliser un dessin sur le thème de la protection individuelle à l'usine, au bureau ou sur la route. Les œuvres les plus belles et les plus originales sont récompensées par un week-end et des entrées dans un parc d'attraction.

L'objectif de l'entreprise est de continuer à progresser pour arriver jusqu'à un Tf entre 0 et 1 pour toutes les usines. Après la prise de conscience et le changement des comportements, l'entreprise souhaite développer davantage le partage des bonnes pratiques et la prise d'initiatives. L'analyse des dysfonctionnements se multiplie, la vigilance partagée doit devenir un acte solidaire. La sécurité chez Lafarge Ciments, c'est l'affaire de tous et le devoir de chacun.

FICHE 7
Accompagner l'e-mutation de l'entreprise : le libre-service de France Télécom

En créant son libre-service RH, France Télécom souhaite responsabiliser les salariés dans leurs actes de gestion et sortir les DRH d'unités de leurs tâches administratives. Il s'agit également de réduire fortement les coûts de la fonction RH et de développer une vitrine technologique de tout premier ordre en gagnant les galons d'une Net Compagnie. Conçu en 1999 et lancé en avril 2001, @noo, le libre-service RH de France Télécom, a enregistré, depuis son ouverture, plus de 10 millions de connexions. France Télécom s'est donné trois ans pour accompagner le changement dans l'entreprise, simplifier les process, industrialiser le traitement RH et mettre en appui des managers une fonction RH centrée sur les compétences attendues par l'entreprise.

Carte de visite France Télécom

- 8e entreprise française et la 1re en capitalisation boursière
- Date de création : SA depuis le 1er janvier 1997 détenue majoritairement par l'État
- CA : 47,2 milliards d'euros en 2004
- 189 000 salariés dans le monde dont 149 000 en France
- 23 % de cadres et de cadres supérieurs

Le contexte

Le milieu des années 1990 marque un changement culturel de taille dans l'histoire de France Télécom. Le marché, de plus en plus concurrentiel, oblige l'entreprise à réagir en modifiant son organisation pour rester compétitive. Une nouvelle culture émerge, l'entreprise de secteur public doit laisser la place à l'entreprise de service.

Un autre constat est réalisé en interne : la fonction ressources humaines coûte cher et n'est pas adaptée aux nouveaux enjeux de l'entreprise. Les effectifs RH sont deux fois plus importants par rapport à d'autres entreprises de taille équivalente, même si des départs de fin de carrière sont attendus. L'organisation RH est jugée complexe et éloignée des attentes des managers. Le métier, trop technique, ne permet pas de développer une expertise RH de gestion de l'emploi et du développement des compétences ou encore de la conduite du changement. En conséquence, les managers des centres opérationnels, peu responsabilisés sur la dimension RH, ne jouent pas leur rôle dans la gestion de leurs collaborateurs : les recrutements sont menés sans la participation du N+1 ou N+2, le directeur signe l'ensemble des demandes de congés... À cela s'ajoute des NTIC qui ne sont pas exploitées à leur juste potentiel. Les outils sont complexes, des intranets RH fleurissent chaque année et coexistent sans une réelle légitimité.

Le projet RH demain, lancé en 1999 sous l'égide du DRH Bernard Merck secondé par Martine Fabre, va redonner la main aux managers et professionnaliser la fonction RH. Il donnera naissance à @noo, le premier libre-service RH de référence en Europe.

Communiquer sur le libre-service RH : les grandes étapes

Pour accompagner ce projet d'envergure, la communication va jouer un rôle important dans le déploiement et l'adhésion de tous aux changements. Le budget est conséquent. Au total 90,3 millions d'euros sont dépensés en quatre ans dont la plus grande partie est consacrée aux outils informatiques (51 millions). La communication interne obtient un budget de 8 millions d'euros sur quatre ans soit, au regard du nombre de collaborateurs, une moyenne de 54 euros environ par personne. La tâche est de taille. Il s'agit de communiquer sur le changement qui impacte de façon très différente les publics cibles de l'entreprise : d'un côté les managers, de l'autre les fonctions RH, et au milieu les salariés futurs utilisateurs de l'e-rh. Toute la difficulté consiste aussi à relayer l'information auprès des 140 000 collaborateurs.

■ *Une organisation au plus près du terrain*

Un groupe projet national est rapidement constitué début 1999 avec la volonté d'impliquer au maximum les structures RH existantes et les acteurs terrain. Les collaborateurs sont choisis pour leur place dans l'organisation RH, leur connaissance de l'entreprise, du domaine, et en fonction de leur personnalité. Le groupe propose rapidement des pistes concrètes et réalistes sur les process RH et les outils souhaités tout en précisant les enjeux humains, financiers et technologiques et en indiquant les délais prévisibles de mise en œuvre.

Un travail non négligeable consiste à vérifier les postes informatiques, y compris les accès à domicile pour les postes nomades, à partir du nombre d'e-mails disponible. Un vaste chantier se met en place pour rendre l'information accessible par la création de bornes interactives et le partage d'ordinateurs pour les 80 000 salariés non équipés.

Une structure RH souple et adaptée à la nouvelle organisation se monte dans le même temps. Les compétences administratives sont regroupées, en janvier 2000, au sein de dix centres de services RH. Ces CSRH, assurant le traitement de la paie, agissent désormais comme de véritables prestataires de service internes. Leur domaine de compétence comprend notamment le traitement d'informations relatives à des changements de situation personnelle ou professionnelle, le soutien aux règles de gestion et aux outils RH. Chaque CSRH comporte un centre d'appel intégré qui répond aux demandes d'information, d'assistance et participe au traitement des cas complexes.

La mise en place du libre-service RH France Télécom se déploie progressivement. Chaque unité opérationnelle entre dans le projet à son rythme, mais avec une date butoir. Il faut créer les outils et les workflows, comme la gestion des congés, suffisamment souples pour éviter des blocages inutiles. Le groupe adopte, par exemple, la possibilité pour chaque collaborateur de choisir son responsable hiérarchique lors de la validation de ses congés payés, en cas d'absence de son manager ou lors d'une mobilité. Cet outil s'est mis relativement vite en place. En revanche, la gestion des remboursements de frais sur le libre-service RH verra le jour plus tardivement. Le projet implique aussi une grande vigilance des managers aux questions de leurs collaborateurs pour les amener à se prendre en charge.

En juin 2000, le libre-service RH se lance avec deux premiers outils, la participation et l'intéressement, connaître son montant alloué, voilà qui devait susciter un maximum d'adhésion ! Le système informatique est très simple mais il faut que les salariés prennent l'initiative de se connecter au risque de voir s'envoler leur participation, selon les dires de certains... de quoi motiver, là aussi, les plus récalcitrants. Le libre-service s'ouvre ensuite à ses autres fonctionnalités : modification des situations individuelles, gestion des congés... et pourquoi pas dans le futur : bilan social du salarié, visualisation des fiches de paie...

■ *Parce que c'est @noo, c'est à vous d'agir...*

Pour Martine Fabre, une des clés du succès du libre-service RH est due à l'accompagnement des utilisateurs. L'effet d'annonce est réalisé très en amont du projet avec la diffusion de kits de présentation puis de démonstration auprès des managers qui les relaient ensuite vers leurs équipes. Une hot-line dédiée au projet, des Q&R (1) et des argumentaires sont mis en ligne auprès de l'ensemble du réseau RH.

Des animations vidéo, des conférences téléphoniques, des démonstrations au plus près des salariés, des interviews et des témoignages dans les journaux internes, une note jointe aux bulletins de paie, une rubrique intranet avec un quizz interactif… touchent l'ensemble des collaborateurs. Les partenaires sociaux sont informés régulièrement par Bernard Merck pendant trois ans. Un dispositif de veille, à partir de groupes miroirs, de rencontres individuelles et de sondages téléphoniques, permet d'obtenir des remontées d'information et des repères en termes de climat social : tensions, désaccords, rumeurs…

Le choix d'un nom et d'une signature accrocheurs permet également une meilleure appropriation du nouveau service. « *Parce que c'est @noo, c'est à vous d'agir…* », la based-line de l'intranet RH de France Télécom responsabilise d'entrée de jeu les collaborateurs. Le petit dépliant adressé aux salariés, au préalable à la mise en ligne du site, permet de faire la différence. Pratique, explicatif, pédagogique, il explique, étape par étape, les procédures à suivre. Connexion, identification, dépôt de la demande de congés, suivi de l'état, modification ou transfert, annulation, notification et validation des demandes, meilleure connaissance des droits, calendrier des vacances scolaires… rien n'a été oublié. Les managers ont, quant à eux, accès aux règles applicables et aux marges de manœuvre possibles en matière de congés payés. Ils ont aussi la possibilité de consulter une photographie, à l'instant de leur choix, des temps de présence de leurs collaborateurs y compris les arrêts maladie et les congés maternité.

Pour se donner toutes les chances de réussir, France Télécom supprime le papier rapidement et refuse toute demande de congé qui n'est pas informatisée.

En modernisant et en simplifiant la gestion des ressources humaines, @noo transforme peu à peu l'entreprise en net-compagnie. Des nouvelles habitudes se créent. Les intranets sauvages ne sont plus légion et cèdent la place au libre-service RH. Les CSRH préservent et créent de nouveaux emplois et de véritables compétences. Des tonnes de papier sont supprimées, les délais de décision et les temps passés à la saisie se raccourcissent. Sur le terrain, le fait d'avoir accès à un micro-ordinateur est considéré comme un signe de valorisation : « *Nous avons les mêmes droits que les chefs.* » La culture d'entreprise évolue, on parle monde, on

(1) Questions/Réponses.

généralise les outils, tous apprennent à s'en servir. Avec 25 000 connexions par jour, les congés annuels sur intranet font aujourd'hui partie du paysage quotidien de l'entreprise.

En 2003, une étude est réalisée sur RH Demain : 144 millions d'euros ont été économisés grâce à la nouvelle organisation. En revanche, seuls 30 % des managers ont au départ adopté spontanément la démarche, les deux tiers sont restés prudents. Pour Bernard Merck, les bénéfices devraient être beaucoup plus importants dans les années à venir avec un ratio de managers impliqués en nette augmentation. Pour y arriver, les mentalités doivent encore progresser et sortir d'une démarche de contrôle systématique pour réellement déléguer. De plus, la confiance entre le RH et le manager doit totalement s'opérer pour obtenir une synergie qui génère une économie importante de la masse salariale.

Et après ?

Pour Martine Fabre, France Télécom est désormais passée de l'entreprise citoyenne à l'entreprise responsable. Elle travaille actuellement sur la reprise de la gestion de filiales, comme Orange. Le conseil RH ciblé sur les managers et les DRH d'unités opérationnelles est progressivement assuré par des cadres experts, pour certains d'anciens DRH d'unités, qui prennent des engagements et négocient des délais de réponse raisonnables : de 2 heures à 20 jours en tenant compte des attentes des managers et de la complexité des questions posées. La fonction RH, en particulier les CSRH, est aussi la seule qui soit jugée en interne. Tous les mois une note de 1 à 10 lui est attribuée. En 2005, elle obtient une moyenne de plus de 80 % de collaborateurs satisfaits ou très satisfaits et 30 % de notes équivalentes à 10. De quoi donner envie à tous de continuer à progresser.

FICHE 8
RÉUSSIR ENSEMBLE : LE PROJET DE LA POSTE POUR LES POSTIERS

Le 24 avril 2005, l'ensemble des collaborateurs de La Poste est destinataire de *Réussir ensemble*, le projet social du groupe. Les objectifs sont ambitieux. Il s'agit d'améliorer la qualité de l'emploi, de favoriser les parcours professionnels, de développer les compétences et de reconnaître le travail accompli. Cette ambition sociale se place au cœur du contrat de plan *Performances et Convergences.* Jean-Claude Bailly souhaite, par une communication directe, claire et transparente montrer que la performance économique est étroitement liée aux perspectives, à la reconnaissance et à la valorisation individuelle et collective de chacun. Inscrits au cœur du changement et des démarches de progrès, les hommes et les femmes doivent devenir des acteurs de La Poste de demain.

Carte de visite La Poste

- 2e groupe postal européen
- CA : 18, 8 milliards d'euros en 2004
- 300 000 personnes en France
- 17 000 points de contact

Le contexte

La Poste doit aujourd'hui aller plus vite que les évolutions de ses marchés. La modernisation est en marche dans chacune de ses activités. Une modernisation qui repose sur une triple exigence de performance : économique, sociale et industrielle. Un choix retracé au sein du contrat de plan signé le 13 janvier 2004 et qui fixe les grandes orientations pour le groupe à l'horizon 2007. La Poste n'hésite pas à sortir ses quatre vérités autour de quatre engagements prioritaires à tenir pour réussir :

1. Améliorer la qualité, enrichir l'offre et développer l'esprit de service aux clients.

2. Accroître la compétitivité pour demeurer un opérateur postal de premier plan en Europe.

3. Améliorer l'attractivité du réseau des bureaux de poste, en adaptant sa présence, ses horaires et son offre aux besoins des clients.

4. Accroître la modernité sociale et renforcer la cohésion.

Tous doivent se mobiliser pour sauver l'entreprise, préserver les emplois pour réussir ensemble La Poste de demain. En 2004, des progrès significatifs ont déjà été accomplis. Pour 2005 et les suivantes, le groupe prend le pari de renforcer l'écoute mutuelle et la confiance avec tous ses acteurs et détaille, point par point et par cible, les grands changements sociaux à venir d'ici à 2007.

Communiquer sur le Projet social : les grandes étapes

Les principales contraintes en matière de communication interne à La Poste sont liées aux évolutions du marché, à l'organisation et à la taille du groupe : 17 000 points de contacts avec le public et 300 000 postiers. De nombreuses opérations de communication, qui ont réussi ailleurs, ne peuvent s'appliquer du fait de l'envergure de La Poste. Tout doit être réalisé sur mesure. De plus, l'entreprise doit composer avec un corps social mixte de fonctionnaires et de salariés de droit privé. Le ratio est aujourd'hui de 2/3 de fonctionnaires pour 1/3 de salariés du privé. Mais avec les départs naturels à la retraite des fonctionnaires de la génération du *baby-boom* remplacés par des salariés de droit privé, La Poste tend vers un équilibre progressif de ses statuts d'ici 2015. Le groupe opte pour une anticipation de cette évolution et communique à parts égales auprès de ces deux cibles depuis les années 2000.

■ *Identifier changement et progrès*

Pour communiquer sur le changement, une charte graphique interne se crée autour de *Performances* et *Convergences*. L'ensemble des documents reprend le logo et les dates clés du contrat de plan, de 2004 à 2007. Chaque année représente une avancée significative de progrès et permet de dresser un état des lieux précis des engagements.

L'accord national du 21 juin 2004 marque le renouvellement du dialogue social de La Poste. Il institue des nouvelles instances d'information et de concertation, mais aussi des périmètres en cohérence avec la nouvelle organisation de l'entreprise. Une grande enquête menée la même année auprès des collaborateurs permet d'identifier ce qu'ils entendent concrètement par « considération » et « reconnaissance » afin de mettre en place les plans d'actions appropriés.

La reconnaissance passe par les éléments financiers, salaires, primes, intéressement et commissionnement, la considération par les relations managériales. De plus, les actions sur la considération diffèrent selon l'organisation de chaque métier. Une des priorités concerne l'évolution des comportements managériaux. Les cadres doivent avoir la responsabilité et les moyens de mettre en place écoute, respect et considération au niveau local.

Le chantier social se construit avec les organisations syndicales et, en avril 2005, La Poste est prête à communiquer sur une carte précise de ses actions et de ses engagements. Un dépliant d'une dizaine de pages en couleur est diffusé auprès des 300 000 postiers et des 70 000 agents de maîtrise, cadres et cadres supérieurs. Il s'agit de montrer que la valorisation et la reconnaissance commencent par la communication, la qualité des supports et la clarté des engagements. Le dépliant va à l'essentiel et reprend point par point les huit axes de progrès de la politique sociale du groupe et, pour chacun d'entre eux, les objectifs, ce qui change d'ici 2007 pour tous les métiers : postiers, managers, agents du courrier du Grand Public et des centres financiers...

Dans le même esprit, un document complémentaire est destiné aux cadres. À la fois qualitatif et explicatif, il reprend les axes du dépliant, mais en donnant davantage de matière, de l'information ciblée et réservée : lettre personnalisée du PDG, précision du contexte et des enjeux, échelle temps sur la mise en place des actions, progrès réalisés en 2004... L'objectif est double. Il s'agit à la fois de bien faire comprendre aux cadres ce qui va changer tout en leur permettant de jouer leur rôle de manager de proximité en ayant suffisamment d'information pour répondre aux questions de leurs équipes.

■ *Huit axes de progrès pour réussir ensemble*

1. Le dialogue social : la promotion de la culture de l'accord, de la concertation et de négociation sociale, une meilleure prise en compte des réalités locales, des métiers, des cadres acteurs des relations sociales nécessaires à la conduite du changement...

2. La qualité de l'emploi et du recrutement : la favorisation de l'emploi stable qui privilégie le recrutement en CDI des personnes déjà en CDD dans l'entreprise, un rôle d'intégrateur social à part entière : temps partiel développé mais non imposé pour un meilleur équilibre de vie, formation en alternance pour favoriser l'entrée des jeunes dans l'entreprise, une meilleure intégration et un tutorat renforcé...

3. La formation professionnelle tout au long de la vie : la mise en place de dispositifs de formation permettant de répondre aux différents besoins (intégration d'un poste de travail, développement de compétences, évolution professionnelle...). Au final, l'objectif est de faire de chaque postier un acteur de sa formation dans une nouvelle logique de gestion par les compétences.

4. La promotion et les parcours professionnels : des règles de promotion plus claires et plus lisibles, des perspectives de carrière attrayantes et diversifiées, des parcours de carrière simplifiés et associés aux développements des compétences...

5. La considération et la reconnaissance : des cadres incités et soutenus dans leur prise d'engagements concrets et dans leurs actes quotidiens porteurs de considération et de reconnaissance, de nouveaux dispositifs de promotion pour reconnaître la qualité du travail effectué...

6. La santé et la sécurité au travail : la création de services de santé au travail, la responsabilité des cadres sur la santé et la sécurité de leurs équipes, un meilleur suivi de tous les agents, des chantiers dans chacun des métiers pour tenir compte des particularités, des expertises techniques en ergonomie, médecine, prévention...

7. La diversité et l'égalité des chances : une communication sur la promotion et l'égalité professionnelle, une meilleure représentativité des femmes dans les instances de direction, des retours de congés parentaux mieux préparés, un accord social où La Poste s'engage sur des volumes de recrutement de personnes travailleurs handicapés, une meilleure accessibilité des bâtiments et des postes de travail...

8. L'action sociale au service de l'efficacité professionnelle : une réponse améliorée aux attentes des postiers en matière de logement, de prévoyance santé et des prestations d'action sociale : une offre supplémentaire de 9 000 logements, un contrat collectif de prévoyance pour les salariés de droit privé, un nombre de bénéficiaires de garde d'enfant étendu, un programme de réservation de places en crèche...

Et après ?

Après lecture du projet, La Poste répond aux attentes de toutes ses cibles, concrétise son image d'employeur responsable social, développe ses valeurs de confiance, de respect et de considération à l'égard de tous. Le rendez-vous est pris pour 2007. D'ici là, le projet connaît d'ores et déjà de très bonnes retombées. Les salariés en parlent entre eux, lisent le document en profondeur et commencent à échanger avec leur manager dans le cadre des réunions au sein des Espaces Temps Communication. Le dialogue social est amorcé, et a toutes les chances de prendre sa pleine efficacité par les initiatives quotidiennes de ses principaux acteurs.

FICHE 9
FÉDÉRER 90 000 SALARIÉS ET 30 PAYS PAR LE SPORT : LA DANONE WORLD CUP

Tous les deux ans depuis 1997, les hommes et les femmes du groupe DANONE se rencontrent autour du ballon rond. La DANONE World Cup, DWC, offre à tous les salariés une aventure sportive dans un esprit de *fair play*, d'enthousiasme et d'ouverture. En 2004, le groupe fête sa 5e édition, placée sous le signe de la proximité et, avec elle, une mobilisation exceptionnelle en interne autour d'un événement dont la réputation grandit avec le temps. Le secret de son succès ? Des valeurs affichées, partagées, un esprit de compétition mais, avant tout d'équipe, une occasion unique pour tous d'afficher la diversité et la force d'un grand groupe.

Carte de visite DANONE

- Un des leaders mondiaux de l'industrie alimentaire
- Date de création : 1966 BSN – 1973 (fusion BSN et Gervais DANONE)
- CA : 13,7 milliards d'euros en 2004
- 89 449 salariés dans le monde

Le contexte

Le Groupe DANONE, acteur clé de l'industrie agroalimentaire, connaît depuis des années un développement international d'envergure. Plus de 70 % des salariés se situent en 2005 hors de l'Europe occidentale. Un grand nombre de filiales ont été rachetées. Elles développent rapidement un sentiment d'appartenance au groupe, et adhèrent à l'esprit de communauté DANONE.

Pour réunir et fédérer cette mosaïque de culture et d'identité, le groupe partage avec tous ses collaborateurs des valeurs communes et universelles : ouverture, enthousiasme, humanisme et proximité. Elles sont construites à partir du double projet d'Antoine Riboud qui parlait, dès 1971, d'épanouissement des hommes et d'efficacité économique.

En les traduisant dans ses actes de management et dans ses actions de communication, DANONE souhaite plus que jamais en montrer la réalité partagée.

La création de la DWC en est une des meilleures illustrations. Elle vient par ailleurs de montrer comme une évidence une attitude identique entre les actions internes et externes du groupe. DANONE met aussi un point d'honneur à développer chez les enfants un esprit d'équipe et de respect des autres. La DANONE Nations Cup, parrainée par Zinedine Zidane, rassemble plus de 2,5 millions de benjamins entre 10 et 12 ans, issus de 32 pays différents. Le football qui reste le sport le plus partagé dans le monde est aussi une des passions de Franck Riboud, le PDG du groupe alimentaire. Et si le sport prend de plus en plus de place dans la société en général, il franchit peu à peu les portes de l'entreprise. Il évoque en effet : esprit d'équipe, participation, possibilité de défendre amicalement les couleurs de son entreprise, et rassemble autour des valeurs d'un groupe.

Communiquer sur la DWC : les grandes étapes

Le tournoi amical de football est ouvert à tous les salariés de DANONE, sportifs, débutants, femmes et hommes. Pas question de laisser qui que ce soit sur la touche. L'objectif est d'inviter les salariés de toutes les filiales à se rencontrer grâce au sport, ce qui n'est pas chose facile lorsqu'on affiche un total de près de 90 000 collaborateurs aux quatre coins du monde.

■ *Développer un esprit festif*

Deux personnes du Siège consacrent une partie de leur temps à l'organisation et à la communication de la DWC. Elles sont aidées en cela par une agence spécialisée. Elles diffusent en décembre de l'année précédant la compétition un dossier complet aux DRH et aux responsables de communication interne de chaque entreprise du groupe. Ces derniers se chargent d'informer leurs salariés de la suite des opérations, mais aussi de l'organisation de leurs équipes, de l'hébergement et de la logistique.

Une contribution forfaitaire est demandée à chaque entreprise participante, le groupe prenant en charge les frais d'équipement et de transport de l'ultime phase : la finale mondiale ! Cette compétition suppose une organisation précise où chaque aspect doit être traité avec rigueur. Par exemple, les tenues sont fabriquées en grande quantité et les stades sont sélectionnés en fonction de multiples critères. Cette organisation offre la possibilité de réduire les coûts et de permettre à tous de participer. En Chine, lorsque l'entreprise annonce que l'équipe féminine sélectionnée se rendra à Paris, l'événement semble si extraordinaire que les conjoints viennent rencontrer le DRH en lui disant qu'il ne faut pas faire croire à leurs épouses de tels rêves. Mais ceux-ci se sont réalisés ! Il faut dire que quitter le territoire n'est pas une chose courante ni facile dans le pays. Et lorsque l'équipe féminine chinoise s'envole pour la capitale, c'est une réelle jubilation qui fait suite à la stupéfaction.

Les règles du jeu de la DWC sont identiques à celles du football même si les terrains sont plus petits et les matchs beaucoup plus courts. Deux équipes de sixtes et leurs capitaines s'affrontent sur le stade. Une première finale nationale sélectionne, dans chacun des 32 pays participants, une équipe masculine et une équipe féminine qui vont représenter leur pays lors de la finale mondiale. Rien que pour la France, 120 équipes étaient en compétition en 2004. Au Brésil, une soixantaine d'équipes s'étaient constituées. Pour la finale internationale, 56 équipes représentent près de 600 joueurs. DANONE estime qu'en France, environ 1 salarié sur 10 participe à l'événement.

Jusqu'à présent, les finales ont été organisées en France ou en Espagne. Seuls les joueurs sont invités, mais les directeurs prennent parfois la décision de convier quelques supporters ou les conjoint(e)s. C'est à Marbella que les vainqueurs de la 5e édition ont été consacrés en juin 2004. L'Espagne bat le Brésil en finale aux tirs aux buts tandis que l'équipe féminine allemande remporte la victoire sur l'Argentine. Les trophées sont remis par Franck Riboud, le PDG du groupe. Lors du gala de clôture, les 600 joueurs et joueuses de 32 pays et origines différentes fêtent cette rencontre inattendue ; la langue universelle est alors celle de la musique et de la danse.

■ *Des relais sur mesure*

Des milliers de collaborateurs du groupe ont participé à l'une ou l'autre des DWC. Une émulation forte se vit édition après édition. Les équipes qui reviennent racontent leur exploit, leur moment d'émotion, de partage et donnent envie à d'autres d'y participer. Il y a aussi les supports de communication, un journal de huit pages édité en anglais et en français qui retrace, après coup, l'événement, et le site intranet du groupe se fait l'écho de la manifestation.

Pour Alain Feytie, la DWC est une réussite sur tous les plans. Les salariés qui participent à l'événement vivent des moments très sympas, empreints de convivialité. Ceux qui vont jusqu'à la finale partagent une réelle aventure humaine autour de DANONE. L'événement est international avec toutes les couleurs et tous les profils possibles. L'objectif est que chacun reparte avec de bons souvenirs. Chez DANONE Eaux France, c'est la troisième année consécutive qu'une équipe est sélectionnée pour représenter la France à la finale mondiale ; pas question de ne pas se mobiliser pour rééditer le même exploit lors de l'édition de 2006. La fédération et la popularité de la manifestation sportive sont telles que certains salariés contactent Alain Feyti un an et demi à l'avance pour connaître les modalités et les éventuelles évolutions des règles de base. En attendant, il est toujours possible de rêver et de s'entraîner, un exercice dont les salariés ne se privent pas !

Et après ?

Pour DANONE Eaux France, la proximité et l'adhésion sont plus que jamais au cœur des priorités 2005/2006. Les années à venir sont placées sous le signe de : « *Penser et agir autrement.* » À chaque directeur de reprendre cette orientation et de la décliner au regard de la stratégie de l'entreprise, au sein de sa direction ou de son usine. La communication va tout faire pour se donner les moyens d'expliquer cette politique et de mettre en avant tous les sujets amenés à l'illustrer.

CONCLUSION

Pour faire face aux mutations de notre siècle, les DRH et les communicants ont été les premiers à adapter leurs métiers et leurs actions aux nouvelles exigences des organisations, des marchés et des salariés. D'autant plus lorsque les nouveaux défis se tournent vers la différenciation et l'unicité pour que chaque entreprise devienne à la fois un fournisseur, un partenaire, un employeur exemplaire.

Les stratégies tournent autour du client, un client qu'il faut à chaque fois conquérir, séduire, conforter dans son choix, fidéliser. Un client happé de toutes parts par des offres et une concurrence de plus en plus grande. Un client quelquefois volage et qui attend le meilleur des services ; celui qui correspond à ses envies, à ses valeurs, à ses besoins, une relation sur mesure en quelque sorte.

Or, aujourd'hui, chacun devient client de l'autre. L'entreprise ne peut agir différemment auprès de ses publics externes et internes. Les discours et les actes doivent se transformer afin d'obtenir l'adhésion attendue. Il devient indispensable de donner et de partager une vision, de bien comprendre son métier pour que les salariés trouvent leur place, leur motivation et leur intérêt. Chacun doit être invité à participer pour que tous se sentent impliqués dans le devenir de leur société. Il s'agit de rendre les hommes et les femmes acteurs de leur propre performance et de celle de l'organisation. Et sur la scène de l'entreprise, tous doivent obtenir le premier rôle, peu se contenteront d'une simple figuration.

Pour Philippe Houzé, président du groupe Galeries Lafayette, cela demande du temps, de la disponibilité, des moyens, des explications. Et pourtant, le monde dans lequel nous évoluons nous pousse à l'action immédiate et nous fait parfois oublier l'importance du regard vers l'autre.

« *Il faut redécouvrir l'entreprise et sa culture, placer les RH comme le capital fondamental de l'entreprise pour qu'elle devienne vivable, viable et durable.* » Les exemples réussis ne manquent pas autour de la mise en réseau des informations, des compétences, des savoirs. C'est l'un des objectifs de ce livre, partager, avec tous, les échanges d'expérience et la réalité du terrain que chacun adaptera ensuite en fonction de ses objectifs, de sa mission, de ses paramètres et de son organisation.

On reçoit ce que l'on donne et l'on donne en fonction de ce que l'on reçoit. Là encore, le terme de partage revient comme une évidence. En partageant en premier lieu l'information, l'entreprise montre sa confiance et son respect envers les individus qui la composent. En donnant ensuite à chacun l'opportunité d'entrer en interaction avec l'autre, elle agit sur la communication et les échanges. Car si l'individualité peut engendrer une certaine forme de performance, elle ne pourra jamais remplacer l'émulation collective. Enfin, en partageant, avec tous, les bénéfices, en prenant en charge les compétences, en les développant, en valorisant le travail individuel et collectif, l'entreprise montre la voie de l'exemplarité et incite chacun à renouveler son action.

C'est aussi la notion de service rendu et réciproque qui donne toute sa valeur à la relation.

Il y a fort à parier que cet échange de service devienne un mot d'ordre dans les années à venir. Mais le paradoxe actuel reste que les Français n'aiment pas l'idée d'être au service de leur prochain, ce qu'ils assimilent encore à de la servilité. Pourtant, dans une relation humaine, rendre service ne signifie-t-il pas se mettre à l'écoute, à la portée d'autrui, comprendre puis répondre à ses attentes pour mieux le conforter dans son choix ? Une démarche aussi valorisante pour celui qui donne que pour celui qui reçoit.

Il nous reste donc encore beaucoup à faire pour revaloriser la notion de service à tous les niveaux, dans toutes les relations et avec tous les clients et les partenaires de l'entreprise. Il faut redonner toutes ses lettres de noblesse à ce métier. Et si quelqu'un doit faire le premier pas, autant que ce soit l'entreprise, elle a tout à y gagner pour que personne ne reste sur sa faim.

Composé par JOUVE, 11, bd de Sébastopol, 75001 PARIS – FRANCE
N° 387378B. Dépôt légal : février 2006

Imprimé sur les presses de Euradius

Imprimé en Hollande